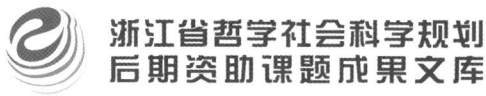
浙江省哲学社会科学规划
后期资助课题成果文库

合理期待原则下的被保险人权益保护

吴涵昱 著

中国社会科学出版社

图书在版编目(CIP)数据

合理期待原则下的被保险人权益保护 / 吴涵昱著 . —北京：中国社会科学出版社，2023.6

（浙江省哲学社会科学规划后期资助课题成果文库）

ISBN 978-7-5227-2117-0

Ⅰ.①合… Ⅱ.①吴… Ⅲ.①保险—消费者权益保护—研究 Ⅳ.①D912.284.04

中国国家版本馆 CIP 数据核字（2023）第 112748 号

出 版 人	赵剑英
责任编辑	宫京蕾
责任校对	秦　婵
责任印制	李寡寡

出　　版	中国社会科学出版社
社　　址	北京鼓楼西大街甲 158 号
邮　　编	100720
网　　址	http://www.csspw.cn
发 行 部	010-84083685
门 市 部	010-84029450
经　　销	新华书店及其他书店

印刷装订	北京君升印刷有限公司
版　　次	2023 年 6 月第 1 版
印　　次	2023 年 6 月第 1 次印刷

开　　本	710×1000　1/16
印　　张	13.5
插　　页	2
字　　数	228 千字
定　　价	78.00 元

凡购买中国社会科学出版社图书，如有质量问题请与本社营销中心联系调换
电话：010-84083683
版权所有　侵权必究

序

梁上上[1]

《合理期待原则下的被保险人权益保护》是吴涵昱以博士学位论文为基础而修改完成的著作。

吴涵昱是我在浙江大学法学院指导的学生。他的本科学位论文就是在我的指导下完成的，后来继续在我的指导下完成博士学位论文。他从小喜欢音乐，很有音乐天赋，经常写词谱曲，自己弹唱，举办一些音乐会，不但在杭州高校颇为有名，而且在网络上也声名远播，拥有不少粉丝，是颇为浪漫的人。他本科毕业后直接进入博士研究生阶段，他把重心转到法律的学习与研究中来。每次从北京回到杭州，都能直观地感受他在法律学习上的长足进步。在攻读博士期间，他远赴重洋，去大洋彼岸的美国深造。在美国的学习，使他对美国保险法有较为全面的了解，开阔了视野，他的法律底盘变得更为宽厚，思维更为活跃。他的博士学位论文正是在这样的背景下完成的。

我国保险法的发展历史并不长，自1995年《中华人民共和国保险法》颁布以来，我国保险法学科乘着改革开放的东风迅速发展，学术研究也从保险法的知识启蒙阶段上升为对保险法律制度、概念、体系、逻辑以及实践经验的学术探索和积累阶段。尤其是21世纪以来，我国保险法经历了两次大修订，借鉴了不少国际上先进的经验，使得我国的保险法的制度设计有了长足的进步，能够基本满足我国现代保险业发展的需求。但值得注意的是，我国保险法研究依然存在借鉴域外法形式大于实质、缺乏实证研究、创新性研究深度不够等问题，许多基础性问题依然没有得到很好的解决，不能很好地适应我国保险事业的发展。

被保险人权益难以得到保护一直是伴随着保险行业始终的顽疾，对该问题进行研究具有重要的理论意义与现实价值。作者在本书中系统梳理了

---

[1] 梁上上，清华大学教授，博士生导师，第八届全国十大青年法学家。

被保险人的法律地位、被保险人权益受侵害的类型及原因，并针对我国被保险人权益受侵害的问题引入美国的合理期待原则，分析其与我国现有制度的关系以论证其引入的正当性和可行性。作者亦系统分析了该原则对被保险人权益保护立法方面和法律适用方面的指引作用，提出了较为完整而有价值的法律建议，有利于进一步增强我国法律对被保险人利益的保护。总体来说，本书具有以下几个特点。

第一，基础扎实，敢于创新。作者对保险法的基础理论有扎实的功底。但是，他并不受制于既有理论定式的约束，敢于提出一些新的观点，给人一种新的启迪。例如，他创造性地引入了"实际当事人"的概念，对于重新认识被保险人的地位具有重要意义。又如，作者拓展了合理期待的内涵，将合理期待原则上升为保险法的核心原则，使其与保险法现有的基本原则协力保护被保险人的利益，这对于保险法制度体系、理论体系的完善有着重要的价值。

第二，直击问题，重点突出。关于合理期待原则这一项域外经验，学界已有较多介绍与研究，作者并未再做重复性展开。对于一些国内学者并未深入讨论的问题，作者则不惜笔墨，分析较为系统。例如，合理期待原则与我国被保险人保护相关制度如何融合、衔接，合理期待原则如何解决被保险人的保险金请求利益受侵害以及被保险人的保险维持利益受侵害等问题，作者都有深入研究。

第三，视野开阔，语言流畅。作者具有优秀的英语能力，视野开阔，收集资料丰富，在中外比较中形成有见地的观点。作者中文表达清晰流畅，也期待作者的语言像他的音乐一样富有节奏，能够给读者带来美的阅读享受。

本书凝聚了作者多年的心血，展现了一位青年学者对保险法理论的深刻思考。我希望作者能够再接再厉，为我国保险法的完善创作出更加优秀的学术成果。

是为序。

梁上上　清华大学法学院教授

2021 年 12 月 23 日

目　　录

绪论 ……………………………………………………………（1）
　第一节　选题的背景及意义 …………………………………（1）
　第二节　术语说明 ……………………………………………（4）
　第三节　国内外研究综述与评价 ……………………………（4）
　第四节　研究思路 ……………………………………………（19）
　第五节　研究方法 ……………………………………………（20）
第一章　被保险人权益受侵害的现状及原因 ………………（22）
　第一节　保险合同中的被保险人 ……………………………（22）
　　一　被保险人的概念 ………………………………………（22）
　　二　被保险人的法律地位 …………………………………（23）
　　三　被保险人所享有的利益 ………………………………（31）
　第二节　被保险人权益受侵害之现状 ………………………（32）
　　一　被保险人保险金请求利益受侵害 ……………………（32）
　　二　被保险人保险维持利益受侵害 ………………………（36）
　　三　小结 ……………………………………………………（37）
　第三节　被保险人权益受侵害之原因分析 …………………（38）
　　一　保险交易本身的原因 …………………………………（38）
　　二　被保险人利益保护的机制不够完善 …………………（42）
　第四节　本章小结 ……………………………………………（47）
第二章　合理期待原则的演进与借鉴意义 …………………（49）
　第一节　合理期待原则在美国的缘起 ………………………（49）
　　一　合理期待原则的产生背景 ……………………………（50）
　　二　合理期待原则的产生 …………………………………（51）
　　三　合理期待原则的理论基础 ……………………………（53）
　第二节　合理期待原则在美国的发展 ………………………（56）

一　合理期待原则迅速被美国各州所接受 …………………… (57)
　　　二　合理期待原则面临摇摆 …………………………………… (60)
　　　三　合理期待原则在适用上的不同版本 ……………………… (64)
　　　四　合理期待原则在世界范围内的影响 ……………………… (68)
　第三节　合理期待原则对我国被保险人保护的借鉴意义 ……… (70)
　　　一　合理期待原则的双重内涵 ………………………………… (71)
　　　二　合理期待原则是值得借鉴的域外经验 …………………… (73)
　第四节　本章小结 ………………………………………………… (78)

第三章　合理期待原则的本土化路径规划 …………………………… (79)
　第一节　合理期待原则的定位 …………………………………… (79)
　　　一　关于定位的学说争议 ……………………………………… (79)
　　　二　根据合理期待原则的内涵与功能进行定位 ……………… (80)
　第二节　合理期待原则与现有规范的关系 ……………………… (82)
　　　一　合理期待原则与现行保险法基本原则的关系 …………… (82)
　　　二　合理期待原则与保险合同规制的相关制度的关系 ……… (87)
　第三节　合理期待原则的本土化路径 ………………………… (101)
　　　一　在理论上将合理期待原则列为基本原则 ……………… (101)
　　　二　在立法上融入合理期待原则 …………………………… (104)
　　　三　在司法实践中将合理期待原则运用于法律解释、
　　　　　漏洞补充 …………………………………………………… (109)
　第四节　本章小结 ……………………………………………… (116)

第四章　合理期待原则在格式条款规制中的展开
　　　——对被保险人保险金请求利益的保护 ……………………… (118)
　第一节　合理期待原则的适用主体 …………………………… (119)
　第二节　合理期待原则的适用情形 …………………………… (122)
　　　一　歧义条款中对不利解释规则的辅助 …………………… (123)
　　　二　对被保险人明显不公平 ………………………………… (125)
　　　三　违反保险的目的 ………………………………………… (133)
　第三节　合理期待的判断标准 ………………………………… (137)
　　　一　主观期待与客观期待 …………………………………… (137)
　　　二　影响客观理性人期待的因素 …………………………… (140)

第四节 合理期待原则作为格式条款规制手段在司法实践中对
        被保险人保护的意义……………………………………（146）
     一 在构成要件不明时作出有利于被保险人的解释…………（147）
     二 更合理地确认被保险人的范围……………………………（152）
     三 促进保险人制定更合理的条款……………………………（155）
   第五节 本章小结…………………………………………………（162）
第五章 合理期待原则在保险合同效力变动相关制度中的展开
    ——对被保险人保险维持利益的保护………………………（164）
   第一节 合理期待原则对投保人解除制度的指引………………（164）
   第二节 合理期待原则对中止复效制度的指引…………………（169）
   第三节 合理期待原则对团体保险制度的指引…………………（174）
   第四节 合理期待原则对保险人解除制度的指引………………（178）
     一 如实告知义务的完善………………………………………（178）
     二 危险增加后果的完善………………………………………（186）
   第五节 本章小结…………………………………………………（188）
第六章 结语………………………………………………………………（190）
参考文献……………………………………………………………………（195）
后记…………………………………………………………………………（206）

绪　　论

第一节　选题的背景及意义

"现代社会亦可称为风险社会。"[①] 为了应对各种不测的风险，保险制度应运而生，在经过了几个世纪的发展之后，保险的影响力也在不断增大。保险被誉为社会的"平衡器"与"减震器"。可以说，保险为现代人最大限度降低风险的伤害起到了重大的作用。在当今社会，保险业是现代金融体系的重要支柱。随着我国社会经济的迅速发展，近年来保险业也蒸蒸日上。保险纠纷的案件数量也呈连年增长的态势。在立法方面，保险法自1995年颁布实施以来经历了三次修订，2009年颁布的新保险法相较之前有了很大的发展，2009年到2018年先后出台的最高院关于保险法的司法解释一、司法解释二、司法解释三、司法解释四也针对保险法适用中的争议问题进行了一部分的回应。法律体系的不断完善值得庆贺，然而由于我国保险法起步较晚，目前依然存有许多理论和实践的问题有待进一步讨论和解决。

被保险人的权益保护是保险法中的核心问题之一。无论在大陆法系还是英美法系，被保险人均是保险关系中不可或缺的主体以及保险法律关系形成的基础。由于现代保险合同具有附和性和射幸性，面对实力强大的保险公司精心制作的格式保险合同，投保人或被保险人只能选择接受或拒绝，意思自治在保险合同中无法得到充分体现，保险人和投保人或被保险人处于利益失衡的状态。"投保容易理赔难"的流行语也在民间广为流传。从保险业的诚信度仍然遭受许多质疑的现状可知，老百姓对于保险依然处于一种不信任的状态，这和欧美国家形成了鲜明的对比。这样的状态

[①] 王泽鉴：《损害赔偿》，北京大学出版社2017年版，第1页。

必然会影响保险行业的发展。鉴于此，我国2009年的保险法和之后出台的四个保险法司法解释也都包含了保护被保险人利益的理念。理论界也有关于保险消费者的概念以及是否要在保险法中引入消费者权益保护法理念的讨论，但目前学者的研究依然不够充分，对保险消费者中被保险人的关注更是不足。此现象与我国保险法保护被保险人利益的立法趋势并不相称。因此，关于被保险人权益保护问题的研究也是保险法中需要着重完善的课题之一。

那么被保险人的法律地位为何？这是被保险人权益保护的基础性问题，只有厘清被保险人在合同中的法律地位，对其保护才能恰如其分。但我国理论界至今对此问题也未达成共识。被保险人法律地位的模糊直接导致被保险人权利义务的模糊，也容易使得被保险人在立法和司法中受到忽略。因此，欲探讨被保险人的权益保护，必先厘清被保险人的法律地位。

被保险人的利益受侵害的现状及原因直接关系到讨论的重点，因此有必要对其利益受侵害的现状加以梳理，并分析造成该现状背后的社会原因、历史原因、法律上的原因。这将有助于更全面了解和解决被保险人权益保护的问题。

与我国相比，美国的保险行业起步早，整体较为发达，关于保险判例的研究也较为丰富。其中，被广泛适用的合理期待原则引起了笔者的注意。保险法领域的合理期待原则产生于美国的司法判例，它突破了合同严守的原则，以实质正义为指导在个案中对被保险人的利益给予维护。它的灵活性以及其独特的视角对我国被保险人保护的相关立法和实践有很强的借鉴意义。近年来关于合理期待原则也陆续有了一些研究成果，该理念在我国保险纠纷的部分裁判中也得到了一定程度的体现。然而，关于是否要在我国法律体系内正式引入合理期待原则，目前还存在疑问。因为我国和美国隶属不同的法系，将美国判例法中的原则引入我国以法条为裁判基础的法律体系内必然要对其进行正当性和可行性的考量。然而目前关注合理期待原则如何与我国法律体系相融合的研究还较少。它的引入和我国现有的制度会不会发生冲突？我国的现有制度能不能吸收该原则？如果它能独立存在，那么它在司法中具体又该如何适用？其合理的标准又该如何界定？目前依然有待解决。

笔者还注意到，合理期待原则不仅在保险法中适用，其也是公司治理中保护中小股东的核心原则。虽然被保险人和股东截然不同，然而其在法律关系中均属弱势群体。因此，笔者猜想，或许美国的合理期待原则能够成为我国保险法中保护被保险人的核心原则，对整个立法和司法能起到重要的作用。然而我国和美国系属不同法系，两国的保险法也有一定的差异，如何将一个域外的裁判原则本土化，使其融入我国的法律体系中呢？带着这个思考，笔者查阅了国内外的资料，然而大部分学者关于合理期待的研究局限于保险合同的解释。目前仅有个别学者提出要将合理期待原则上升为一个保险法的基本原则，且理论界对此给予的关注并不充分。合理期待原则在合同解释之外能否成为被保险人保护的基本原则，其未来的发展趋势为何？此涉及合理期待原则的定位问题。关于它是否能超越合同解释原则而成为保险法中的基本原则，值得进一步探讨。

目前我国立法也设有保护被保险人权益的相关制度。例如，在订立保险合同的过程中，法律为了平衡双方主体之间的信息不对称，保障被保险人的利益，规定了保险人的说明义务。然而，关于保险人说明义务的标准，以及其实际的功效，一直有所争议。引入合理期待原则能否有助于说明义务制度的完善？其对保险人说明义务会产生何种影响？在人身保险合同中，保险期间较长，因此在合同成立生效后、保险事故发生前，为了保护被保险人的利益，法律规定了中止和复效制度。但该制度仍有一定的缺陷，无法充分保障被保险人之利益，其在司法实践中也出现不少争议。合理期待原则的引入能否弥补中止、复效制度的缺陷？在保险合同的解除制度中，法律为了保护被保险人的利益，规定保险人只有在相对人违反法定义务之时方能行使法定解除权，然而关于法定义务的标准并不清晰，存在滥用的可能，如何规定相对人的法定义务才能防止保险人滥用解除权而保护被保险人的利益？在投保人和被保险人分离的情形下，投保人行使任意解除权可能侵害被保险人的利益，如何才能确保被保险人的利益不受损害？合理期待原则的确立是否能对解释保险人的法定解除条件或投保人的法定解除条件有所影响？在被保险人向保险人请求给付保险金之时，保险人的免责条款往往成为保险人拒绝理赔的抗辩理由，怎样的合同解释规则才能既保护被保险人的利益，又不至于损害保险人的正当利益？

本书试图针对我国被保险人权益受侵害的问题引入美国的合理期待原则，分析其与我国现有制度的关系以论证其引入的正当性和可行性。笔者将系统分析该原则对被保险人权益保护司法方面和立法方面的指引作用，提出一个较为完整而全面的法律建议以进一步增强我国法律对被保险人利益的保护，推进保险法理论和实践的发展，为保险行业的快速发展添砖加瓦。

第二节　术语说明

（一）被保险人

被保险人在大陆法系和英美法系中有不同的概念，大陆法系将保险合同主体分为投保人、保险人、被保险人，而英美法系将保险合同主体分为保险人和被保险人。本书主要采用大陆法系对被保险人的定义，即被保险人是指财产和人身受合同保障，享有保险金请求权的人。由于在现实生活中投保人、被保险人、受益人通常为一人，因此笔者所写之被保险人在一般情况下包括了投保人、被保险人、受益人是一人时的情形。当投保人和被保险人不一致之时，笔者会在文中写明。

（二）合理期待原则

合理期待原则的英文表述是"the reasonable expectations doctrine"，少数学者将其译为"合理预期原则"。① 合理期待原则在不同法的背景下有其不同的内涵。在公司法中，合理期待原则作为司法实践中保护中小股东的核心原则。在合同法中，合理期待原则作为限制损害赔偿范围的原则。本书所提合理期待原则特指保险法框架下的合理期待原则，即基顿法官在20世纪70年代总结的，在司法实践中应当着重保护被保险人的合理期待。

第三节　国内外研究综述与评价

（一）国外研究动态

英美法国家系以判例为主要法源的国家，其对被保险人的保护也主要由判例发展而来。尤其是美国，在被保险人权益保护方面有丰富的实践经验，早在1970年美国著名的基顿法官分析了大量美国法院关于保险纠纷的判决，指出这些判决实际上是由两个原则指引的：（1）保险人不应当

---

① 秦韬：《英美合同法领域的合理预期原则研究》，硕士学位论文，华东政法学院，2005年，第2页。

获得不正当利益；（2）投保人、被保险人、受益人的合理期待应当得到满足。① 自此，合理期待原则在理论上正式得到确立并得到了广泛的适用，这大大推进了司法实践中对被保险人利益的保护。总体来说，美国学者的研究主要关注合理期待原则在保险合同解释领域的问题。

1. 合理期待原则在合同解释中的合理性探讨

基顿认为，当被保险人的合理期待与保险合同条款表示的意思相冲突时，法官可以超越文义清楚的保单而基于被保险人的合理期待做出解释。② 基顿并未断言他提出的原则已得到完全论证，他一开始就承认这一原则太过概括以致不足以作为审判的准确指导，也过于广泛以致不能成为普遍真理。然而他提出的原则在20世纪70年代被许多州积极采纳，成为解决保险纠纷的工具。与此同时，该原则在理论界和实务界也遭受了许多质疑。

（1）赞同的观点

合理期待原则立足于保险合同本身的特征以及交易的特点，因此受到了许多学者和实务界人士的支持和肯定。

例如，马克·拉德教授在他的论文中就明确表示支持合理期待原则，他认为传统合同法的不利解释规则并不能很好地保护被保险人的利益。因为该原则只能在合同语义模糊之时才能适用，有些时候法院为了保护被保险人的利益不得不强行运用不利解释原则，显得非常牵强。如果用合理期待原则，则更能够维护保险合同关系中的实质正义。③

罗格教授也认为，尽管合理期待原则并没有被所有州采纳，然而其发展不应当停滞。④

肯尼斯（Kenneth S. Abraham）教授将合理期待原则的优点总结为促进效率与公平以及风险的分配。虽然合理期待原则有其局限性，但也有充

---

① Robert Keeton, "Insurance Law Rights at Variance With Policy Provisions", *Harvard Law Review*, Vol. 83, No. 5, March 1970, p. 968.

② Robert Keeton, "Insurance Law Rights at Variance With Policy Provisions", *Harvard Law Review*, Vol. 83, No. 5, March 1970, p. 968.

③ Mark C. Rahdert, "Reasonable Expectation Reconsidered", *Connecticut Law Review*, Vol. 18, No. 2, Winter 1986, p. 323.

④ Roger C. Henderson, "The Doctrine of Reasonable Expectations in Insurance Law after Two Decades", *Ohio State Law Journal*, Vol. 51, No. 4, 1990, p. 823.

分适用的理由：首先，合理期待原则的正确适用可以促进被保险人获得关于他所需要的那种保险更充分的信息。其次，合理期待原则起到了衡平的效果，即通过允许法官可以超越交易形式本身，去判断保险人是否应当承担给付义务。最后，合理期待原则对促进风险分散的多样化和保险选择的多样化具有积极的引导、鼓励作用。[1]

著名律师安德森和福尼尔也曾在关于合理期待原则的研讨会上表示支持合理期待原则。他们认为，保险并不只是单纯拘束当事人支付价款的合同，而是一个产品，而这个产品最核心的部分就是保护被保险人的合理期待。[2] 因此他们认为，法院适用合理期待原则是为了减轻保险公司对整个过程的控制，以保护被保险人的合理期待，毕竟被保险人处于消费者的地位。

（2）反对的观点

合理期待原则在受到支持的同时，也有许多反对的声音。例如，斯坦芬教授从经济分析的角度认为保险合同为格式合同的特点不足以成为合理期待原则的适用理由。首先，格式合同能够极大地减少缔约成本并提升效率，合理期待原则对格式合同条款的超越和干预有可能会起到降低效率的作用。其次，没有合理期待原则的干预，保险市场的自由竞争环境也会促使保险人制定更加合理完善的条款。而合理期待原则的施加，可能会不利于保险市场的自由竞争。最后，合理期待原则干预会对传统的合同自由原则造成破坏，因此不应予以支持。[3]

又如杰弗瑞（Jeffrey W. Stempel）教授认为，合理期待原则的可操作性不强，通常法院也害怕超出合同文本进行解释。他们宁愿选择更为保守的解释方法。他们通常只是在合同条款的语言较为模糊时才适用合理期待原则，有些法院就算在条款无歧义适用该原则也是在合同条款较为复杂、隐晦、突兀，或者被保险人是一般消费者或小公司的条件下。因此，大多

---

[1] Kenneth S. Abraham, "Judge-Made Law and Judge-Made Insurance: Honoring the Reasonable Expectation of the Insured", *Virginia Law Review*, Vol. 67, No. 6, September 1981, p. 1151.

[2] Peter Nash Swisher, "Symposium on the Insurance Law Doctrine of Reasonable Expectations of ter Three Decades", *Connecticut Insurance Law Journal*, Vol. 5. No. 2, 1998, p. 473.

[3] Stephen J. Ware, "A Critique of the Reasonable Expectations Doctrine", *University of Chicago Law Review*, Vol. 56, No. 4, Fall 1989, p. 1461.

数案件中，运用合同的不利解释规则就能够解决。① 而且合理期待原则的适用一方面会使得保险公司提高资费水平，加重社会成本负担；另一方面又会促使其收缩业务量，精心设计保险条款，使得保险的范围缩小，这对有大量保险需求的民众会产生不利影响。②

英国保险法权威M. A. 克拉克指出，合理期待原则给被保险人所带来的后果是：被保险人现在处于两难境地，面对更加严谨起草和限定的、很少有解释余地的合同，他们过去从法院对过时的合同条款的宽泛解释所得到的，只不过是付出过大代价而获取的胜利，得不偿失。③

威力阿姆斯教授认为，可以要求保险人向被保险人充分说明除外条款，并证明其已说明，使得被保险人对除外条款形成真正的合意，以此替代合理期待原则。④

史考特教授也批评指出，合理期待原则超越合同文本的解释方法会破坏合同自由原则，也会使得保险案件的解决变得更加复杂，其弊端很明显：首先，保险人不再认为其设计得清晰的合同语言将会得到法院的支持，这对其设计合同将产生很大的困扰。其次，保险人会认为法庭只考虑被保险人的合理预期，而没有考虑保险人的合理预期，导致保险公司对未来无法正确预估并因此提高费率。⑤

苏珊教授和卡罗教授也持相似观点，他们认为，目前保险合同法中的不利解释、禁反言、弃权、显失公平等制度已经足以保护被保险人的合理期待，因此没有必要再外加合理期待原则，给实务解决增加困惑。他们甚

---

① Jeffrey W. Stempel, "Unmet Expectations: Undue Restriction of the Reasonable Expectations Approach and the Misleading Mythology of the Judicial Role", *Connecticut Insurance Law Journal*, Vol. 5, No. 1, 1998, pp. 181, 193-262.

② Jeffery W. Stempel, *Interpretation of Insurance Contracts*, Boston: Little, Brownand Company, 1994.

③ [英] M. A. 克拉克：《保险合同法》，何美欢、吴志攀译，北京大学出版社2002年版，第356页。

④ William M. Lashner, "A Common Law Alternative to the Doctrine of Reasonable Expectations in the Construction of Insurance Contracts", *New York University Law Review*, Vol. 57, No. 6, December 1982, p. 1175.

⑤ Scott B. Krider, "The Reconstruction of Insurance Contracts under the Doctrine of Reasonable Expectations", *John. Marshall Law Review*, Vol. 18, No. 1, Fall 1984, p. 155.

至认为，经过实践的检验，合理期待原则是一个失败的原则。①

2. 合理期待原则的适用及具体规则

在合理期待原则的适用方面，美国法院主要有以下不同的三种情形。第一，只将合理期待原则的适用限定在模糊条款的解释上。第二，将合理期待原则用于检验那些难懂的条文，即那些繁复难懂的条文是否限制了投保人或被保险人的合理期待。第三，直接超越文本，根据购买保险的全过程来判断被保险人的合理期待是否受到侵害。② 州与州之间采取不同的标准，目前仍在争论之中。

由于基顿的合理期待原则较为概括，因此在他提出合理期待原则之后，美国的许多学者和法官都开始致力于将抽象的合理期待原则解释为一套具体的裁判规则以判断被保险人的期待是否合理。学者们的讨论主要集中在以下几个方面。

（1）被保险人的老练程度

在美国的审判实践中，有些法院认为被保险人的老练程度会影响合理期待原则的适用，有些法院则并不考虑被保险人的老练程度直接适用合理期待原则解释合同。在考量被保险人老练程度的法院中，他们通常根据以下因素认定被保险人是否老练：其一为被保险人的规模，即是否为大型商业实体，有学者将老练的被保险人界定为是"有五个或五个以上雇员的商业公司"③；其二为律师的参与程度，即是否有经验丰富的律师参与；其三为保险经纪人的参与程度，保险经纪人是独立中间人，他可独立判断保险条款是否适合于被保险人；其四为被保险人对保险的熟悉程度，即是否具有一定的保险专业知识。④ 究竟被保险人的老练程度是否会影响合理期待原则的适用，目前还有待进一步探讨。

---

① Susan M. Popik, Carol D. Quackenbos, "Reasonable Expectations after Thirty Years: A Failed Doctrine", *Connecticut Insurance Law Journal*, Vol. 5, No. 1, 1998, p. 426.

② Eugene R. Anderson, James J. Fournier, "Why Courts Enforce Insurance Policyholders' Objectively Reasonable Expectations of Insurance Coverage", *Connecticut Insurance Law Journal*, Vol. 5, No. 1, 1998, p. 335.

③ Alan Schwartz, Robert E. Scott, "Contract Theory and the Limits of Contract Law", *Yale Law Journal*, Vol. 113, No. 3, December 2003, p. 546.

④ John Dwight Ingram, "The Insured's Expectations Should Be Honored Only if They Are Reasonable", *William. Mitchell Law Review*, Vol. 23, No. 4, 1997, p. 813.

(2) 被保险人的客观期待抑或主观期待

合理期待是指被保险人的主观期待还是客观期待？目前美国学界主流观点倾向于被保险人的客观期待。所谓的客观期待是指一个理性外行人对保险合同的期待。[1] 但是罗伯特教授也提出，被保险人的主观期待在实践中亦常常被考虑在内。[2]

(3) 被保险人是否知晓保单

被保险人若已经知晓保单的内容和意思，那法院是否还能超越合同文本解释保险合同。美国法院和学者有不同的观点，基顿认为，如果条款会破坏合理期待，哪怕被保险人知晓该条款，也无拘束力。[3] 但是也有观点认为，如果被保险人已经充分注意到了该条款，而且该条款无歧义，那么保险人将胜出。[4]

(4) 被保险人是否有义务阅读保单

目前实践中也有不同的观点，有法院认为，如果被保险人有充足的时间去阅读保单而其并没有去阅读，那么被保险人的期待将不会受到保护。[5] 也有的法院认为，保险合同本来就很复杂难懂，难以解释出被保险人有义务去阅读，因为读了也未必能读懂。[6]

上述问题均存在争议。因此合理期待原则合同解释规则方面的探讨还有待进一步深入。

3. 合理期待原则与临时保险制度

合理期待原则在合同解释之外还有一定的应用，如临时保险制度。

在人身保险合同中，通常出于商业策略考虑，保险人会让投保人先提交投保单并支付保费，然后出具一个收据，通常这个收据会提到正式的保

---

[1] John Dwight Ingram, "The Insured's Expectations Should Be Honored Only if They Are Reasonable", *William. Mitchell Law Review*, Vol. 23, No. 4, 1997, p. 813.

[2] Robert H. Jerry, "Insurance. Contract, and the Doctrine of Reasonable Expectations", *Connecticut Insurance Law Journal*, Vol. 5, No. 1, 1998, p. 21.

[3] Robert Keeton, "Insurance Law Rights at Variance with Policy Provisions", *Harvard Law Review*, Vol. 83, No. 5, March 1970, p. 968.

[4] Young v. Metropolitan life Ins. Co., 20 Cal. App. 3d 777 (5th Dist. 1992).

[5] Atwater Creamery, 366 N. W. 2d at 278.

[6] Marston v. American Employers Ins. Co., 439 F. 2d 1035, 1038 (1st Cir. 1971).

险合同要在保险人核保完毕后才成立生效。① 然而保险事故就在核保结束前发生了，此时保险人是否要承担保险责任？这时美国法院通常会运用合理期待原则进行裁判，法院认为，从一般理性人的角度，当交纳保费且获得收据之时他会认为自己已经得到了保险的保障。为了保护被保险人的合理期待，法院认为，提交保费接到收据的行为实际上创设了临时保险合同，该合同在保险人签发正式保单或者拒绝签发保单并返还保险费之时才失效，因此如若被保险人经核保是符合条件的，保险人不得以合同未成立生效为由拒赔。②

(二) 国内研究动态

我国保险法研究起步较晚，在许多方面均落后于发达国家，在立法上缺少被保险人权益保护的核心原则，对被保险人保护的系统研究也相对较少。我国又属大陆法系国家，主要的研究集中于现行规范的合理性及其适用问题。

1. 对被保险人的系统性研究

姚飞的博士学位论文《中国保险消费者保护法律制度研究》算是国内论文中寥寥几篇和被保险人权益保护问题相关的研究。论文重点讨论了保险法和消费者权益保护法的关系，认为购买保险的行为具有消费属性，他从建立保险消费者保护法律制度的特殊性和紧迫性入手，通过对现行保险法相关法条的分析和保险监管制度政策的剖析，提出了相应的法律制度和救济机制建议。他认为，保险法中应当确立对投保人、被保险人倾斜保护的原则。③

梁鹏的《保险人抗辩限制研究》以探究保险人和被保险人的利益平衡为目标，具体探究限制保险人拒赔的理论基础即最大诚信原则、对价公平原则以及附和合同理论。还论证了保险人能否抗辩的三大标准，即过错标准、理性人标准、谈判能力标准，并针对保险人抗辩限制的具体制度引进了弃权和禁反言、合理期待原则和不可抗辩条款等英美法中的相关学

---

① Anderson, "Life Insurance Conditional Receipts and Judicial Intervention", *Marquette Law Review*, Vol. 63, No. 4, Summer 1980, p. 593.

② Anderson, "Life Insurance Conditional Receipts and Judicial Intervention", *Marquette Law Review*, Vol. 63, No. 4, Summer 1980, p. 593.

③ 姚飞：《中国保险消费者保护法律制度研究》，博士学位论文，中国政法大学，2006年。

说。① 上述研究虽然和被保险人相关，然而并非直接针对被保险人，而目前集中于讨论被保险人的系统研究仍较为缺乏。

2. 被保险人的法律地位

关于被保险人的法律地位，虽然法条已有明文规定，但我国理论界对此一直存在争议。几十年来虽然有学者研究，但是研究论文的数目并不多，该争议也未得到彻底解决。早在1996年游源芬就在《关于保险合同当事人与关系人之异议——与〈保险学原理〉一书商榷》中针对被保险人的地位提出了自己的观点，文章指出保险合同双方当事人只能是保险人与被保险人且投保人是被保险人代理人。② 谢克在《保险法视野下被保险人权利问题研究》一文中指出我国保险法应当借鉴英美法系的立法例将被保险人确定为保险合同的当事人。③ 潘红艳在《被保险人法律地位研究》中指出被保险人是保险合同利益的最终归属者，将被保险人简单视为第三人利益合同的第三人无法适应被保险人的利益需求。④ 窦玉前在《被保险人概念之重述》和他的博士学位论文《被保险人法律地位研究》中系统梳理了被保险人在各个国家的不同概念，认为被保险人应当具备两大特征：一是因保险事故发生遭受损失；二是其与某一特定客体具有保险利益。他还认为，被保险人应当是保险合同当事人而非保险合同关系人。⑤ 然而目前的通说认为根据合同相对性原理，投保人系保险合同的当事人，被保险人系保险合同的关系人。⑥ 被保险人法律地位认定的理论分歧导致了其权利义务的分配亦存在争议，这在一定程度上阻碍了关于被保险人权益保护问题的进一步研究。

3. 合理期待原则

合理期待原则在美国被广泛适用，其是司法实践中保护被保险人利益的有力工具。我国对此虽然有些许研究成果，但总体而言，受到的关注还是不够。目前学者的研究主要集中在以下方面。

---

① 梁鹏：《保险人抗辩限制研究》，中国人民公安大学出版社2008年版，第3—200页。
② 游源芬：《关于保险合同当事人与关系人之异议——与〈保险学原理〉一书商榷》，《中国保险管理干部学院学报》1996年第1期。
③ 谢克：《保险法视野下被保险人权利问题研究》，硕士学位论文，厦门大学，2006年。
④ 潘红艳：《被保险人法律地位研究》，《当代法学》2011年第5期。
⑤ 窦玉前：《被保险人法律地位研究》，博士学位论文，黑龙江大学，2015年。
⑥ 温世扬：《保险法》，法律出版社2017年版，第14页。

（1）合理期待原则的介绍和借鉴

樊启荣教授在《美国保险法上合理期待原则的评析》，卢明威、罗华在《论美国保险法合理期待原则的产生与新发展》①中均梳理了美国法背景下合理期待原则的产生和发展。合理期待原则最早是由英国大法官达林（Darling）勋爵在1986年提出的。但英国法院较为保守并未普遍采纳。而在美国的保险法判例中，合理期待原则首次出现于Garnet案中，之后基顿法官在总结判例的基础上从学理角度提出了合理期待原则，于是该原则自此在美国被大多数法院所采纳。樊启荣教授认为，合理期待原则超越了传统合同解释理论，突破了合同严守原则，宣示了禁止保险人滥用其优越地位的新兴政策，张扬了保险人应主动履行信息披露义务的法理思想。其在世界范围内引领着一种全新的优先保护保险消费者权益的思潮，这对完善我国保险法中保险消费者的权益保护有重大作用，我国应当予以借鉴。②

（2）合理期待原则的功能定位

何骧在他的博士学位论文《保险法合理期待原则研究》中系统梳理了合理期待原则的历史、理论基础、功能定位，以及在我国的实践状态，他指出合理期待原则旨在平衡保险人和投保人或被保险人之间失衡的利益，该原则已经潜移默化地融入我国司法实践中，并最终提出合理期待原则应当作为保险法基本原则的建议。③

杨秋宇在他的《从合同法到保险法：合理期待原则的勃兴与超越》中指出，合理期待原则应当成为保险合同解释规则的最后防线，辅助司法实践部门解决争议。④

文婧和杨涛在《"合理期待原则"在我国保险法中的功能定位及应用》中认为，期待的合理性应从合同当事人两方的角度分析。期待的客观性表现为该种期待符合普通理性的外行人的期待且存在其他外部证据支持这种期待。强化版合理期待原则应作为缔约控制的指导思想，折中版合理

---

① 卢明威、罗华：《论美国合理期待原则的产生与新发展》，《江西科技师范学院学报》2012年第2期。

② 樊启荣：《美国保险法上"合理期待原则"的评析》，《法商研究》2004年第3期。

③ 何骧：《保险法合理期待原则研究》，博士学位论文，西南政法大学，2015年。

④ 杨秋宇：《从合同法到保险法：合理期待原则的勃兴与超越》，《中北大学学报》2017年第2期。

期待原则应作为合同解释规则以此构建合理期待原则适用的双重逻辑。①

李利、许崇苗通过分析我国的相关案例,认为我国的司法实践中,不少法院实际上已经运用合理期待原则处理案件了。法院往往会扩张解释保险人说明义务抑或扩张适用不利解释规则,以保护被保险人的合理期待。其认为,我国应当确立合理期待原则,并确认其适用的具体规则以防止法院滥用其自由裁量权。②

刘宗荣在《新保险法:保险契约法的理论与实务》中指出,合理期待原则应当为保险业之经营原则。③

马宁在《保险法中的合理期待:从规则向原则的回归》中认为,应将合理期待原则从具体的解释规则向如给付均衡一般的抽象原则回归④。

卢明威、李图仁在《保险法合理期待原则研究》一书中指出,应当将合理期待原则定位于合同规制手段,而非合同解释工具,因为合同解释工具是指对已经成立的合同内容的说明与界定,但合理期待原则可以调整的对象包括合同尚未成立,双方在订立过程中因保险人的原因导致的投保人、被保险人产生的合理期待。⑤

(3)合理期待解释规则的构建

关于合理期待原则在保险合同解释中的运用也是我国学者关注的重点。因为在实践中,保险人通常以除外条款为由拒绝支付保险金。因此,如何用合理期待原则解释合同中的除外条款也是被保险人权益保护中的重点。保险合同解释中的合理期待原则是指当保险合同当事人就合同内容的解释发生争议之时,应以投保人或被保险人对合同缔约目的的合理期待为出发点对保险合同进行解释。⑥

那么其在合同解释中的适用顺序是什么?

李泓祎的博士学位论文《保险合同条款解释研究》认为,针对保险合同的非格式条款应当采用传统的合同解释规则,针对保险的格式条款应

---

① 文婧、杨涛:《"合理期待原则"在我国保险法中的功能定位及应用》,《保险研究》2016年第9期。
② 李利、许崇苗:《论我国保险法上确立合理期待解释原则》,《保险研究》2011年第4期。
③ 刘宗荣:《新保险法:保险契约法的理论与实务》,中国人民大学出版社2009年版。
④ 马宁:《保险法中的合理期待:从规则向原则的回归》,《比较法研究》2015年第5期。
⑤ 卢明威、李图仁:《保险法合理期待原则研究》,中国人民大学出版社2014年版。
⑥ 陈百灵:《论保险合同解释中的合理期待原则》,《法律适用》2004年第7期。

当先用文义解释，若得出两种以上结果，则用体系解释从合同整体的角度予以考察，只有在运用体系解释之后仍存在两种结果之后才能适用特殊解释规则，作出有利于投保人和被保险人而不利于保险人的解释。①

马宁教授在《保险合同解释的逻辑演进》中梳理了保险合同格式条款解释的逻辑层次，即先对合同条款进行文本解释，次之为语境解释，语境解释包括了专业解释、历史解释、习惯解释。若仍然存疑，则用不利解释规则，结果的矫正主要是通过合理期待原则和给付均衡原则完成的。②

然而"合理"的标准是什么？老练的被保险人是否应当适用该原则？这些问题目前仍没有定论。李呈蕴在《合理期待原则在保险合同解释中的适用》一文中指出，法官应当站在一个外行的理性人、诚实人的立场上考虑被保险人的合理期待，并认为合理期待原则也应当谨慎适用以使被保险人获得不当利益。③但外行的理性人是一个模糊概念，何骧的《保险法合理期待原则研究》一文也指出了合理期待原则在实践中的解释规则存在不明确的问题，认为应当对案例事实进行归纳并总结出一套合理的理性人标准。谢冰清在《保险法中合理期待原则适用规则之构建》中结合美国的判例分析了合理期待原则的适用标准，总结了合理之标准应当考量的几个方向，即合理应当从被保险人之老练程度、保险人明确说明义务、保单语言是否符合目的以及缴纳保费的多少等因素来综合判断。④梁鹏认为以下情形不适用合理期待解释原则：①被保险人充分告知保单的承保范围；②制定法或行政法规规定的条款；③个别商议条款；④基于专业知识的理解。⑤樊启荣教授提出，考量是否适用合理期待的因素主要有：①被保险人之身份；②保险营销方式；③保险单标题及广告之用语；④保险代理人之误导。⑥

从整理的文献看，我国学者主要关注的是如何理解美国法上的合理期待原则，虽然也有尝试与我国法律相结合，但相关的研究较少。目前我国法律还未将合理期待原则纳入立法体系，如何能将其与我国成文法无缝衔接以及

---

① 李泓祎：《保险合同条款解释研究》，博士学位论文，吉林大学，2012年。
② 马宁：《保险合同解释的逻辑演进》，《法学》2014年第9期。
③ 李呈蕴：《合理期待原则在保险合同解释中的适用》，《人民司法·应用》2015年第17期。
④ 谢冰清：《保险法中合理期待原则适用规则之构建》，《法学杂志》2016年第11期。
⑤ 梁鹏：《保险法合理期待解释原则研究》，《国家检察官学院学报》2007年第10期。
⑥ 樊启荣：《美国保险法上"合理期待原则"的评析》，《法商研究》2004年第3期。

合理期待原则在我国保险法中的功能定位问题,仍有待进一步研究。

4. 保险人的说明义务

保险人的说明义务制度与合理期待原则息息相关,也是保护被保险人权益的重要制度,樊启荣、覃有土等学者也指出保险人的说明义务为我国首创。① 但关于该制度本身的争论也未曾休止。

大部分学者从如何完善说明义务的问题切入进行研究。例如于永宁在《保险人说明义务的司法审查——以〈保险法司法解释二〉为中心》中就指出保险人的说明义务会面临过度保护被保险人利益的倾向,应当从利益平衡的角度明确保险人的举证责任,通过引入合理期待原则完善保险人的说明义务。② 可惜缺少学者的后续研究。项延永在《保险人说明义务规则的司法认知》中指出,我国保险法的规定存在弱化保险人对一般条款的说明义务的现象,一些重要性不亚于免除保险人责任的条款(如保险责任条款),因保险人未说明导致被保险人一方的利益受损。他认为,应当借鉴大陆法系中关于"保险人重要事项说明义务规则",以完善现行法律的不足。③ 说明义务的履行方式、标准、法律后果等问题也是我国学者关注的重点,尤其是说明义务的标准问题。我国《中华人民共和国保险法》(以下简称为《保险法》)第十七条第二款规定对保险合同中"免除保险人责任的条款",保险人在订立合同时应当"以书面或口头形式向投保人作出'明确说明'";判断说明之"明确"与否的标准,理论上有主观说与客观说之分。前者以说明人自我感觉为判断标准;后者以相对人对合同条款的理解为标准。国内学者普遍承认客观说,例如樊启荣在《保险法》一书中提道:"原则上以投保人所处阶层一般的人的认识水平为准。"客观说又分为两个标准一个是投保人标准,即强调具体交易中投保人对保险合同的理解;另一个是普通人标准,即强调一个普通外行人的理解。对此,学者也有不同意见,例如钱思雯在《保险人说明义务之解构与体系化回归》一文中指出对说明程度的实质性标准最终转化为保险人沉重的举证责任,损害保险人利益。④ 吴勇敏、胡斌在《对我国保险人说明义务制度的反思和重构》中提

---

① 覃有土、樊启荣:《保险法概论》,北京大学出版社 2002 年版,第 40 页。

② 于永宁:《保险人说明义务的司法审查——以〈保险法司法解释二〉为中心》,《法学论坛》2015 年第 6 期。

③ 项延永:《保险人说明义务规则的司法认知》,《人民司法·应用》2015 年第 5 期。

④ 钱思雯:《保险人说明义务之解构与体系化回归》,《保险研究》2017 年第 9 期。

出在保险人主动说明之时应根据一般人的理解，而在保险人基于投保人未完全理解而提出询问后进行说明的应采用投保人理解的标准。① 还有学者对说明义务本身的合理性提出疑问，例如马宁在《保险人说明义务批判》一文中也注意到了该问题，他指出严格的保险人说明义务属于人们为了实现意思自治目标而不计代价的制度设计，并不利于保险行业的发展，他认为应当废除实质性的说明义务而代之以形式化的信息提供义务。②

在保险说明义务和合理期待原则的适用关系上，有两种观点，排除关系说和协作关系说。排斥关系说认为说明义务的履行排除合理期待解释原则的适用。于海纯在《保险人缔约说明义务制度研究》中指出，订立合同时，保险人违反保险合同重要事项说明义务的，投保人或被保险人或受益人除可援引保险人违反说明义务效果条款为抗辩外，亦可主张按满足正当、合理期待要求解释保险条款；保险人证明已尽保险合同说明义务的，不适用前述规定。③ 协作关系说认为合理期待原则和保险人说明义务是互补关系。例如王冠华在《保险格式条款合理期待解释原则研究》中指出，合理期待原则是对保险格式条款的事后规制，是一种积极的规则，是对保险合同的实体内容控制；而缔约说明义务是对保险格式条款的事前规制。保险人对条款履行了说明义务并不等同于该条款可以免除法律上的评判，其依然要经过合理期待原则的检验。④ 陈群峰在《保险人说明义务之形式化危及与重构》中指出，立法要求保险人承担说明义务的标准过高，导致其在实践中完全流于形式且无法实现确保投保人理解保险条款的立法目的，应当引入意外条款不订入合同规则和合理期待原则推动保险格式条款通俗化。⑤ 目前争论仍未停歇。

5. 保险合同无效问题

无效制度方面，《保险法》第十九条规定"免除保险人依法应承担的

---

① 吴勇敏、胡斌：《对我国保险人说明义务制度的反思和重构——兼评新保险法第17条》，《浙江大学学报》（人文社科版）2010年第3期。

② 马宁：《保险人明确说明义务批判》，《法学研究》2015年第3期。

③ 于海纯：《保险人缔约说明义务制度研究》，博士学位论文，中国政法大学，2007年，第40—45页。

④ 王冠华：《保险格式条款合理期待解释原则研究》，武汉大学出版社2014年版，第145—148页。

⑤ 陈群峰：《保险人说明义务之形式化危机与重构》，《现代法学》2013年第6期。

义务"、"加重投保人、被保险人责任"以及"排除投保人、被保险人或者受益人依法享有的权利的"格式条款无效。马宁在《保险格式条款内容控制的规范体系》中指出,该条未提出清晰的判断条款是否有违给付均衡的标准,该条的适用标准、适用范围均没有一个清晰的界定,他认为除外责任、免赔率等限制保险人责任的条款在实践中不应被排除于《保险法》第十九条的适用范围之外。他认为应当效仿德国法对不公平条款的抽象加列举的模式以完善我国法律。① 马辉在《格式条款规制标准研究》中也指出目前法律未设定公平条款之实质性标准,《保险法》第十九条在实践中充满了不确定性,法官的自由裁量空间较大,并指出应当从程序正义和实质正义两个方面完善对格式合同的规制。②

6. 保险合同解除问题

保险合同可以分为法定解除和约定解除。在保险合同法定解除中,依照主体不同可分为投保人解除和保险人解除,两者均会对被保险人权益产生影响。其中直接和被保险人保护相关的典型论文如姜南、杨霄玉的《保险合同解除语境下被保险人利益之保护》③。该文梳理了保险人解除权经历了无效主义、解除主义和限制解除主义的历史发展,指出被保险人是受保险合同保障之人,在保险合同因各种原因被解除的情境下,应当对其利益进行有效维护,并认为保险人的法定解除权仅当在法律规定时行使,不能滥用。投保人任意解除保险合同时,应引入被保险人参与权以维护其合理期待。在投保人解除权方面,典型的如代表的《利他保险合同解除权中的第三人保护——保险法第15条的修改建议》。文章指出投保人任意行使解除权会导致被保险人的期待利益受损,并认为立法应当考虑被保险人的利益,赋予被保险人选择是否继续购买保险的权利。④ 在保险人解除的问题上,学者们主要关注保险人法定解除保险合同的条件,包括如何界定违反如实告知义务,如何界定违反危险增加通知义务等。比较有代表性的如樊启荣的《保险契约告知义务制度论》。该文结合国外的理论实践,系统

---

① 马宁:《保险格式条款内容控制的规范体系》,《中外法学》2015年第5期。
② 马辉:《格式条款规制标准研究》,《华东政法大学学报》2016年第2期。
③ 姜南、杨霄玉:《保险合同解除语境下被保险人利益之保护》,《河北法学》2014年第12期。
④ 代琴:《利他保险合同解除权中的第三人保护——保险法第15条的修改建议》,《保险研究》2015年第12期。

分析了告知义务，对告知义务中的重要事实等标准均进行了具体分析，指出了告知义务的标准正在从谨慎保险人的标准转变为合理被保险人的标准，认为应当限缩告知义务的标准以防止保险人滥用解除权，以损害被保险人的利益。① 孙宏涛在《我国〈保险法〉中危险增加通知义务完善之研究——以我国〈保险法〉第 52 条为中心》中指出危险增加之义务应当有所区分，如果对所有危险增加都要求被保险人履行通知义务，会加重被保险人的负担，因此在立法上有必要增列危险增加义务可被免除之情形。② 保险合同的约定解除，我国学者关注得较少，杨德齐在《论保险合同解除权制度的体系构建——兼评〈保险法司法解释三〉（征求意见稿）的解除权条款》一文中指出，由于保险人和被保险人在知识上存在较大差异，保单上的约定条款多以格式条款形式出现，双方在约定合同解除的条件时容易出现实质不公平，因此应当对《保险法》第十五条中"另有约定"的适用予以限制，对减免保险人责任增加投保人负担的"约定"进行适当约束。③ 上述问题均未达成一致的观点，仍需学界的不断探索。

我国理论界现有的研究主要呈现出以下特点。

1. 学者们对被保险人相关制度的研究总体较为零散，缺少系统性。目前，国内学者通常只是针对被保险人权益保护中的几个问题点进行研究。例如：被保险人法律地位问题、保险合同的解释问题、保险人说明义务问题等。这些研究虽然可以对被保险人权益保护的某一制度作出深入详细的研究，但是难以从整体上把握被保险人权益保护的内涵。这也是研究较为零散，所导致的必然结果。

2. 对被保险人的关注依然不够充分。在中国知网上检索"被保险人"，直接以被保险人为题的相关论文少之又少，虽然不乏一些非以被保险人为题但内容与被保险人相关的研究，但这也足以反映我国理论界对被保险人关注的欠缺。

3. 虽然有观点主张引入了合理期待原则，但是对合理期待原则的关注大多局限于保险合同解释。而且对合理期待原则在保险合同解释上的适

---

① 樊启荣：《保险契约告知义务制度论》，中国政法大学出版社 2003 年版。
② 孙宏涛：《我国〈保险法〉中危险增加通知义务完善之研究——以我国〈保险法〉第 52 条为中心》，《政治与法律》2016 年第 6 期。
③ 杨德齐：《论保险合同解除权制度的体系构建——兼评〈保险法司法解释三〉（征求意见稿）的解除权条款》，《保险研究》2015 年第 2 期。

用规则的探寻也不够充分。再者，学者在合理期待原则对被保险人权益保护在立法和司法上整体意义的研究较少。在合理期待原则与我国本土制度相结合的研究方面，目前学界关注也较为缺乏。

4. 目前国内的系统研究基本关注的是保险消费者，研究总体较为宏观，对于具体裁判和制度的分析还不够细致。而且保险消费者和被保险人并无法完全等同，因为被保险人不但涉及被保险人和保险人的关系，还涉及被保险人和投保人的关系。而我国学者对投保人和被保险人关系的关注显然是不足的。

整体而言，我国虽然对被保险人权益保护问题做了一些研究，但是研究较为零散，缺乏系统性，将国外的经验和我国的法律体系做有机结合的研究较少。为此，本书将引入合理期待原则针对被保险人保护中的核心问题作系统性研究，厘清合理期待原则在我国法上的功能定位，将其与我国的制度相结合，分析其在司法中的适用规则以及对我国立法的指引。本书将立足于被保险人和保险人、被保险人和投保人之间的利益冲突，剖析被保险人权益保护的内涵。

第四节 研究思路

完善被保险人的权益保护是一个体系工程，其包括了格式条款的规制、解除制度的完善等方面。而明确被保险人的法律地位是其中的前提。因此，本书先讨论被保险人在保险合同中的重要地位，并将被保险人的地位从合同关系人上升为保险合同的实际当事人。之后，本书进一步描述被保险人权益受侵害的现状以使得研究的问题具体化。然后，分析被保险人受侵害之原因以为后续的问题解决埋下伏笔。目前，被保险人受侵害的最主要形式是因格式合同条款而无法获得应有的赔偿以及在中途被他人解除或拒绝复效等而丧失无形的保险保障。在原因方面，我国保险法在抽象上缺少保护被保险人的基本原则；在具体的制度上，我国现行立法对保险合同内容的规制手段还不够，对保险合同效力变动方面的规定也有所不足。出现上述问题，主要是因为我国保险法缺少一个核心理念去支撑被保险人权益保护的整个制度体系。

合理期待原则是美国判例法中的一个重要原则，是经过长期实践而发展出来的。在美国保险纠纷中，其扮演着保护被保险人的重要角色。本书认为，这个原则无论在思想层面还是规范层面均非常值得借鉴，其能对我国被保险人权益保护注入新的活力。本书将比较分析作为主要的研究方法，先介绍合理期待原则本身的发展与内涵，再将合理期待原则与我国现有的制度进行比较，以明确合理期待原则在我国的功能定位，并规划合理期待原则的本土化路径。具体而言，本书集中于讨论合理期待原则与保险法基本原则的关系、合理期待原则与保险人说明义务的关系、合理期待原则与格式合同条款无效规则的关系、合理期待原则与现有合同解释规则的关系。合理期待原则在格式条款的规制上，是对现有制度的补充，在特殊情况下可以起到衡平的功能。在定位上，合理期待原则并不局限于合同解释的原则，以及格式条款规制的手段，其应当进一步上升为保险法中保护被保险人的基本原则以贯穿保险法中被保险人的保护。

在探讨了合理期待原则的本土化路径之后，本书将重点论述合理期待原则在合同解释和规制上的具体适用规则，以解决被保险人受格式条款压迫的问题。合理期待原则系属补充性的原则，其对格式合同的解释以及其他方面的规制上应当有明确的适用条件，否则既会违背一般的合同法理，也会导致法官滥用自由裁量权。因此，本书将结合美国法的判例实践探析合理期待原则在合同解释上的司法适用规则。从判例中梳理"合理期待"的标准，厘清司法介入合同自由的边界。判断被保险人的期待是否为"合理期待"需要结合案件的事实，从被保险人的老练程度、被保险人期待的来源、保险人的行为等各个方面进行综合考量。

此外，本书还将用合理期待原则对保险合同效力变动的相关制度进行改造以保护被保险人的保险维持利益。现行保险合同效力变动的相关制度若用合理期待原则去检验，其均存在一些问题。在合理期待原则的指引下，我国的保险合同解除制度、中止复效制度可以更加完善，更加兼顾被保险人的利益。

第五节　研究方法

本书运用了多种研究方法以力求研究过程和研究结论的全面性和科学性。

第一，比较研究方法。我国保险法的起步较晚，因此研究美国等发达国家的保险法，借鉴其先进的法律理念，对我国保险法的发展大有裨益。

合理期待原则在美国产生，但关于合理期待原则，不同州的法院理解又各不相同。我国应当如何借鉴合理期待原则，将其与我国法律体系相结合？此系比较研究的重点。

第二，经济分析方法。经济分析法是一种被广泛使用的研究方法。这种方法通过对法律制度的成本收益进行量化分析从而获得某一法律制度成功或失败的价值。本书更多地从定性而非定量的角度，从合理期待原则的效率、抑制格式合同的不利影响、最优保单的竞争规律、抑制保险人滥用权利等方面对合理期待原则可能产生的效果进行分析，以论证合理期待原则在我国保险法中的功能和定位。

第三，法解释学方法。法解释学方法是法学研究的基本方法，有着发现和弥补法律漏洞的特有功能。法律条文是为了适用，而适用则离不开法解释。法解释就是一个法律重建的过程。法解释学方法对理论和实务均具有很大的意义。本书作者为保护被保险人权益，将美国的合理期待原则引入我国法律体系，在论证其引入的必要性和可行性的过程中，必然涉及运用法解释学的方法去分析现有的条文。因此，该方法对本书的研究非常重要。

第四，利益衡量方法。利益衡量方法是实用法学的一种方法论，对理论和实务均具有很大的价值。在保险合同中保护被保险人的利益势必需要对各个主体在各个法律关系中的利益进行衡量，不能无限偏向被保险人使得保险人的利益受损。合理期待原则在合同解释中属于司法对合同自由的介入，而其介入的程度为何则是一个难题。利益衡量的方法在解决这些问题方面能够起到很大的作用。

第一章

被保险人权益受侵害的现状及原因

当今社会，被保险人在现实中屡受侵害，这亟须法律对此问题进行回应。而明晰被保险人的概念、法律地位，厘清被保险人在合同中具有哪些利益、其利益受侵害的形式及原因是被保险人保护所需探究的前提性问题。本章将对以上问题进行重点探讨。

第一节 保险合同中的被保险人

一 被保险人的概念

在我国，《中华人民共和国保险法》（以下简称为《保险法》）第十二条第五款明确规定，被保险人是指财产或者人身受保险合同保障，享有保险金请求权的人。首先，从定义上看，我国保险法并未明确区分人身保险和财产保险的不同情形。其实，在不同的险种中，被保险人的定义应有所差别。在财产保险中，因财产保险的标的是被保险人的财产及其有关利益，故被保险人的范围甚广：可以是自然人，也可以是法人或其他社会组织。但因人身保险合同系以人的身体或寿命作为保险标的，故人身保险的被保险人只能为自然人。定义中"享有保险金请求权的人"在文义上显然难以将其他社会组织包含在内。其次，在死亡保险中，保险合同以被保险人死亡为给付保险金的条件，在该种情境下，享有保险金请求权的绝无可能是被保险人，因为保险事故发生意味着被保险人已经死亡，此时被保险人不可能再向保险人主张保险金请求权。诚如前述，"享有保险金请求权"的表述也存在漏洞。最后，财产保险获得保险金的前提是遭受损失，而在人身保险中并非只有遭受损失才能获得保险金，例如人寿保险中的生存保险，以生存为给付条件，具有储蓄性质。因此，我国《保险法》中"受保险合同保障"的表述较为笼统，文字上无法体现不同险种情形下被保险人的内涵。

相较而言，日本学界区分人身和财产保险的不同情形对被保险人进行分别定义的做法值得借鉴。在日本，被保险人被定义为：在损害保险中是指保险利益的主体，因保险事故发生受有损害而取得保险金给付请求权的权利者；在生命保险中，是指与其生死有关的被保险者。[①] 德国学界亦区分不同险种分别对被保险人进行定义：在损害保险中，被保险人是指其利益受损失补偿保险合同保障的人，被保险人因保险事故的发生受有损失并因此获得相应的保险金补偿；定额保险的被保险人比较特殊，是指保险合同为其生命而订立的人。英美法上对被保险人（insured）的界定较为模糊，理论界将被保险人定义为对保险标的具有保险利益之人。[②] 这一表述意味着被保险人并非一定是请求保险金给付的主体，虽然它已将死亡保险等情形考虑在内，但总体来说过于简要，未能涵盖不同险种中被保险人定位不同的特点。其所以如此，一是源于英美法系着重于实践和判例，而概念和体系并不如大陆法系一般处于核心地位；二是在立法模式上，英美法采取二元模式，即保险合同的主体为保险人、被保险人，而将被保险人、投保人共同作为投保一方的主体，这使得被保险人涵盖的范围较大陆法系略广。

鉴于我国受大陆法系法律的影响甚大，立法以及法学理论又特别注重概念及法律的体系化，而日本和德国区分不同险种对被保险人进行定义使得被保险人的概念更加明确，能满足实务对被保险人确定的需要，故笔者建议，我国大陆和台湾地区可以借鉴日本、德国的定义模式，区分险种以进一步完善我国保险法上对被保险人的定义。

二 被保险人的法律地位

如何科学地认识被保险人的法律地位事关保险合同中的权利义务关系在不同的利害关系人之间的分配及其正当性，是被保险人保护的前提。

（一）学理上的争议

被保险人是指其财产或者人身受保险合同保障，享有保险金请求权的人。我国学者对被保险人法律地位的定位可以"关系人地位说"加以概

[①] ［日］我妻荣：《新法律学辞典》，董璠舆译，中国政法大学出版社1991年版，第807页。

[②] The "insured" can generally be defined as the person whose loss is the occasion for the payment of proceeds by the insurer. 参见 John F. Dobbyn, *Insurance Law in a Nutshell*, St. Paul：West Publishing, 2003：138。

括。具体来说，投保人是保险合同当事人，与保险人缔结合同，并负担保险费给付义务；被保险人是合同关系人，对保险标的具有保险利益，保险事故发生时受有损失而享有保险金请求权之人。[1] 但是这样的定位依然存在分歧。例如，有观点认为被保险人与投保人同为保险合同的当事人。[2] 还有观点认为，只有被保险人和保险人是保险合同的当事人，而投保人可以解释为被保险人的代理人，或者替代被保险人办理保险的保险活动参与者，真正的保险合同的当事人是被保险人。[3] 那么究竟哪个更合理呢？

（二）合同关系人地位的反思

在我国保险法学界，将被保险人定位为保险合同的关系人一直是学界通说。其所以如此，乃是因为依照传统民法，合同是当事人之间所达成的合意，一方的要约经另一方的承诺，即当双方当事人意思表示达成一致时，合同始能成立。而从保险合同订立的实然层面观之，达成保险合意的双方不是被保险人与保险人而是投保人与保险人。被保险人虽非缔结保险合同的主体，却因保险合同的订立而享有保险合同上的独立请求权，其与保险合同有经济利益关系，故可将其视为保险合同的关系人，而投保人则是保险合同的当事人。

这样的定位虽然符合民法理论，但却存在以下诸多疑问：首先，一般民事合同的当事人享有合同约定的全部权利并承担相应的义务，但作为保险合同当事人的投保人，却因为保险权利义务关系的结构性差异而只承担缴纳保险费的义务，并不享有请求保险金的权利。[4] 与此相反，被保险人虽未参与保险合同的签订，但其却享有合同项下的请求保险金的权利并可根据自己的意旨将保险金让渡给受益人。[5] 这显然不完全符合民事合同中

---

[1] 樊启荣：《保险法》，北京大学出版社2011年版，第35页。

[2] 参见李玉泉《保险法》，法律出版社2003年版；王伟《保险法》，上海人民出版社2010年版，第93页。

[3] 详情参见宋耿郎《论保险法上要保人与被保险人之权利义务》，《保险学刊》2011年第27期；谢克《保险法视野下被保险人权利问题研究》，硕士学位论文，厦门大学，2006年，第42页；游源芬《关于保险当事人与关系人之异议》，《中国保险管理干部学院学报》1996年第1期。

[4] 邹海林：《投保人法律地位的若干问题探讨》，《法律适用》2016年第9期。

[5] 根据《保险法》第三十九条和第四十一条，受益人的指定或变更均须依被保险人之意思。换言之，受益人享有的保险金请求权是经被保险人转让而取得的，因此该项保险金请求权本质上仍是归属于被保险人的。

合同当事人与合同关系人的标准。

其次，从保险法的具体规定来看，尽管投保人被认定为合同的当事人而被保险人为合同的关系人，但是我国保险立法赋予被保险人权利义务的数量却明显多于投保人。在权利方面，保险法赋予被保险人保险金给付请求权[1]、人身保险中被保险人的同意权[2]及对同意的撤销权[3]、单方指定或变更受益人的权利[4]、就未取得赔偿的部分向第三者请求赔偿的权利[5]。在义务方面，保险法科以被保险人在保险合同订立后的危险增加通知义务、保险事故发生的通知义务、向保险人提供资料的协助义务、维护保险标的安全及事故发生后采取必要措施减少损失的义务。反观保险法对投保人权利和义务的设置，仅体现在《保险法》第十五条的投保人合同任意解除权、《保险法》第十六条关于投保人的告知义务、《保险法》第二十一条的通知义务、《保险法》第二十二条的协助义务以及《保险法》第三十五条的缴费义务。被保险人作为一个合同关系人，法律对其权利义务的规定竟如此之多这在一般合同中是难以想象的，且在权利的性质上，有一些权利已经明显超出了一般合同关系人所应拥有权利的界限。例如，根据《保险法司法解释三》第二条的规定，被保险人享有同意撤销权，该权利行使的法律后果与合同解除一致。换言之，被保险人可以根据自己的意志对保险合同进行实质性的干预，这是"合同关系人说"根本不能解释的。因为，通常只有合同当事人才能够对合同的存续行使权利。

笔者认为，造成上述困惑的原因在于保险合同的特殊性。保险合同是一种将不幸集中到某一个体身上的危险通过保险的危险分担法则将之分散给社会公众使之消化为无形的特殊合同。而被保险人享有保险金给付请求权恰恰是保险合同分散风险、补偿损失、防灾防损功能的最集中体现。具

---

[1] 参见《保险法》第十二条、第二十三条，被保险人享有保险金请求权。

[2] 参见《保险法》第三十一条、《保险法》第三十四条，这两条分别规定了普通人身险与死亡险中被保险人的同意权。

[3] 参见《最高人民法院关于适用〈中华人民共和国保险法〉若干问题的解释（三）》第二条："被保险人以书面形式通知保险人和投保人撤销其依据保险法第三十四条第一款规定所作出的同意意思表示的，可认定为保险合同解除。"

[4] 参见《保险法》第三十九条和第四十一条。

[5] 参见《保险法》第六十条，保险人依照本条第一款规定行使代位请求赔偿的权利，不影响被保险人就未取得赔偿的部分向第三者请求赔偿的权利。

体而言，在财产保险中，保险合同的标的是被保险人的财产或利益，当保险合同约定的保险事故发生，则被保险人必然会因保险事故发生而遭受财产或利益上的损失，保险人通过向被保险人支付保险金使之能够重新购置财产，恢复正常生活和生产经营以达成保险的目的。在人身保险中，保险合同的标的就是被保险人的生命和身体，被保险人的生命和身体虽然无法用金钱来衡量，但当被保险人的生命和身体遭受损害之时，必然会给其本人或家庭带来重大的经济影响，需要由保险人向被保险人支付保险金以弥补其损失。① 此外值得注意的是，倘若没有被保险人的财产、生命作为保险标的，保险合同便无从成立，投保人亦无存在的价值。② 而受益人本身系被保险人所指定，其无法脱离被保险人而存在。由此可知，保险合同是为被保险人的利益而存在的，被保险人才是保险合同所保障的对象。该特征直接造成了保险合同不同于一般民事合同的权利义务分配结构：投保人虽为订立保险合同的人，但其在合同成立后仅享有保险合同项下有限的、经约定才有的部分权利，其当事人的地位具有限缩性的特征。而被保险人虽然不一定参与保险合同的签订，但因订立保险合同的目的是保障被保险在法律上所承认的利益，故而被保险人虽是合同关系人，但是其权利和义务具有扩张性的特征，实际上已与合同当事人别无二致。因此，单纯将被保险人定义为合同的关系人并不妥当。

（三）被保险人法律地位的重构：实际当事人

1. 合同当事人：理论上难以自洽

既然将被保险人定位为合同关系人并不妥当，那么是否可将被保险人定位为合同的当事人呢？笔者认为，直接将被保险人定位为合同的当事人在理论上恐难以自洽。

其一，被保险人不是订立合同的主体。诚如前述，从保险合同订立的实然层面观之，达成保险合意的双方不是被保险人与保险人而是投保人与保险人。虽然在订立以被保险人死亡为给付保险金条件等特定保险合同的情形下，投保人对保险标的进行投保尚须经被保险人的同意，然而此种情形下被保险人的同意与作为合同成立要件的一方当事人对另一

---

① 温世扬：《保险法》，法律出版社2017年版，第14页。
② 尹中安：《人身保险投保人任意解除权质疑——兼论人身保险被保险人法律地位》，《法商研究》2020年第1期。

方当事人所提出的要约表示接受并不能同日而语。一方面，此种情形下被保险人的同意权只是为了保护被保险人的人格尊严及生命安全，防止道德风险发生所采用的必要防范措施，实为政策性考量的结果，与意思表示并无直接关联。另一方面，许多保险也并非一定需要被保险人同意方可投保。再者，在须经被保险人同意方可订立保险合同的情形下，被保险人的同意并非保险合同成立的要件，而仅仅是效力要件。综观我国保险法的规定，投保人对保险标的进行投保尚须经被保险人的同意的，不外乎两种情形：第一，根据《保险法》第三十一条的规定，投保人为不具有特定亲属关系及与投保人不具有劳动关系的人投保人身保险的，须经被保险人的同意，否则该人身保险合同无效。第二，根据《保险法》第三十四条的规定："以死亡为给付保险金条件的合同，未经被保险人同意并认可保险金额的，合同无效。"从上述两个条文的文义看，此处所称的"被保险人的同意"仅是保险合同的效力条件，对保险合同的成立并不构成影响。由此可知，被保险人的同意并非缔结合同的意思表示。当然，从理论上看，能够成为合同当事人的主体并不一定必须参与合同的订立。在一些特殊的情况下，有些主体并未参与合同的订立，但之后依然不影响其成为合同当事人，其最典型的例子就是《民法典》第六十七条规定的法定的合同概括承受及《民法典》第七百二十五条所规定的"买卖不破租赁"。但笔者认为，上述几种情形与保险合同的权利义务状态均有所区别，它们均存在一方退出合同关系另一方进入合同关系并承受合同项下所有权利义务的情形，而保险合同中并不存在这一情形。在投保人与被保险人分而为二的情形下，投保人与被保险人在权利义务上存在着天然的分离。因此，欲以法定的合同概括承受及"买卖不破租赁"这两个典型的例子来阐述在订立合同时未作出意思表示的第三人也可成为合同的当事人难以达到证成效果。

其二，代理的理论无法解释被保险人的合同当事人地位。有学者认为，当投保人与被保险人不是同一人之时，可以将投保人解释为被保险人的代理人而将被保险人定义为保险合同当事人。[①] 然而依据民法代理的理论，代理人通常是以被代理人名义进行活动的，而最终的法律效果归于被

---

① 游源芬：《关于保险合同当事人与关系人之异议——与〈保险学原理〉一书商榷》，《中国保险管理干部学院学报》1996年第1期。

代理人。按此原理，缴纳保费的义务也应当由被保险人承担，但依据保险法，投保人依然是缴纳保险费的义务的承担者。因此，民法上的代理理论难以圆满解释现行法中投保人和被保险人的关系。

其三，无因管理的理论也无法解释被保险人的当事人地位。有学者认为，当投保人与被保险人不是同一人时，投保人的行为系属无因管理。然而《民法典》第一百二十一条规定，为避免他人利益受损失而进行管理的无因管理人有权请求受益人偿还由此支付的"必要费用"。按此规定，若投保人系被保险人的无因管理人，则其应有权向被保险人请求支付必要费用。而在我国及域外保险法中均未见此等规定，也没有发现过此等做法。因此，无因管理理论也难以解释投保人和被保险人之间关系上的实然状态，以无因管理来诠释被保险人是保险合同的当事人在逻辑上无法成立。

2. 实际当事人：现行法律框架下可资选择的一种变通方案

如前文所述，将被保险人定义成合同关系人与被保险人在保险法中实际所享有核心地位以及相应的权利义务相矛盾，将其定义为合同当事人又存在民法理论上的困境。如何很好地解决这一矛盾呢？笔者认为，在我国保险法中引入实际当事人概念并对被保险人以实际当事人予以定位可能是解决这一困境的有效途径。而所谓的保险合同的实际当事人是指虽然没有直接参与保险合同的签订，但是其所拥有的实际地位，所享有的权利义务已经相当于合同当事人。

首先，实际当事人概念的引入及其定位符合法学变迁的规律。社会日新月异，法律应该与时俱进。对法学而言，新生事物的出现意味着既有法学概念需要重新检验，以因应社会变迁而产生的新的价值冲突。而从法的经济分析来看，由于现行的法律典章制度是先前微观个体互动汇集加总的结果，在特定的时点上体现了一定的均衡。[①] 因此，法律的变迁应是渐进式的，即面对社会变迁，处理新出现的法学疑难，应该采取兼容并蓄的态度：捍卫原有法律体系的核心价值，但不能死守教义，在外围概念上可以松绑，以便当社会发展到新的均衡时较大幅度地修改法律典章制度。[②] 事实上，作为民法特别法的商法，为了满足日益变化的商事交易的需要，早就开始突破传统民法概念的樊篱进行了概念和理论的创新。例如，商事代

---

① 参见熊秉元《法的经济解释》，东方出版社 2017 年版，第 44—54 页。
② 参见熊秉元《法的经济解释》，东方出版社 2017 年版，第 44—54 页。

理（如经理权）的代理范围与传统民法不同，其不完全取决于本人之意思，其主要取决于法律的规定，而民法中的意定代理原则上依照本人的意思发生。[①] 依照民法学说，意定代理是扩展本人的意思自治，补充延长其"手足"的必要手段[②]，体现了本人的私法自治权。在商法背景下，这样的理论就无法完全解释商事代理的权利来源。又如，商事留置与传统的留置在条件上也有所不同，传统民法的留置权对债与留置物之间的牵连关系要求较高，而在商事留置中因商事主体交易频繁留置物与债权难以一一对应，为排除牵连关系的举证困难，因此商事留置权与债权间不受同一法律关系制约。[③] 再如，公司法中的"实际控制人"这一概念，就是因应公司发展的实践而在公司法中引入的新概念。根据《公司法》第二百一十六条第三款的规定："实际控制人，是指虽不是公司的股东，但通过投资关系、协议或者其他安排，能够实际支配公司的人。"在一般的情形中，能够控制公司的通常是公司的股东，但在公司中也会存在非股东对公司的决议产生重大影响并实际控制公司的情形，因此法律根据实际的情况对非股东实际控制公司的主体地位也进行了认定。商法是开拓者，而非守成者，其生命力和价值在于鼓励、保障和规制具有营利性的商业交易，法律逻辑和概念体系则是属于次要的地位。[④] 保险合同作为特殊的商事合同，在认定这种特殊商事合同的主体地位之时，也应当对传统的民法概念进行变通，否则在理论上将陷入困境。如前文所述，在保险合同中，被保险人是保险合同所实际保障的对象，在其中占据着核心的地位。因此，虽然在现有理论上被保险人难以被定位为合同当事人，但根据其实际的重要性，可以借鉴公司法中"实际控制人"的概念，将被保险人认定为实际当事人。这样的认定既不会冲击传统的概念体系，也因应了保险制度发展的需要，体现了与时俱进并符合法学变迁的规律。

其次，实际当事人概念的引入与定位，并不违背现行保险法的规定，

[①] 陈自强：《代理权与经理权之间：民商合一与民商分立》，北京大学出版社2006年版，第20页。

[②] 陈华彬：《论意定代理权的授权行为》，《比较法研究》2017年第2期。

[③] 曹兴权、胡永龙：《民法典编纂背景下商事留置权牵连关系的重构》，《西南政法大学学报》2018年第3期。

[④] 参见刘凯湘《剪不断，理还乱：民法典制定中民法与商法关系的再思考》，《环球法律评论》2016年第6期。

相反,这一定位与保险法的立法意旨高度契合。我国《保险法》第十二条第五款对被保险人是这样定义的:"被保险人是指其财产或者人身受保险合同保障,享有保险金请求权的人。"在这一条款中,并未明确说明被保险人只是合同关系人,将被保险人定位为合同关系人仅是目前学理上的一种见解。而且,从该条的文义看,既然被保险人是"受保险合同保障,享有保险金请求权的人",那么将被保险人认定为保险合同的实际当事人更能体现被保险人受保险合同保障的特点。更何况,从我国保险法体系设计来看,在保险合同中,投保人实际上并不享有请求保险金的权利,其所承担的义务在数量上也少于被保险人。投保人的重要性不如被保险人尚且能作为保险合同的当事人,被保险人作为保险合同的核心主体,其法律地位更不应低于投保人。因此,将被保险人定位为保险合同的实际当事人在现行的法律体系中也是可行的。

最后,将被保险人定位为实际当事人可从域外法中找到相关参照依据。在域外法中,英美保险合同法一直采用二元主体的模式,即保险合同的双方主体为被保险人和保险人。被保险人既是保险合同的当事人,与保险人缔结合同并负担保险费的给付义务,又是受保险保障之人,对保险标的具有保险利益。当然,英美的二元模式有其历史文化的原因。在保险制度发展初期,大多数人加入保险均为自己的利益,被保险人自己就是缔约主体,自无须加以区分,且西方国家本身就是极致个人社会,极致个人社会的典型特点是个体的独立性和自我意识较强,亲属之间的联系较弱。[①]人们通常不会干预他人事务而为他人操心去买保险,但随着社会的发展,为第三人利益购买保险的事例也逐渐开始出现。为了适应逐渐增多的为他人利益投保,英国保险契约法于"二元模式"基础上,另以制定法形式通过在财产保险中约定"loss payable clause"条款、在人寿保险中指定第三受益人或转让保险单三种方式为"利益第三人契约"提供法律依据。[②]而对于"利益第三人契约"采取宽大态度之美国,其保险契约法架构之原则与例外则与英国保险契约法无多大差异,只是在保险实务上,亦有称人寿保险之当事人为申请人,而称以其生命为保险对象之人为被保险人,

---

[①] 尚会鹏:《心理文化学》,北京大学出版社2013年版。
[②] 窦玉前:《被保险人法律地位研究》,博士学位论文,黑龙江大学,2015年。

但此为少数情况。[1] 由此可见，英美法国家并未因为他人投保的需求而改变被保险人和保险人二元主体的架构，被保险人依然是合同的当事人。这与英美法系注重实践多于概念体系的传统是相关的。被保险人是保险标的利益的所有者，是保险合同所保障之对象。英美法对被保险人地位的定位正是基于被保险人在实践中所实际具有功能以及重要性。英美法的灵活性与实用性特点，值得被我国法律所借鉴。其二元主体的模式也为被保险人实际当事人的地位提供了域外法的参照依据。

总之，实际当事人的定位既能体现被保险人在保险合同中的特殊性，又不至于破坏传统民法的理论体系。相较于"合同关系人"，"实际当事人"在字面上更能体现被保险人的核心地位而"关系人"并无法体现出该主体的重要性。在内涵和功能上，实际当事人的定位也能为法律进一步加强被保险人保护提供理论的支持。这与我国《保险法》立法以及审判实践中法院强调的被保险人中心主义也是相契合的。

三 被保险人所享有的利益

如前文所述，被保险人是保险合同所保障的对象，在保险合同中占有核心地位。由于被保险人是合同标的的所有者，根据"合同标的的归属决定合同利益的归属"的原理，被保险人也享有相应的保险合同利益。总的来说，被保险人基于保险合同主要享有两大利益：保险金请求权的实现、保险保障的有效获得与维持。

(一) 保险金请求权的实现

在保险事故发生之后，被保险人就享有了向保险人请求保险金给付的权利。保险金请求权涵盖了财产保险的补偿性与人身保险的给付性，是指被保险人或者受益人在保险事故发生后，得以请求保险人向其给付保险赔偿金或人身保险金的权利。[2] 这种财产性给付请求权的实现，就是被保险人在此保险事故发生后的阶段所享有的利益。[3]

可以说，保险金请求权的实现（保险金请求利益）是被保险人最核

---

[1] 窦玉前：《被保险人法律地位研究》，博士学位论文，黑龙江大学，2015年。
[2] 贾林清：《论保险赔付请求权的法律性质和行使条件》，《法律适用》2002年第12期。
[3] 马天柱：《保险合同关系中被保险人利益的结构分析》，《西安电子科技大学学报》（社会科学版）2017年第2期。

心的利益，因为被保险人购买保险的目的就是在损害发生之时获得一定数额的补偿，如若被保险人无法实现保险金给付请求权，那么其购买保险的最终目的就无法实现。

（二）保险保障的有效获得与维持

在保险金请求利益之外，无形的保险保障也是被保险人基于保险合同而获得的利益。[1] 在普通的合同关系中，期待利益是通过可被直观感知的义务人的特定行为来实现的，一般的财产利益能够以具体金钱、交付财物等行为实现，而保险保障对应的是保险人的危险承担义务，即通过保险合同的订立及履行来移转与承担某种危险，被保险人因此获得某种程度的财务稳定与精神安宁。[2] 因此，当被保险人订立有效的保险合同且保险责任期间开始之后，被保险人即获得了该保险保障。

此种合同利益对于被保险人来说同样非常重要。因为被保险人购买保险不仅仅是为了在发生事故的时候获得保险金，其也是为了在保险事故未发生之前，获得一种无形的保障以增加自己的安全感，使自己不再畏惧未来可能发生的风险。[3] 如若被保险人支付保费之后依然无法维持有效的保险保障，哪怕保险事故未发生，这对于被保险人来说依然是重大的损失。

第二节 被保险人权益受侵害之现状

被保险人虽然在保险合同中处于核心的地位，然而在现实之中被保险人的权益总是受到侵害。本部分将梳理被保险人受侵害的具体类型。

一 被保险人保险金请求利益受侵害

如前文所述，被保险人的主要利益是保险金请求权的实现。而目前被保险人常常面临无法获得保险金的问题，即保险人总是会以其不符合给付保险金条件为由拒绝支付保险金。根据中国银行保险监督管理委员会官网

---

[1] 马天柱：《被保险人利益保障法律机制研究》，法律出版社2017年版，第46页。

[2] 马天柱：《被保险人利益保障法律机制研究》，法律出版社2017年版，第46页。

[3] Douglas R. Richmond, "Bad Insurance Bad Faith Law", *Tort Trial & Insurance Practice Law Journal*, Vol. 39, No. 1, Fall 2003, p. 21.

上发布的数据显示，2018年、2019年、2020年的保险消费投诉均呈现上升的趋势，投诉的事由包括了理赔纠纷和销售纠纷，其中理赔纠纷是保险消费者投诉的重灾区。[①] 为了探究理赔纠纷的具体原因、事由、类型，笔者以"保险理赔""保险合同"为关键字，以"保险纠纷"为案由，以"民事案件"为案件类型，以"判决书"为文书类型，以"2019-1-1到2020-6-1"为裁判时间，从中国裁判文书网上随机下载一审案件裁判文书，从中随机抽取总量（4709件）的10%，得到470个案例。排除被保险人申请理赔缺少事实和法律依据而被驳回的判例。笔者认为，被保险人与保险人的理赔纠纷可以归纳为保险人不当拒赔、不当拖赔、不当减赔三类情形。其中有些争议是关于事实认定上的正当性，例如保险人未及时调查定损、不当认定事故。而更多的争议是关于法律依据的正当性，其具体的表现主要包括：（1）对格式条款作出不利于被保险人的解释；（2）拟定无效的格式条款；（3）未对格式条款尽到说明义务。由此可见，保险人的不当理赔在很大程度上与保险格式条款相关。

在实践中，由于保险合同的许多条款系由保险人单方起草，其在内容上对保险人利益的关照往往较多。而保险合同条款大多都很专业，因此往往复杂难懂，不甚合理。有些看似不违反法律规定但在实际效果上却对被保险人不利，被保险人在签订合同之时并未关注或者虽已关注但并未完全意识到之后的不利后果，导致了其在发生保险事故之时无法获得其预期的保险金。[②]

例如案例1：A购买B公司的机动车损失险，保险合同约定因暴雨发生的保险事故，保险人承担责任；又约定发动机进水后导致的发动机损坏，保险人不承担赔偿责任。A在已知晓条款一栏签字。后来A的车在暴雨天行驶因进入积水路面，车子熄火，发动机损坏。B公司以发动机进水属除外责任为由拒赔。B公司认为关于发动机进水的风险，其在保险精算之时并未纳入其中，该风险属于附加险的保障范围，由于A未购买附加险

---

① 参见中国银行保险监督管理委员会官网，http://www.cbirc.gov.cn/cn/view/pages/ItemDetail.html?docId=945935&itemId=915&generaltype=0，访问日期：2018年9月20日。

② 当下，通过互联网、手机App等方式订立保险合同越来越普及，上述问题变得越来越明显。由于没有了面对面的交流及解释，投保人、被保险人更加无法充分了解保险合同条款的含义，亦无法充分辨别哪些条款对自己利益是有重大影响的。

因此无法获得赔偿。① B 公司的抗辩理由看似合理，然而暴风雨天气造成车子损坏的主要原因就是车子的部件进水，B 既然在先前的保障范围内写明了暴风雨造成的车损在保障范围内，又在被保险人理赔之时明确排除暴风雨天发动机进水的情况，显然不符合被保险人的预期。

案例 2：A 在 B 公司购买车损险，合同约定将"火灾、爆炸……"造成的车辆损失列为承保范围。同时该保险合同第三条第五项以黑体字显示的方式，将"自燃及不明原因的火灾"列为免责范围。A 也在该条款上签了字确认已明知该条款。之后 A 停放车辆的小区发生火灾，原因不明，结果 B 公司就以此为由拒赔。② 虽然 B 的条款清楚明白，然而火灾的原因有时也会比较复杂，众说纷纭，保险人将火灾列为承保范围却排除不明原因的火灾，这样的条款显然有悖于被保险人的预期。

案例 3：A 购买 B 公司的健康险，A 已经在免责条款以及完全了解免责条款的投保单上签了名。保险合同对保险责任范围作了规定，对其中的"重大疾病"作了说明。之后，A 得了脑中风，经过手术之后花费 8 万余元，出院后向 B 请求支付保险金，B 以 A 所患疾病与保单规定疾病不符为由拒绝赔偿。在保单中，虽然脑中风属于重大疾病的范围，然而其在后面的释义中又写明"脑中风是指因脑血管的突发病变导致脑血管出血、栓塞、梗塞致永久性神经机能障碍者。所谓永久性神经机能障碍，是指事故发生六个月后，经脑神经专科医生认定仍遗留下列残障之一者：①植物人状态。②一肢以下机能完全丧失。……④丧失言语或咀嚼机能。……"③ A 的情况并不符其中的限定条件，因此遭到了 B 公司的拒绝。④ 虽然该条款并不存在歧义，然而其对疾病范围的限缩，使得被保险人无法获得其预期中的理赔。

案例 4：A 购买 B 公司的保险，然而保险合同中有条款约定："保险车辆发生保险责任范围内的损失应由第三方负责赔偿的，被保险人应当向第三方索赔。如果第三方不予支付，被保险人应提起诉讼，经法院立案

---

① 参见江苏省常州市中级人民法院（2018）苏 04 民终 527 号民事判决书；江苏省高级人民法院（2016）苏民申 2344 号民事裁定书；上海闵行区人民法院（2010）闵民初字第 998 号民事判决书。
② 辽宁省营口市中级人民法院（2014）营民三终字第 00071 号民事判决书。
③ 参见江苏省连云港市中级人民法院（2005）连民二终字第 36 号民事判决书。
④ 参见江苏省连云港市中级人民法院（2005）连民二终字第 36 号民事判决书。

后，保险人根据被保险人提出的书面赔偿请求，应按照保险合同予以部分或全部赔偿，但被保险人必须将向第三方追偿的权利全部或部分转让给保险人，并协助保险人向第三方追偿。"① 之后由于第三方暂时无法找到，A 向 B 主张理赔遭到拒绝。该条款为理赔设置了前置程序，虽然未免除保险人的赔付义务，然而当 A 想立刻获得赔偿之时，该条款显然无法满足 A 的预期。②

在上述案件中的纠纷，均源自保险公司所制定的格式条款。目前，我国法院在面对上述案件之时，对案件中的争议条款是否有效、如何解释也存在不同的看法。例如案例 1 中的事实在实践中就曾多次发生，不同法院的分析方法和分析结论都有所不同。有的法院认为条款有歧义，应当作对保险人不利的解释，遂判决赔偿。③ 而有的法院认为保险人已对该条款履行说明义务，该条款也不存在歧义，因此判决驳回被保险人的诉讼请求。④ 而关于案例 2 中的情形，多数法院基于合同条款的约定倾向于支持保险人，有部分法院会以合同条款免除保险人依法承担的义务或保险人未

---

① 参见汤小夫、刘振《保险免责条款效力认定中的 20 个审判难点问题》，《人民司法·应用》2010 年第 15 期。

② 参见汤小夫、刘振《保险免责条款效力认定中的 20 个审判难点问题》，《人民司法·应用》2010 年第 15 期。

③ 参见上海市闵行区人民法院（2010）闵民二（商）初字第998号民事判决书。部分原文："尽管保险条款对暴雨和发动机进水有着不同的约定，但根据保险法的规定，当保险人与投保人、被保险人或者受益人对保险条款有争议时，应当作有利于被保险人和受益人的解释。"

④ 参见江苏省高级人民法院（2016）苏民申 2344 号民事裁定书。部分原文："首先，该条款属于免除保险人责任的格式条款，产生效力的前提是格式条款提供方已作提示和明确说明。人保财险仪征公司以字体加粗方式就第七条作了区别于其他文字的明显标示，侯春林亦已在投保人声明栏签字，应认定人保财险仪征公司已履行提示和明确说明义务。人保财险仪征公司一审庭审中提交投保单作为证据，侯春林亦陈述核实后提供质证意见，应认定该投保单已经庭审质证，符合证据审查认定规则。侯春林申请再审中称投保单上签名并非其本人所签，但在一、二审期间并未提出该抗辩，亦未曾提出鉴定申请，本院不予采信。其次，《中华人民共和国保险法》第十九条规定，保险人提供的免除保险人依法应当承担的义务，以及排除投保人、被保险人或者受益人依法享有权利的格式条款无效。该规定适用前提是免除的保险人义务系法定，排除的投保人、被保险人或受益人权利亦是法定。发动机进水导致的发动机损坏不予赔偿的约定，并不具备前述前提，该条款已发生法律效力。最后，案涉保险条款以除外责任方式表述发动机进水导致发动机损坏不予赔偿，并不存在两种以上解释，并无不利解释规则适用余地。基于上述分析，二审法院认定人保财险仪征公司不承担案涉机动车损坏赔偿责任，并无不当。"

尽说明义务为由支持被保险人的诉请。① 在案例 3 中，争议的保险条款系属定义条款，面对类似事实，有的法院以被保险人不符合理赔条件为由认为被保险人无法获得理赔②，有的法院则以保险人未尽明确说明义务以及应作不利于保险人的解释为由支持被保险人的请求③。案例 4 系保险人对被保险人获得理赔设置了额外的条件条款。对于此类情形，不同的法院亦存在不同的见解，同案不同判的现象屡有发生。

上述合同条款乍看之下并没有明显的压制性色彩，然而在理赔之时，保险人却可能玩起文字游戏从而对被保险人的利益造成损害。而依据现有的规范处理，往往存在争议。有时法院可能会基于公平正义的考量，在条款没有歧义之时强行适用不利解释规则，或者滥用保险人说明义务规则作出对被保险人有利的判决，但这显然会对法的安定性造成破坏。由于我国法律对于格式合同条款规制的手段有限，有些较为保守的法院如若严格依照法条，则在很多情况下他们未必会支持被保险人的请求。

二 被保险人保险维持利益受侵害

无形的保险保障是一种特殊的合同利益。而在实践中，常常会出现被保险人无法获得或维持其期待的保险保障的情形。该利益被侵害的方式是多样的，其主要体现在保险人肆无忌惮地滥用保险合同的结构性优越地位，通过中止、复效规则，合同解除规则等对被保险人的利益施以不当的控制和限缩。④ 例如在中止、复效中，保险人会拒绝复效以排除被保险人维持保险保障。又例如，保险人、投保人会解除合同以排除被保险人继续获得保险保障。

例如：

案例 5：A 购买 B 公司的人寿保险，已经连续交了两年保费。在第三年，A 的身体出现问题，住院手术，第四年 A 向 B 请求支付保险金遭 B 拒绝。B 的理由系 A 从第三年开始未缴纳保费，保险合同中止，因此 B 无须承担保险责任。A 起诉认为 B 并未履行通知缴费的义务，法院也认为法

---

① 参见江苏省宿迁市中级人民法院（2014）宿中商终字第 0100 号民事判决书、湖北省随州市中级人民法院（2017）鄂 13 民终 216 号民事判决书。

② 南京市溧水区人民法院（2016）苏 0117 民初 904 号民事判决书。

③ 参见河北省唐山市中级人民法院（2020）冀 02 民终 6151 号民事判决书。

④ 马天柱：《被保险人利益保障法律机制研究》，法律出版社 2017 年版，第 46 页。

条未规定保险人须承担通知缴费的义务,因此 B 的抗辩成立,无须承担责任。[①]

案例 6：A 在 B 保险公司购买人寿保险,保险合同因 A 未能在宽限期内交费,导致合同效力中止。A 知道合同效力中止后在双方约定的复效期内先后三次向 B 提出合同复效,B 在 A 首次提出复效申请后对其进行体检,该体检结果中某一指标超出正常范围,于是 B 就以体检结果显示出的生理体征明显增加了 A 的复效风险,不符合 A 复效的核保条件为由,不同意复效。[②]

案例 7：A 与 B 曾是夫妻,A 在婚姻存续期间为 B 投保人身保险,A 为投保人 B 为被保险人,之后 A 与 B 协议离婚,A 则通知保险公司解除了合同,B 以 A 未征得自己同意为由起诉。法院的判决驳回了 B 的诉讼请求,理由认为 A 是投保人,根据《保险法》第十五条,保险合同成立后,投保人有权解除合同。就算费用实际由 B 缴付,但发票记载的投保人为 A,B 只能认为是代 A 缴纳保险费。[③]

在案例 5、案例 6 中,由于保险合同效力出现中止且无法复效,被保险人所期待的保险保障中断。而在案例 7 中,投保人因为和被保险人的婚姻关系破裂,于是解除了为被保险人投保的保险合同,虽然离婚后不想为另一方投保亦在情理之中,但是被保险人对保单的期待利益也因此受损。在上述案例中,法院的法律适用其实并无错误,但其裁判结果却难言公平合理,这也反映了我国保险法在制度设计上的不足。

三 小结

综上所述,关于被保险人的权益受损主要集中于被保险人受到合同条款的压制无法获得其期待的保险金以及被保险人受保险人、投保人的影响而无法获得或维持有效的保险保障。两种类型在时间点上往往会发生重合。受经济成本限制与机会主义的驱动,保险人往往在保险事故发生之时

[①] 参见新疆维吾尔自治区巴音郭楞蒙古自治州中级人民法院（2018）新 28 民终 240 号民事判决书。
[②] 参见灵璧县人民法院（2017）皖 1323 民初 4991 号民事判决书。
[③] 参见常乐《被保险人对投保人解除合同的异议权》,载谢宪、李有根主编《保险判例百选》,法律出版社 2012 年版,第 13 页。

极尽挑剔之能事,而居于"据理拒赔"之地位。① 而侵害的主体不仅仅限于保险人,在投保人和被保险人分离之时,投保人也有可能造成被保险人权益受损。笔者认为,欲从法律上解决目前被保险人权益受侵害之现状必须先探明其权益受侵害的原因。

第三节　被保险人权益受侵害之原因分析

侵害被保险人权益的主体有时为保险人,有时为投保人。笔者认为,被保险人权益易受侵害的原因主要有两大类,即保险交易本身的原因以及被保险人利益保护的机制不够完善的原因。

一　保险交易本身的原因

(一) 附和合同的特殊性

格式合同又称附和合同。在附和合同中,一方当事人提出合同的主要内容,另一方当事人只能作出全盘接受或不接受他方条件的决定,而一般没有商议变更的余地。保险合同即是如此:由保险人一方拟定保险合同的具体内容,投保人或被保险人只能选择接受或不接受,并没有修改某项条款的权利。②

附和合同大量存在的原因主要在于:第一,附和合同可以提高交易的效率。附和合同系由一方当事人拟定,因此对双方当事人来说,不必耗费时日参与合同条款的谈判。③ 而且格式合同的拟定者通常对合同所涉及的技术信息、法律知识有较为全面的认识,因此其更有可能拟定出一份高水平的合同。而内容形式标准固定的格式合同在消费领域被广泛接受并流行开后,对消费者和商家来说均是有利的,且能够起到促进交易的功能。④ 第二,附和合同能够增进交易安全稳定,减少讼争。附和合同通常由专业人士订立,往往较为严密且详细,能够有效地避免纠纷。再者,它一般采取书面形式,相对而言更容易受到社会各界的监督。⑤ 第三,附和合同可

---

① 江朝国:《保险法理论基础》,中国政法大学出版社 2002 年版,第 354 页。
② 温世扬:《保险法》,法律出版社 2017 年版,第 37 页。
③ 梁鹏:《保险人抗辩限制研究》,中国人民公安大学出版社 2008 年版,第 59 页。
④ 刘影、黄云飞:《格式合同与消费者权益保护》,《北京商学院学报》2000 年第 2 期。
⑤ 梁鹏:《保险人抗辩限制研究》,中国人民公安大学出版社 2008 年版,第 59 页。

以弥补法律规定的不足。附和合同的条款在多数情况下系交易习惯的产物,人们在总结交易习惯的基础上,将这些习惯转化为书面合同。因此,格式合同中的某些条款亦充当着习惯法的角色,在发生纠纷之前可以事先预防纠纷的出现。[1] 在保险行业中,保险合同的附和性对保险行业的发展有着非常重要的功能。保险人可以不经复杂的谈判磋商而大量签发保单以降低交易成本,并可以用统一的条款和标准去面向风险特征一致的群体。[2] 此外,保险合同具有非常强的技术性,其经营须以合理的计算为基础,例如保险风险的评估、保险费率的确定等均需专业人员进行精算和评估,普通消费者难以进行该项工作。[3] 因此,附和合同可以保证保险条款的专业性和可靠性。

然而凡事均具有两面性,附和合同在提供方便的同时也带来了不少问题。由于保险合同是由保险人一方制定的,其内容往往冗长而复杂。保险人有时会在合同中使用一些难懂的行业术语及法律语言,致使一般的投保人或被保险人对此难以理解。即便保险人使用了简单通俗的语言,但由于其内容的专业性,合同条款也往往无法被大部分的投保人或被保险人所理解。[4] 此外,投保人或被保险人也并没有充分的动机去仔细阅读保险合同,他们知道即使阅读并完全理解该合同的内容也无法改变其中的某一条款,因为他们只有全盘接受或全盘拒绝的权利,而无部分修改的权利。[5] 需要指出的是,与一般的格式合同相比,保险合同的附和性更为明显。其一,消费者并不一定购买附带格式条款的商品,他可以选择不带有格式条款的商品,但是被保险人无法不购买保险,因为有些保险是强制性的或者生活必需的。[6] 换言之,对于是否购买保险,被保险人实际上并没有太多

---

[1] 梁鹏:《保险人抗辩限制研究》,中国人民公安大学出版社2008年版,第61页。

[2] Joseph E. Minnock, "Protecting the Insured from an Adhesion Insurance Policy: The Doctrine of Reasonable Expectations in Utah", *Utah Law Review*, No. 4, 1991, p. 840.

[3] 温世扬:《保险法》,法律出版社2017年版,第37页。

[4] Slawson, "Mass Contracts: Lawful Fraud in California", *Southern California Law Review*, Vol. 48, No. 1, October 1974, p. 13.

[5] Slawson, "Mass Contracts: Lawful Fraud in California", *Southern California Law Review*, Vol. 48, No. 1, October 1974, p. 12.

[6] Christopher C. French, "Understanding Insurance Policies As Noncontracts: An Alternative Approach to Drafting An Construing the Unique Financial Instruments", *Temp Law Review*, Vol. 89, No. 3, Spring 2017, pp. 535, 565.

选择的余地，这直接造成了被保险人的真实意思在保险合同中难以体现的结果。其二，保险合同系射幸合同，其履行顺序较为特殊，通常系投保人先缴费，而被保险人在保险事故发生后才能请求保险人给付保险金。换言之，投保人缴纳保险费的义务具有先履行的明确性，而保险人的理赔义务系以保险事故发生为前提，具有条件性。通常，在遭受损失之前，被保险人也不会特别关注保险合同的内容。而在遭受损失之后，被保险人才会开始关注。但在一般的格式合同中，消费者还是会去阅读合同的内容，至少对其中的一些基本要素是有基本认识的。其三，当保险人恶意违约而拒绝给付保险金之时，被保险人很难再购买一个新的保险以保障已经发生的保险事故。而一般的格式合同中，消费者还有补救的途径。例如，手机品质不好，经营方拒绝承担退货瑕疵担保等责任，消费者还能够再买一个。[①]而若重新购买保险，则需要等到下一次事故发生方有可能获得保险金。

诚如前述，保险合同的超级附和性使得保险合同本身无法体现投保人、被保险人的意思。这是被保险人在现实中易受侵害的重要原因。

（二）缔约主体实力不对等

由于保险业务的专业性，保险人和投保人或被保险人之间存在严重的信息不对称和经济实力不对等。为何会有此不对等？首先，保险行业具有较高的行业标准和市场准入规则，根据我国《保险法》第六十九条的规定，设立保险公司的最低注册资本为两个亿，因此保险经营者在经济实力上具有天然的强势地位。其次，保险公司往往会聘请专业人士对保险产品进行设计，因此它在专业性和技术性方面亦具有较大的优势。相较而言，购买保险的大多为普通民众，其在保险的专业性、技术性以及经济实力等方面均与保险经营者相差甚远。因此，在保险合同中，缔约双方主体的实力存在严重不对等的现象。这在客观上为保险公司及其营销人员的失信行为创造了条件。[②]再加上我国保险代理人或保险销售人员诚信缺失的问题也相当严重，他们作为追逐利益最大化的主体往往从利己的角度出发，尽其所能地劝诱普通消费者购买保险，以增加自己的业绩，而对未来可能面

[①] Christopher C. French, "Understanding Insurance Policies As Noncontracts: An Alternative Approach to Drafting An Construing the Unique Financial Instruments", *Temp Law Review*, Vol. 89, No. 3, Spring 2017, pp. 535, 565.

[②] 白彦、张怡超：《保险消费者权利保护研究》，中国法制出版社 2016 年版，第 7 页。

临的问题视而不见、敷衍了事。这很容易导致被保险人在发生保险事故之后无法获得其订立合同之初所预期的利益。

(三) 保险人的利益动因

对于经营商业险的保险人来说，盈利是其经营的核心目的。而保险公司的盈利主要来源于以下方面：承保利润和投资收益。前者由死差、费差、退保金和准备金释放组成，可以理解为与公司经营相关的收益，后者主要是利差。对于当下的绝大多数保险公司来说，投资收益是其主要的收益来源，虽然并不似普通民众印象中"保险公司靠拒赔盈利"，但降低赔付所节约下来的成本亦有助于间接增加公司的利润，因此保险人不当理赔依然存在相应的动机。学界亦有观点认为"保险人以牺牲被保险人或受益人利益为代价的逐利策略已经日益明显"。[1] 笔者认为，保险人的盈利目的虽然不是被保险人利益受损的最主要因素，但也属于引发被保险人利益受损的深层动因之一。

(四) 投保人和被保险人之间存在"代理成本"

笔者认为，在投保人和被保险人之间存在一定的"代理成本"。此代理并非传统民法意义上的代理。该"代理"系经济学意义上的概念，当所谓"委托人"一方的福利取决于被称为"代理人"一方的行为时就产生了代理问题。例如，在公司中股东和公司管理者存在"代理"关系，公司管理者对公司的信息了解比股东全面，其经营会影响股东的利益，而公司管理者和公司之间的利益却并非完全一致，其可能利用其地位实施机会主义行为，由此产生代理成本的问题。[2] 之前有学者提出，当投保人与被保险人分而为二之时，投保人系被保险人的代理人。[3] 虽然此观点在民法理论上无法成立，然而从经济学视角可以发现，在投保人与被保险人分离之时，被保险人的利益往往由投保人决定，投保人在某种程度上的确可以视为被保险人的"代理人"。而值得注意的是，当被保险人与投保人不一致时，二者之间的利益也并非完全一致，其存在一定的代理成本。具言之，由于投保人并非被保险人本人，其对被保险人的了解程度一定不如被

---

[1] 参见黄丽娟《保险人恶意不当理赔的法律规制——从违约责任到侵权责任》，《法商研究》2016年第5期。

[2] 罗培新：《公司道德的法律化——以代理成本为视角》，《中国法学》2014年第5期。

[3] 游源芬：《关于保险合同当事人与关系人之异议——与〈保险学原理〉一书商榷》，《中国保险管理干部学院学报》1996年第1期。

保险人本人。而缔结保险合同、缴纳保险费、履行如实告知义务的主体却均为投保人。根据我国保险法的规定，投保人是否缴纳保险费，是否履行如实告知义务会对被保险人产生影响。例如，投保人不缴纳保险费，保险合同会中止；投保人故意不履行如实告知义务，保险人不承担保险金的赔偿责任。虽然法律规定了保险利益原则，然而这并不意味着投保人和被保险人在实然层面必然保持利益上的一致性。首先，根据《保险法》第十二条："人身保险的投保人在保险合同订立时，对被保险人应当具有保险利益。财产保险的被保险人在保险事故发生时，对保险标的应当具有保险利益。"在财产保险中，投保人不需要对被保险人有保险利益。因此，如若被保险人无法得到保险金，其对投保人而言所受损失并不如被保险人一般大。其次，在人身保险中，虽然根据《保险法》的规定投保人在订立合同时应对被保险人具有保险利益，然而双方的利益并非完全一致。投保人可能会为了自己的利益，抑或在没有充分考虑被保险人的利益情况下使得被保险人的利益受损。具体而言，投保人可能在和保险人情感关系断裂后单方解除人身保险合同。投保人亦有可能因粗心大意未将被保险人的信息告知保险人而导致保险人解除合同。[①] 综上所述，投保人和被保险人之间存在着"代理成本"，因此被保险人的利益容易受到投保人的侵害。

二 被保险人利益保护的机制不够完善

我国现有法律虽然在保护被保险人方面有所规定，然而目前的法律规制手段还不足以充分保护被保险人的利益。这使得被保险人在保险合同中的合理期待无法实现。法律的不足具体体现在以下几个方面：其一，在抽象层面，保险法中缺少被保险人保护的核心原则；其二，在具体的规范层面，我国保险法在格式条款的规制、保险合同效力变动的相关制度方面均存在不足。

（一）缺少被保险人保护的基本原则

从保险法整体来看，目前我国法律还欠缺被保险人保护的基本原则。首先，在立法宗旨上，《保险法》第一条规定："为规范保险活动，保护保险活动当事人的合法权益，加强对保险业的监督管理，维护社会经济秩序和社会公共利益，促进保险事业的健康发展，制定本法。"该法条并没

[①] 关于告知义务问题在团体保险中常存在争议。

有将保护被保险人的权益列为保险立法的宗旨,此与保险合同的功能不相称。① 其次,我国《保险法》第四条规定了从事保险活动不得损害社会公德和公共利益,《保险法》第五条规定了保险活动当事人行使权利、履行义务应当遵循诚实信用原则。上述原则虽然对保护被保险人能起到一定的指引作用,然而上述原则并未强调对被保险人的保护而且其指引较为间接,无法直观体现立法者保护被保险人利益的意图。有观点提出,保险法中应当借鉴消费者权益保护法对消费者倾斜保护的原则,因为保险服务系一种消费类型,保险合同中的投保人、被保险人本质上系消费者,应当受到法律的倾斜保护。② 虽然保险消费者的概念在我国还存在一定的争议,但笔者认为基于保险主体之间的实力不对等,以及附和合同的特点,将被保险人、投保人定义为消费者的一员是合理的。同时,在保险法中也应设立专门针对保险消费者权益保护的核心原则。

(二) 格式条款规制手段不足

被保险人受格式条款侵害是保险合同纠纷中最常见的类型,也是被保险人权益保护的重点。我国立法者为保护被保险人的利益也设计了一系列规定,然而这些规定在适用的过程中存在种种问题,难以达到其规范目的。例如,《保险法》第十七条规定了说明义务:"订立保险合同,采用保险人提供的格式条款的,保险人向投保人提供的投保单应当附格式条款,保险人应当向投保人说明合同的内容。对保险合同中免除保险人责任的条款,保险人在订立合同时应当在投保单、保险单或者其他保险凭证上作出足以引起投保人注意的提示,并对该条款的内容以书面或者口头形式向投保人作出明确说明;未作提示或者明确说明的,该条款不产生效力。"根据该条第一款规定,订立保险合同采用保险人提供的格式条款的,保险人应当对其内容予以说明。此条款属于倡导性规范,法律并未规定保险人未予以说明的法律后果。而第二款规定,对于免除保险人责任的条款,保险人应进行重点提示和明确说明。③ 该条款属于强制义务规范,若保险人未予以提示说明,则该条款不生效力。至于免责条款的范围《最高人民法院关于适用中华人民共和国保险法若干问题

---

① 白彦、张怡超:《保险消费者权利保护研究》,中国法制出版社2016年版,第9页。
② 白彦、张怡超:《保险消费者权利保护研究》,中国法制出版社2016年版,第9页。
③ 参见李玉泉《民法典与保险人的说明义务》,《保险研究》2020年第10期。

解释（二）》（以下简称《保险法司法解释二》）第九条已作出了限定。保险人说明义务在内涵上既包括了保险人主动对投保人进行说明也包括了保险人在接收到投保人的疑问之时应对其进行解答。在法律效果上，说明义务的规定能够使得无歧义但未经说明的除外条款、免责条款无效。然而该规则的问题在于说明的标准不够明确，在司法实践中该规则易流于形式。虽然我国《保险法司法解释二》第十一条规定："保险合同订立时，保险人在投保单或者保险单等其他保险凭证上，对保险合同中免除保险人责任的条款，以足以引起投保人注意的文字、字体、符号或者其他明显标志作出提示的，人民法院应当认定其履行了保险法第十七条第二款规定的提示义务。保险人对保险合同中有关免除保险人责任条款的概念、内容及其法律后果以书面或者口头形式向投保人作出常人能够理解的解释说明的，人民法院应当认定保险人履行了保险法第十七条第二款规定的明确说明义务。"第十三条规定："保险人对其履行了明确说明义务负举证责任。投保人对保险人履行了符合本解释第十一条第二款要求的明确说明义务在相关文书上签字、盖章或者以其他形式予以确认的，应当认定保险人履行了该义务。但另有证据证明保险人未履行明确说明义务的除外。"但何为"常人能够理解"？这是一个不确定的概念，在实践中容易引发争议，且保险人的举证应达到何种程度，也存在争议。具体而言，依照目前《保险法司法解释二》第十三条的规定，投保人在保险人履行说明义务的声明上签字一般即推定保险人已履行明确说明义务，另有证据推翻的除外。但这样的认定规则，是否真能确保被保险人事实上理解了免责条款的内容及法律后果不无疑问。在实践中，许多被保险人被催促着盖章签字，但对其免责之内容一无所知的比比皆是。在关于保险人是否履行说明义务的认定问题上，法官的自由裁量空间也较大，有时会出现认定太宽松对被保险人保护不足，认定太严格，过分保护被保险人利益的现象。因此该条虽能在一定程度上规制格式条款，但其作用依然有限。

我国《保险法》第十九条规定了格式条款无效的情形："采用保险人提供的格式条款订立的保险合同中的下列条款无效：（一）免除保险人依法应承担的义务或者加重投保人、被保险人责任的；（二）排除投保人、被保险人或者受益人依法享有的权利的。"该条文在规范目的上与《民法典》第四百九十七条相近①，旨在调整格式条款的内容，防止保险人利用其优势损害被保险人的利益。然而该条的字面含义并未提供明确的规制范围和适用基准，因此实践中关于如何理解适用该条文也存在许多困惑。例如何为"依法应承担的义务"，何为"依法应享有的权利"，虽然在诸多关于该条的释义中将此处的"权利"和"义务"限定为法定权利、法定义务，不得由当事人约定排除或变更。②然而在实践中，法院对此的认识依然存在分歧。有些法院认为条款免除的必须是法律作出强制规定应享有的权利或承担的义务，而非双方意思自治约定的权利义务。③也有法院直接用其判断保险合同中免责条款的效力。④除了其适用标准有争议之外，该条文本身的功能也存在疑惑，因为在保险合同中，被保险人的期待是拿到保险金，而用《保险法》第十九条进行规制使得某些条款无效未必能让被保险人如愿获得保险金。⑤

《保险法》第三十条规定了不利解释规则："采用保险人提供的格式条款订立的保险合同，保险人与投保人、被保险人或者受益人对合同条款有争议的，应当按照通常理解予以解释。对合同条款有两种以上解释的，人民法院或者仲裁机构应当作出有利于被保险人和受益人的解释。"该条文的适用前提是格式条款存在理解上的歧义。而通常认为的对条款的不同理解并不意味着歧义存在，只有在采取文义解释、体系解释等解释方法后依然存在多种解释时，才可视为产生了需要适用不利解释规则的歧义。⑥然而该认定标准还是较为抽象，在实际认定中，法官缺乏详细的实质认定

---

① 需要说明的是，《保险法》第十九条与《民法典》第四百九十七条在内容上是存在一些差异的，主要差异体现于规制范围和规制力度方面。例如：《民法典》无"依法"的限定、《民法典》有对于免除责任有"不合理"作为限定。

② 例如，依据《保险法》规定，保险人只有在满足《保险法》所规定的法定解除合同的条件时，才有权解除合同，且该项解除权必须在法律规定的期限内行使。如果保险人不及时行使，则视为放弃权利，日后不得再主张此种权利，此为弃权和禁反言义务。倘若保险人在保险合同中做了关于"即使过了法定行使解除权的期间其仍享有解除权"的约定，则该约定因免除其依法承担的上述义务而应被认定为无效。

③ 江苏省常州市中级人民法院（2018）苏04民终527号民事判决书。

④ 北京市第二中级人民法院（2018）京02民终3118号民事判决书。

⑤ 保险的风险范围由风险条款以及除外条款共同确定，若风险范围条款本身不合理，让除外条款无效，有时未必能使得被保险人获得保险赔付。

⑥ 王利明：《合同法研究》（第1卷），中国人民大学出版社2002年版，第410页。

标准，容易出现自由裁量度过大的情形，增加其适用的不确定性。而且该条文仅仅适用于有歧义的条款，对于一些无歧义但对被保险人不利的条款无法予以规制，因此该条文在规制格式条款内容、矫正保险合同主体间利益失衡的方面存在不足。

(三) 保险合同效力变动相关制度的不足

为了防止被保险人无法获得有效保险保障或者维持保险保障，我国法律也在通过不断完善保险合同解除制度、保险合同中止复效制度等限制保险人滥用权利以侵害被保险人的利益。我国《保险法》规定了在特定情形下保险人享有法定解除权，包括《保险法》第十六条投保人违反如实告知义务；《保险法》第二十七条被保险人受益人谎称、故意制造保险事故发生；《保险法》第三十七条人身保险合同效力中止两年未达成协议；《保险法》第三十二条人身保险合同的年龄误告；《保险法》第五十一条财产保险合同中投保人未尽安全维护义务；《保险法》第四十九条财产保险合同保险标的（转让导致）危险程度显著增加；《保险法》第五十八条财产保险合同保险标的发生部分损失。[①] 法律如此规定是为平衡保险人和被保险人之间的利益。因为保险合同是根据精确的计算而设计的，投保人群体的保险费和保险人的保险金在总数上形成对价平衡，投保人、被保险人的某种行为如危险显著增加而未通知、故意制造危险、不如实告知会破坏双方之间的对价平衡从而造成保险人损失，故法律赋予其法定解除权。然而法律对解除权的规定仍有许多不全面之处，实践中往往会出现保险人滥用法定解除权之现象。例如，我国法律规定了如实告知义务，然而关于投保人是否故意或因重大过失违反如实告知义务的标准却存在争议，尤其在对于"故意""重大过失"等主观要件的判断上，法官的自由裁量空间较大。此外，违反如实告知义务后的法律后果即保险人对保险责任的承担与否，当前立法还是未跳出"全有或全无"[②] 的局限。上述问题就导致了保险人会利用该条以未履行如实告知义务为由解除保险合同，导致被保险人无法维持有效的保险保障。

关于投保人行为导致被保险人丧失保险保障的情形，我国立法上处于

---

① 姜南、杨霄玉：《保险合同解除语境下被保险人利益之保护》，《河北法学》2014年第12期。

② "全有或全无"意思为未履行如实告知义务的后果是仅仅有赔偿保险金与拒绝赔偿保险金。

长期空白的状态。2015年出台的《最高人民法院关于适用〈中华人民共和国保险法〉若干问题的解释（三）》（以下简称《保险法司法解释三》）第十七条关于投保人任意解除权的补充规定可以说是一次进步，然而该规定的合理性仍有待商榷。由于该规定较为概括，对于被保险人或者受益人对任意解除权的限制如何实现缺少进一步规定，在司法实践中被保险人的利益依然无法得到充分保障。[①] 此外值得注意的是，投保人和被保险人之间的利益冲突并不仅仅在合同解除中存在，其在保险合同的整个阶段都可能存在。例如关于投保人故意不履行如实告知义务，投保人故意造成保险事故等，目前我国法律均规定由被保险人承担无法获得保险金的不利后果，可是在以上情境中，被保险人均无可归责性，由被保险人承担不利后果有替投保人受过之嫌。[②] 然而，目前我国法律对上述之可能导致被保险人不利的规定并无修改也无司法解释加以补充和修正。

（四）保险监管不力

由于保险的覆盖面广泛，涉及广大民众的切身利益，因此保险具有一定的公共利益性。该特征为政府的介入提供了合理的理由。美国、英国的保险监管经历了百年多的历史，不断地完善以强化对被保险人的保护。相较而言，我国的保险监管弊病颇多。首先是保险监管的目标不明。中国银保监会成立的宗旨是：拟定有关商业保险的政策法规和行业规划；依法查处保险企业违法违规行为，保护被保险人利益；维护保险市场秩序，培育和发展保险市场，完善保险市场体系，促进保险企业稳定经营与健康发展，推进保险改革等一系列目标。[③] 可谓目标众多而主次难分，可操作性较差。银保监会到底保护保险公司还是被保险人，模糊不清，且实际的监管效能也不甚理想。

第四节　本章小结

被保险人是保险合同保障的对象，具有实际当事人的地位。其权益受

[①] 参见吴涵昱《利益平衡视角下利他保险合同中任意解除制度的反思与完善》，《保险研究》2022年第3期。

[②] 樊启荣：《保险法诸问题与新展望》，北京大学出版社2015年版，第12页。

[③] 姚飞：《中国保险消费者保护法律制度研究》，博士学位论文，中国政法大学，2006年，第67页。

损主要可分为两大类：被保险人受格式条款压迫而无法实现其保险金请求利益；被保险人无法维持其保险保障。而被保险人权益易受侵害主要源于保险合同本身的特点，以及法律规定的缺失。欲加强被保险人权益的保护应从这两方面着手，然而保险合同本身的特点以及主体之间的实力不均衡问题是保险行业长时间的实践累积起来的特性，难以加以改变。因此，加强被保险人的权益保护，防止被保险人权益受到保险人、投保人的侵害的关键还在于制度的完善。目前的法律无法对被保险人给予充分的保护，其具体体现在：在宏观上保险法缺少了保护被保险人利益的核心原则，而且与被保险人保护的相关具体制度也存在许多不完善之处，这使得在保险活动中被保险人的利益无法得到充分保障。制度不完善的根本原因在于我国保险法对被保险人的重视程度依然不够，缺少保护被保险人利益的核心理念。因此，在确认被保险人在保险合同中实际当事人之核心地位的同时，我国保险法需要补充一种新的理念、新的手段来解决当下的不足。那么什么样的理念和手段才能够使得保险法更加完善呢？后面一章将详细论述。

第二章

合理期待原则的演进与借鉴意义

上一章提到我国目前的法律并不足以充分保护被保险人的权益，虽然已有保护被保险人的意识，然而还是缺少一个贯穿于其中的核心理念。目前与被保险人保护相关的制度均存在一些模糊之处，使法院在适用和解释之时产生困惑。因此，我国需要一种新的理念和手段来指导立法和司法实践，使其更合理地保护被保险人的权益。美国保险法有着悠久的历史和丰富的审判实践经验，其中合理期待原则是经过长期的实践和总结发展出的在司法裁判中保护被保险人权益的重要原则。该原则目前在我国法律中尚未明确，在实务中虽然有些法院在裁判文书中对该原则有所提及且近年来"合理期待"在裁判中的出镜率也在不断提高，但总的来说，合理期待原则还未真正意义上在司法实践中普及。那么，该原则的内涵是什么？其在美国是如何发展的？它是如何体现在美国的法律中的？法院是如何适用的？其在保护被保险人权益方面有什么独有的优势？对我国有什么借鉴意义？本章将重点讨论这些问题，以求对合理期待原则有一个更为清晰的认知，以备在后续章节中进一步展开讨论。

第一节 合理期待原则在美国的缘起

合理期待原则是经过长期的判例积累而形成的。在此节，笔者将梳理合理期待原则的发展脉络以便更加清晰地了解其内涵。从18世纪中叶到20世纪70年代是合理期待原则的形成期。这个时期，合理期待原则虽然没有被学者提出并上升到理论的层面，然而许多司法裁判已经体现了法院保护被保险人合理期待的意图，这一时期的判例积累也为之后合理期待原则的问世奠定了基础。

一　合理期待原则的产生背景

在保险业刚刚产生的 16 世纪和 17 世纪，那时购买保险的双方主体在交易上的实力和地位基本对等，而关于保险责任的范围也基本都由双方书面手写于合同之上。因此在这样的背景下，被保险人所期待的保险范围基本都能够全面地反映在合同的文本中。[①] 但随着保险行业的不断发展，在经济利益和效率的驱动下，越来越多的保险合同从双方协商签订转变成了由保险人事先准备和提供，越来越多的条款是基于保险人的需求和意愿设计的。这一转变使得保险交易双方的地位发生了根本性的变化。被保险人在缔约过程中只能选择保险人提供的保险责任范围，而不能完全按照自己的意愿进行决定。因此意思自治在保险合同中实际上无法充分体现，法律争议也随之产生。为了平衡双方的利益，法院通常采用不利解释规则对合同文本进行解释。但不利解释规则的适用需要具备一个基本前提，即当保险条款的措辞模棱两可，有两种以上的合理解释时，才由法院或仲裁机构作出不利于格式条款提供人或条款草拟人的解释。在保险条款的文义不存在歧义的情形，不利解释规则并没有适用的余地。如果在条款文义明晰的情形下，法官仍基于被保险人利益的保护作出不利于保险人的条款解释，则会破坏合同的安定性，与契约自由的价值产生冲突。因此，虽然在美国的司法实践中，确有一些州的法官将不利解释规则适用于文义没有歧义的一些案件中，但因为上述问题的存在，其正当性受到了越来越多的质疑，这也为之后法院开始设法解决该问题以及合理期待原则的产生埋下了伏笔。

除此之外，进入 20 世纪后，在世界范围内合同自由开始衰落，国家对合同的干预的思想开始浮出水面，这也对合理期待原则的产生有很大的影响。19 世纪末，垄断组织的出现使得市场秩序受到极大的破坏，垄断集团运用自己的强势地位通过合同条款对相对方进行压迫。为了保证市场的运转，国家公权力开始逐渐介入合同，典型的如情势变更原则的产生，它赋予了法官直接干预合同的自由裁量权，体现了国家对合同自由的干预。[②] 这个潮流直接影响了美国。美国在经历了经济危机之后受凯恩斯主

[①] Rorbert E. Keeton, *Insurance Law*, St. Paul. MN: West Academic Publishing, 2017, p. 286.
[②] 何骥：《保险法合理期待原则研究》，博士学位论文，西南政法大学，2015 年，第 64 页。

义的影响开始加大了国家对经济的干预,美国法院也一改"守夜人"的角色开始增加司法的介入。与此同时,消费者保护运动在全球正如火如荼地进行。到了20世纪60年代,美国的消费者保护运动规模进一步扩大,不但得到了政府的支持,美国的法律界人士也开始就如何从法律上保护消费者进行了探讨,尤其是在格式合同的规制方面,法学界的探讨日益增多。① 学者们越来越多地将关注点从形式正义转向实质正义。合理期待原则就在这样的一个时代背景下开始逐渐酝酿。

二 合理期待原则的产生

合理期待原则在理论界被提出之前就已体现在美国的判例之中,最早体现保护被保险人合理期待的判例是1795年的Pelly案。② 在该案中法官曼斯菲尔德认为:"保险公司被推定了解被保险人的客观合理期待,并销售符合被保险人需求的保单,如果不知道,保险人应当主动获取信息去了解。"③ 以此理由,法院拒绝了保险人所提出的与被保险人合理期待相反的主张,但该案并没有明确提出合理期待原则。在1936年加州法院裁判的Coast案中,法院在判决书中写道:"对于保险合同条款的解释,我们不仅应当看合同条款的本身,还要考虑被保险人对保险人责任承担的合理期待。从这个角度看,所有因条款的用语引发的疑问、模糊、不明确,都应当作出偏向于被保险人的解释。"④

1947年Gaunt案中,法官伦德以一般被保险人的理解去解释保险合同。⑤ 该案中主要的争议焦点是如何理解保险公司出具的收据。在该案中,保险人预收了被保险人的保费并出具了收据,但收据里并没有明确保险责任是从做完检查后开始还是在保险公司签发保单后开始,而保险事故

---

① [英]M. A. 克拉克:《保险合同法》,何美欢、吴志攀译,北京大学出版社2002年版,第8页。

② Eugene R. Anderson, James J., Fournier, "Why Courts Enforce Insurance Policyholders' Objectively Reasonable Expectations of Insurance Coverage", *Connecticut Insurance Law Journal*, Vol. 5, No. 1, 1998, p. 335.

③ Pelly v. Royal Exch. Ass'n. (1 Burrows 341) (1757) (Mansfield, C. J.).

④ Coast Mut. Building-Loan Ass'n v. Security Title Ins. & Guarantee Co., 57 P. 2d 1392 (2d Dist. 1936).

⑤ Gaunt v. John Hancock Mutual Life Insurance Co., 160 F. 2d 599, 601 (2d Cir.).

恰恰发生在检查后和签发前的时间段里。① 最后法官支持了被保险人关于要求保险人支付保险金的请求。法官认为，保险责任期间应当根据一般被保险人的理解从做完检查之后开始，因为保险人对自己签发的收据一般都很熟悉，理解很透彻，然而收据最终是签发给被保险人的，被保险人不可能如此精细地对其进行阅读，所以很难要求其产生像保险人一样的理解。②

纽约高级法院裁判的 Lachs 案也具有典型意义。在该案中，被保险人在机场的自动销售机上购买了该保险，然而被保险人乘坐的航班是不定期航线的航班，并不在保险合同约定的定期航线的范围之内。③ 之后发生保险事故，保险公司以保险事故发生在不定期航线为由拒赔。而法院查明，该自动销售机设置在被保险人乘坐的航班的柜台之前，而且保险和机票均在自动销售机上销售，容易让一般人认为该航空险包含了自己乘坐的航班，而不去仔细阅读里面的条款。④ 最后法院否认了保险公司的抗辩，支持了原告保险金的请求。

Kievet 案也是形成合理期待原则中的一个重要案件。在 Kievet 案件中，保险人在意外伤害保单中明确了意外伤害的范围是"各种外来的身体伤害"。然而在其后一页，又写了除外条款注明保险合同不保障因"疾病或传染病造成的身体伤害"。⑤ 之后，被保险人因头部撞击引发了其潜伏多年的帕金森综合征。尽管保险合同中已经写明对因疾病或传染病造成的身体伤害不予保护，然而法院依然认为被保险人的伤害应受保险合同保障。⑥ 其理由是：如果仅仅按照保险合同条款的字面意思去理解，那么购买这个保险对于被保险人来说就没有太多的意义了，因为被保险人购买保险时已满 48 岁，对于这一年龄段的人来说，对其身体造成伤害的主要来源还是疾病。因此，如若保险合同将其排除到保险范围之外，则显然对被保险人的合理期待会造成很大的损害和影响。⑦ 故法官以"当许多的公民

---

① Gaunt v. John Hancock Mutual Life Insurance Co., 160 F. 2d 599, 600 (2d Cir.).
② Gaunt v. John Hancock Mutual Life Insurance Co., 160 F. 2d 599, 601 (2d Cir.).
③ Lachs v. Fidelity&Casualty Co., 118 N. E. 2d 555, 556-57 (N. Y 1954).
④ Lachs v. Fidelity&Casualty Co., 118 N. E. 2d 556 (N. Y 1954).
⑤ Kievet v. Loyal Protective Life Insurance Co., 170 A. 2d 22 (1961).
⑥ Kievet v. Loyal Protective Life Insurance Co., 170 A. 2d 24 (1961).
⑦ Kievet v. Loyal Protective Life Insurance Co., 170 A. 2d 25 (1961).

购买保险之时，他们有权利去获得更多的保护以满足他们的合理期待"为由，判决原告胜诉。这个判决理由也是之后学者们提出合理期待原则的重要依据。

新泽西州法院也很早就运用保护被保险人合理期待的原理进行裁判。例如，在 1966 年的 Gerhardt v. Continental Insurance Cos. 案中，被保险人的雇员受伤，于是向被保险人请求赔偿，被保险人遂向保险公司主张责任险赔偿，保险公司以合同条款已排除工人的责任赔偿为由拒绝。① 法院认为该除外条款无效，指出被保险人的合理期待不允许被损害，法院在论证过程中都没有解释合同的条款，直接认为该除外条款无效。②

上述诸判例中，法院虽然没有从理论上明确提出合理期待原则，但在其判决中实际已经隐含了保护被保险人的合理期待的思想。而且在 Kievet 案和 Lachs 案中，法院均否认了意思明确的合同文本，关注了合同文本之外的其他因素，这为之后合理期待原则的正式问世奠定了基础。

随着判例的不断累积，到了 1970 年，基顿法官总结了保险判决的经验，明确提出了合理期待原则的指导思想。他认为："被保险人的合理期待应当得到保护。"他还强调："如果保险条款将对大部分被保险人的合理期待造成伤害，那么就算保险人能够证明被保险人知道这些条款，该条款也无拘束力。"③ 从此合理期待原则正式在美国保险法的理论上确立，并且不断发挥着它的影响力。

三 合理期待原则的理论基础

（一）合同法保护当事人合理预期的原理

基顿提出的合理期待原则主要是针对保险纠纷案件，然而该原则却与美国合同法的理论息息相关。在合同法中，保护当事人的合理预期是合同法的最基本目的。④ 合理预期是合同双方当事人关系的核心要素，双方当事人在合同过程中的一系列行为均以满足对方合理预期为标准，一旦一方

---

① Gerhardt v. Continental Ins. Cos., 225 A. 2d 328 (1966).

② Gerhardt v. Continental Ins. Cos., 225 A. 2d 340 (1966).

③ Robert Keeton, "Insurance Law Rights at Variance with Policy Provisions", *Harvard Law Review*, Vol. 83, No. 5, March 1970, p. 968.

④ Robert H. Jerry, "Insurance, Contract, and the Doctrine of Reasonable Expectations", *Connecticut Insurance Law Journal*, Vol. 5. No. 1, 1998, p. 23.

的合理预期遭受损害，合同法会授权受损害一方进行一系列的救济措施，使其合理预期得到一定程度的弥补。[1] 例如，根据合同法上的合同成立规则，在合同双方签字盖章之前，若一方当事人已经履行主要义务且另一方已接受的，则合同成立。美国法院的理由是当事人履行主要义务的行为与另一方当事人的接受行为已经能让双方产生了合同已经成立可以继续履行的合理预期。[2] 合同法中的对价规则（consideration）也是保护当事人合理预期的体现。美国合同法将合同是否存在对价作为区分合同是否具有强制执行力的一个重要区分标准。其背后实则暗含着如果没有相应的对价与之交换，一方不能够合理期待强制执行另一方所承诺的一切的法理。[3]

合理预期原则在合同法中也有限制另一方获得自身合理预期以外利益的功能。例如在损害赔偿问题上，合同法有规则要求损害赔偿的范围须订约时可预见范围之内，排除了在订约时不可预见范围内的损害赔偿以此防止赔偿额度的无限扩大。[4] 又如，在损害赔偿中，合同法有规则要求一方不得主张自己本可以通过努力避免的损失。总之，上述两个规则均是对非违约方所合理期待的赔偿范围的限定，是保护当事人合理预期法理的具体体现。[5] 在合同解释之中，合理预期也扮演着决定性的角色。在美国合同法界著名的 Terrel 案中，法院对合同解释有这么一段论述："合同解释并不仅仅限于其文字，文字当然是其中需要的考虑的一项重要因素，但与此同时，当地的交易习惯，特定的交易行为等也是必须考量的因素之一，为的就是能够通过解释来探明当事人在合同订立之时的合理预期。"[6] 在合同解释中，法官通常会先根据合同文本的字面意思来理解合同，其原因在于，合同文本是一方让另一方理解自己真实意思的最直接表现手段，合同

---

[1] Robert H. Jerry, "Insurance, Contract, and the Doctrine of Reasonable Expectations", *Connecticut Insurance Law Journal*, Vol. 5, No. 1, 1998, p. 23.

[2] In re Home Protection Building & Loan Ass'n Appeal of Harris, 17 A. 2d 755 (Pa. Super. 1941).

[3] Robert H. Jerry, "Insurance, Contract, and the Doctrine of Reasonable Expectations", *Connecticut Insurance Law Journal*, Vol. 5, No. 1, 1998, p. 24.

[4] Hadley v. Baxendale, 156 Eng. Rep. 145 (Ex. 1854).

[5] Robert H. Jerry, "Insurance, Contract, and the Doctrine of Reasonable Expectations", *Connecticut Insurance Law Journal*, Vol. 5, No. 1, 1998, p. 25.

[6] Terrell v. Alexandria Auto Co. 125 So. 757 (La. App. 1930).

的文本直接影响着另一方当事人的合理预期。由此可知，在合同解释中，先解释合同文本的字面意思也是为了更好地保护当事人的合理预期，而其后的一系列解释方式也是为了探明当事人在订立合同之初的合理预期。

保险法中的合理期待原则是合同法保护当事人合理预期法理在保险法中的延伸。有所不同的是，合同法对双方当事人的合理预期给予同等的关注，而保险法着重于关注被保险人的合理期待。其原因在于，保险合同具有附和性，在订立合同的过程中通常缺少双方的协商，合同文本更多体现的是保险人一方的意思而被保险人只能被动地选择接受或不接受。此外，保险法中的合理期待原则不但是一个抽象意义上的法理，而且在解决实际问题上也发挥着重要作用，并在司法实践中体现出了与合同法合理预期完全不同的功能。例如在一些案件中，它能够排除明确无歧义的合同文本而根据被保险人的合理期待来理解合同，这与传统合同法严守合同文本以保护当事人合理预期有所不同。

（二）两种合同解释学派

合理期待原则在美国主要用于保险合同的解释和规制，其背后体现的是合同法解释理论在特别法中的延伸。在美国有两种合同解释学派，两种学派理论的共识给予了合理期待原则很大的支持。一方面是比较传统的以威利斯顿教授为首的传统学派。[1] 该学派将合同当事人假设为抽象平等的理性人，在作出决定时通过将所有未来的收益和成本折算为现实价值，行为人能将其主观预期效用理性最大化。签字即意味着阅读、理解行文并接受了交易条件。因此，该学派主要关注合同的文本。他们认为合同文本通常有其明确的含义，法院认知合同文本并不必要考虑主体的主观意思和期待，他们认为其对合同的解释必须基于合同文本的内容。[2] 他们认为以合同文本为基础进行解释可以很大程度上减轻解释的不确定性和不可预测性。[3] 另一方面是功能主义者学派[4]，以科宾教授为首，其更重视法律与社会现实的关系。该学派认为，传统学派未曾考虑到当事人社会行为的复

---

[1] 又称"古典契约法"或"法律形式主义"。

[2] Peter Nash Swisher, "A Realistic Consensus Approach to the Insurance Law Doctrine of Reasonable Expectations", *Tort& Insurance Law Journal*, Vol. 35, No. 3, Spring 2000, p. 749.

[3] Peter Nash Swisher, "A Realistic Consensus Approach to The Insurance Law Doctrine of Reasonable Expectations", *Tort& Insurance Law Journal*, Vol. 35, No. 3, Spring 2000, p. 750.

[4] 又名"新古典契约法"或"法律功能主义"。

杂性和经济权利的不公平分配，他们认为合同的语言没有固定的含义，有些时候无法体现当事人的真实意思。而合同文本的存在主要是为了让交易的另一方了解其真实的意思，因此探求当事人的真实意思以及合理期待不但需要着眼于合同文本而且还得考虑当事人的其他表示行为。[1] 两者在某些方面的问题也达成了共识，威利斯顿教授也承认法院能够在一定的情形下因为公共政策、显失公平等原因干预、调整合同以保护当事人的合理期待。[2] 科宾教授也承认传统的合同解释方法以及弃权禁反言等对保护当事人合理期待的作用。[3]两者的主要不同在于威利斯顿一派主张只有在合同语言不清楚时才运用外部证据等来对合同进行解释，而科宾一派主张只要涉及合同就可以采取外部证据等各种方法来探求当事人的真意。其中科宾的观点较符合实践的需要以及理论的发展趋势，被《美国第二次合同法重述》所采纳。

综上所述，两种合同解释学派的理论虽然有所差异，但均为合理期待原则提供了一定的理论基础。

第二节　合理期待原则在美国的发展

基顿的合理期待原则准确地概括了裁判中保护被保险人的核心思路，因此被一些学者褒奖为天才的发现。[4] 值得注意的是，基顿在阐述合理期待原则时提道：为了保护被保险人的合理期待，法院可以不受合同文本的拘束，哪怕合同文本本身是清楚且没有歧义的。[5] 这就对传统的以合同文本为基准对合同进行解释的规则造成了挑战。而且合理期待本身究竟是什么，也没有明确的标准。直接在裁判中使用容易导致滥用的情形。基顿在提出该原则的同时也意识到这个原则太过宽泛了，应当根据案件的事实分

---

[1] Peter Nash Swisher, "A Realistic Consensus Approach to the Insurance Law Doctrine of Reasonable Expectations", *Tort& Inssurance Law Journal*, Vol. 35, No. 3, Spring 2000, p. 751.

[2] ERIC HOLMES AND MARK RHODES, HOLMES'APPLEMAN ON INSURANCELAW § §5.1-5.8 and 8.1 (2d ed. 1996).

[3] See 3 CORBIN ON CONTRACTS § 559 (1960).

[4] Robert H. Jerry, "Insurance, Contract, and the Doctrine of Reasonable Expectations", *Connecticut Insurance Law Journal*, Vol. 5, No. 1, 1998, p. 21.

[5] Rorbert E. Keeton, *Insurance Law*, St. Paul. MN: West Academic Publishing, 2017, p. 286.

析不同情况下被保险人客观的合理期待是什么，他认为可以通过判例法累积经验的方式逐渐发展出关于合理期待原则的具体适用规则。[1] 例如，他通过梳理判例总结出一条规则：被保险人是否阅读检验过保险条款是判断被保险人客观合理期待的重要因素，保险合同的结构以及表述也是判断被保险人的期待是否合理的非常重要的因素。[2] 在基顿提出了合理期待原则之后，从20世纪70年代初到80年代末这20年，合理期待原则在全美的影响力不断扩大。不同州的法院开始逐渐接受并适用合理期待原则，并开始在各自的管辖范围内发展适用合理期待原则的判例规则。[3] 可是在繁荣之后，其又经历了一段衰退期，到了21世纪后才开始进入复苏期。在这个过程中，不同法院的裁判观点以及学界的讨论极大地丰富了合理期待原则的内涵。

一 合理期待原则迅速被美国各州所接受

爱荷华州和亚利桑那州的判例对合理期待原则的发展起到了重要的作用。1973年，爱荷华州法院判决了 C& J Fertilizer, Inc v. Allied Mutual Ins. Co. 案。在该案中，被保险人根据保险合同承保夜盗风险的条款向保险公司请求给付保险金遭受拒绝。[4] 保险公司认为，保险合同中对夜盗已经有了明确的定义："用暴力进入室内，并且在用暴力进入的地方留有明显的线索和痕迹。"而该被保险人的房间的入口并没有明显的痕迹，其他财产的表面也没有痕迹，只有房间里有个别可视的痕迹。[5] 这显然不符合合同中对夜盗的定义，因此拒绝给付保险金。然而法院却认为，这样的解释是被保险人无法在商谈中合理预期到的，这样的条款也不符合一般外行人对夜盗的认知，不符合被保险人的合理期待，因此保险人应当给付被保

---

[1] Roger C. Henderson, "The Doctrine of Reasonable Expectations in Insurance Law after Two Decades", *Ohio State Law Journal*, Vol. 51, No. 4, 1990, p. 825.

[2] Robert Keeton, "Insurance Law Rights at Variance with Policy Provisions", *Harvard Law Review*, Vol. 83, No. 5, March 1970, p. 967.

[3] Jeffrey W. Stempel, "Unmet Expectations: Undue Restriction of the Reasonable Expectations Approach and the Misleading Mythology of the Judicial Role", *Connecticut Insurance Law Journal*, Vol. 5, No. 1, 1998, pp. 193-194.

[4] C & J Fertilizer, Inc v. Allied Mutual Ins. Co. 227 N. W. 2d 169 (Iowa 1975).

[5] C & J Fertilizer, Inc v. Allied Mutual Ins. Co. 227 N. W. 2d 170 (Iowa 1975).

险人相应的保险金。① 在对该案的论证过程中，法院援引了日后成为《美国合同法第二次重述》第211条的内容："尽管消费者通常在不知道格式合同详细条款之情况下接受该合同并受其拘束，但他们并不受超出其合理期待范围的未知条款的拘束……若使用格式合同之一方有理由相信，他们若知道该合同中存在某一特定条款即不接受该合同，则附和于格式合同的一方并未同意该条款。"② 法院从中总结归纳出了引起合理期待的因素，为合理期待原则的发展做出了很大的贡献。

亚利桑那州在1984年的Darner Motor Sales, Inc v. Universal Underwriters Ins. Co. 案正式将合理期待原则运用于判决之中。该案中，双方当事人对赔偿数额发生了争议。保险人在正式合同中约定的赔偿数额与其在宣传时的不一致。③ 于是被保险人在遭保险人拒绝后诉至法院。法院最终支持了被保险人的请求，法院的理由中不但包括了传统的禁反言（estopel）即保险人不得否认其之前对被保险人的承诺，因为该承诺已经引起了被保险人的信赖，还引用了合理期待原则，即认为工作人员的推销行为引起了被保险人的合理期待，而被保险人不应当受到超出其合理期待的合同条款的束缚。④ 法院在论证的过程中也引用了《美国合同法第二次重述》中的第211条评注，论证了合理期待原则适用于合同解释的合理性。法院与此同时也指出了被保险人的损失往往属于合理期待的范围，因此该概念需要受到更多的限制。其中参与审判的法官Cameron总结道："不能因为消费者对该保险产品有一个印象或者预期就超越合同文本支持消费者，而是只有

---

① C & J Fertilizer, Inc v. Allied Mutual Ins. Co. 227 N. W. 2d 171 (Iowa 1975).

② Restatement (Second) of Contract & 211 comment f.

③ 该案中，被保险人Darner Motor Sales是一个汽车的出售、出租的公司，Universal Underwriters是一个保险公司。一天，被保险人经保险公司工作人员的劝说购买了责任保险，保险人在介绍赔偿范围的时候明确指出一次事故的赔偿数额在100000美元以内，全部的事故赔偿总额在300000美元以内。被保险人同意购买，两周后双方签订了正式的保险合同，但被保险人并没有详细阅读保险条款，因为其认为合同的内容应当和保险公司工作人介绍的一致。之后保险事故发生，被保险人将车出租给A，A在驾驶时不慎撞到行人，此时造成损失一共600000美元。然而此时保险人却拒绝赔偿全额，只愿赔偿15000美元而拒绝赔偿全部损失，其理由是之后双方在正式合同中约定的赔偿数额为一次事故不超过15000美元。See Darner Motor Sales, Inc v. Universal Underwriters Ins. Co., 140 Ariz. 383, 682 P. 2d 388-395 (1984).

④ Darner Motor Sales, Inc v. Universal Underwriters Ins. Co., 140 Ariz. 383, 682 P. 2d 388 (1984).

当消费者的合理期待是由相对方的行为或者语言等引起的时候，法院才能超越合同文本以保护被保险人的合理期待。"该案件标志着亚利桑那州法院对合理期待原则的接受，也是对合理期待司法裁判规则的一次发展。

在 1987 年，亚利桑那州的最高法院裁判的 Gordinier v. Aetna Casualty & Surety Co. 案也是运用合理期待原则的重要案件。在该案中，原告和她的丈夫在婚后购买了一辆车并且投保了保险。保险合同上明确了在受到意外事故或者因为保险的车辆而受伤之后能够获取赔偿的被保险人的范围："1. 记名被保险人本人及其记名被保险人的家人；2. 其他的使用被保险车辆的人。"① 该合同中，原告的丈夫为记名的被保险人。之后原告和丈夫分居，有一次她乘坐朋友开的车而受伤，于是向保险公司要求索赔。② 保险公司拒绝，其理由是：保险合同明确约定"记名被保险人的家人"应限定为"居住在一起的人"。③ 而原告在发生保险事故之时已经和记名被保险人分居，而她的车也不是承保的车辆，因此无法获得保险金给付。上诉法院认为，该保险公司的条款清晰明确，原告已经和记名被保险人分居很久，不符合保险合同中家庭成员的限定条件，因此判决保险公司胜诉。然而亚利桑那州的最高法院却否定了该判决。最高法院认为，保险公司设置该条款的目的是防止过分扩大承保的范围，因为家庭成员的范围很大，哥哥、弟弟、祖父、祖母等，如若均包括在内则风险无法预料，保险公司作此限定有其合理性。④ 然而将其配偶排除在家庭成员之外就显得较为牵强了。他们虽已分居但并未真正离婚，如果仅仅因为其未共同居住而将其排除在家庭成员之外，显然也不符合订约之初的合理期待。⑤ 因此，即使条文清晰明确没有歧义，也应当适用合理期待原则支持原告的请求判决保险人给付保险金。

在该案中，亚利桑那州的最高法院总结了即使条文清晰明确也可以适

---

① Gordinier v. Aetna Casualty & Surety Co. 742 P. 2d 277（1987）.
② Gordinier v. Aetna Casualty & Surety Co. 742 P. 2d 279（1987）.
③ Gordinier v. Aetna Casualty & Surety Co. 742 P. 2d 280（1987）.
④ Gordinier v. Aetna Casualty & Surety Co. 742 P. 2d 277, 286（1987）.
⑤ 同样的理由也被用在类似的案件：配偶分居，法院认为保险人应当通知配偶其已不是被保险人，否则仅仅因为其离开了原来的住所就否认其被保险人的身份则显然不合理。See Wainscott v. Ossenkop, 633. P. 2d 237（1981）. See Hansen v. U. S. A. A. Cas. Ins. Co., 291 N. W. 2d 715（1980）.

用合理期待原则的四种情形：（1）当合同条款即使明确也无法被一般的消费者理解时，法院会以被保险人的客观合理期待去解释合同条款。①（2）当被保险人并没有得到保险人对一些有疑问条款的充分说明，或者这个条款并不常见、比较特殊或者保险人故意设了一些陷阱以限缩保险责任的范围时，法院可以根据被保险人的合理期待解释条款。②（3）当保险人的一些行为客观上能够足以引起一般的理性被保险人对保险范围的期待时，法院可以根据被保险人的合理期待解释条款。③（4）当保险人的一些行为足以引起被保险人相信他未来发生的风险已经在保险范围之内时，哪怕保险合同已经明确否认承保该风险，法院可以根据被保险人的合理期待解释条款。④

上述判例体现了合理期待原则在实践中的发展，越来越多的法院开始运用合理期待原则解决争议，维护被保险人的利益。这些判例的逐步积累也使得合理期待原则成为保险法中的最重要的原则之一。

二 合理期待原则面临摇摆

随着判例的不断发展，对合理期待原则的争议也越发明显，开始有一些州对合理期待原则的适用持保留甚至反对的态度。

例如佛罗里达州的最高法院在 Deni Associates of Florida, Inc., v. State Farm Fire& Casualty Insurance Co. 一案中拒绝适用基顿的合理期待原则。⑤案件的争议焦点在于如何理解保险合同中的污染除外条款。该除外条款指明："因一些危险的污染物泄漏等造成的人身财产损害不在保险范围之

---

① See Wainscott v. Ossenkop, 633 P. 2d 237 (Alaska 1981).
② Zuckerman v. Transamerica Insurance Co., 650 P. 2d 441 (1982).
③ See Sparks v. Republic National Life Insurance Co., 647 P. 2d 1127 (1982).
④ William A. Mayhew, "Reasonable Expectations: Seeking a Principled Application", *Pepperdine Law Review*, Vol. 13, No. 2, 1986, pp. 287–289.
⑤ 该案的原告是一家建筑公司，租了商业楼的一部分作办公室，在其往办公室搬设备时，氨气从机器中泄漏，致使大楼通风疏散六个小时，附近的居民也受到了影响，于是起诉了他。被起诉的 Deni 公司于是向商业综合责任保险寻求保障。但保险公司根据污染除外条款拒绝赔付。但该案的前提是保险合同中对污染物的定义不明确。而在 Deni 案中，保险合同对污染物的定义清晰明确，从文义上也没有限缩的空间。See Deni Associates of Florida, Inc. v. State Farm Fire & Cas. Ins. Co., 711 So. 2d 1135 (Fla. Spr. 1998).

中。"原告主张该条款无效，因为其侵害了他的合理期待。① 法院则在裁判中指出："我们拒绝接受合理期待原则，因为在条款有歧义的情形下，我们有不利解释规则可以直接保护被保险人，而在条款清晰明确无歧义之时，适用合理期待原则相当于改写了合同以及收取保险费的基础……根据被保险人的主观期待是否合理来解释保单，只能带来不确定性和不必要的诉讼。"②

犹他州最高院在 Allen 案中也拒绝适用合理期待原则。③案件的争议焦点是如何理解房主险中的家庭除外条款："因为家庭内成员所造成的伤害不在本保险的保障范围之中。"④ 原告认为，因该条款损害其合理期待，所以该条款无效。法院认为合理期待原则的不确定性较大，理论的严谨性不足。⑤ 再者传统的禁反言、弃权、显失公平等原则已经足以保护被保险人了，无须再增加合理期待原则以带来更多的混乱。除此之外，根据犹他州的保险法规定，保险格式条款必须先交给保险监管部门审核，如若保险监管部门觉得该条款不甚公平、具有误导性，其有权不赞成预印好的保单。⑥ 如若承认合理期待原则，保险监管部门批准或撤销格式条款的权利将会受到破坏。最后法院提到，对合理期待原则的采纳将会面临对合同自由的破坏的风险。⑦

---

① Deni Associates of Florida, Inc. v. State Farm Fire& Cas. Ins. Co., 711 So. 2d 1135, 1138 (Fla. Spr. 1998).

② 法院在论证过程中，还分析了之前有些法院处理污染除外条款的例子。在 Westchester Fire Ins, Co. v. City of Pittsburg 案件中，法院将污染物仅仅限缩于普通的环境污染物和工业污染物。See Westchester Fire Ins. Co. v. City of Pittsburg, 768 F. Supp. 1463 (D. Kan. 1991).

③ Allen 和她丈夫购买了房主险，房主险里面有一个家庭除外条款。该条款表述说："因为家庭内成员所造成的伤害不在本保险的保障范围之中。"保险公司的工作人员在介绍保险时并没有明确说明该条款，但他提醒了被保险人当她收到保单时应当检查一遍。被保险人之后并没有仔细阅读。之后 Allen 不小心泼了壶开水使得自己 2 岁的儿子受伤。之后她向保险公司索赔遭到了拒绝，拒绝的理由是保险合同中的家庭除外条款。于是 Allen 起诉保险公司认为该条款损害了她的合理期待，该条款应当无效。See Allen v. Prudential Property and Casualty Insurance Co. 839 P. 2d 798 (Utah 1992).

④ Allen v. Prudential Property and Casualty Insurance Co. 839 P. 2d 798 (Utah 1992).

⑤ Allen v. Prudential Property and Casualty Insurance Co. 839 P. 2d 800 (Utah 1992).

⑥ Allen v. Prudential Property and Casualty Insurance Co. 839 P. 2d 802 (Utah 1992).

⑦ Allen v. Prudential Property and Casualty Insurance Co. 839 P. 2d 804 (Utah 1992).

上述两个判例均发生在20世纪90年代，它们的出现标志着合理期待原则从前20年的兴盛走向了衰落，越来越多的州拒绝适用合理期待原则。一些原本接受合理期待原则的州开始出现了动摇，例如爱荷华州和新泽西州法院均否定了合理期待原则在条款明确之时也能适用的情形，只承认合理期待原则在条款有歧义时的适用情形。[1]

但到了21世纪之后，合理期待原则又进入了复苏期，许多法院又重新适用了合理期待原则。

截至目前，一共有27个州明确表示接受合理期待原则，而其中5个州在条文中有限地承认了合理期待原则。[2] 这5个州是爱荷华州[3]、蒙大拿州[4]、内布拉斯加州[5]、北达科他州[6]和俄勒冈州[7]。虽然它们的条文规定只有在保单有疑义时，适用合理期待解释原则，对保单无疑义时适用合理期待没有明文规定，但足以说明它们对保护被保险人合理期待的法理思想的认可。除了这27个州以外，剩下的州有些没有明确表态，有些明确予以拒绝。

随着司法系统判例的分歧增多，理论界在合理期待原则的存废问题上也分为两派，两派的争议焦点主要集中在是否接受合理期待原则能够在合同语言明确之时仍依照被保险人的客观期待来理解合同。支持一派的主要观点认为合理期待有其独有的优势，合理期待原则能够促进效率与公平以及风险的分配。虽然合理期待原则有其局限性，但也有充分适用的理由：首先，保险合同通常复杂难懂，被保险人通常不会去好好阅读，也没有动力去仔细研究每一个条款，这使得被保险人对一些于自己不利的条款缺乏注意，有些就算注意了也未必能理解。[8] 合理期待原则的正确适用可能促

---

[1] Peter Nash Swisher, "A Realistic Consensus Approach to the Insurance Law Doctrine of Reasonable Expectations", *Tort& Inssurance Law Journal*, Vol. 35, No. 3, Spring 2000, pp. 729, 775.

[2] Eric M. Larrsson, J. D., "Insured's 'Reasonable Expectations' as to Coverage of Insurance Policy", *American Jurisprudence Proof of Facts 3d*, Vol. 108, No. 4, p. 351.

[3] Iowa Code Ann. § 622.22.

[4] Montana Code Ann. § 28-3-306.

[5] Nebraska Rev. Stat § 25-1217.

[6] N. D. Cent. Code Ann § 9-07-14.

[7] Oregon Rev. Stat. § 42.260.

[8] David L. Goodhue, "The Doctrine of Reasonable Expectations in Massachusetts and New Hampshire: A Comparative Analysis", *New England Law Review*, Vol.17, No.3, 1981, pp. 891-918.

第二章　合理期待原则的演进与借鉴意义

进被保险人获得关于他所需要的那种保险更充分的信息。其次，被保险人因在保险交易中无法决定合同的条款而通常处于弱势地位，合理期待原则的适用可以起到衡平的效果，即通过允许法官超越交易形式本身，去判断保险人是否应当承担给付义务。并且，合理期待原则可以鼓励促进风险分散的多样化和保险选择的多样化。[1] 除此之外，保险并不只是单纯拘束当事人支付价款的合同，而是一个产品，而这个产品最核心的部分就是保护被保险人的合理期待。[2] 但保险合同的附和性使得被保险人少有自由空间，合理期待原则能够减轻保险公司对整个交易过程的控制。

反对一派主要观点认为，格式合同能够极大地减少缔约成本提升效率，合理期待原则对格式合同条款的超越和干预有可能会起到降低效率的作用。因为合理期待原则超越合同文本的解释会使得保险纠纷案件的解决更加复杂、艰难和冗长，其弊端很明显：首先，保险人不再认为其设计的清晰的合同语言将会得到法院的支持，这对其设计合同将产生很大的困扰。[3] 其次，没有合理期待原则的干预，保险市场的自由竞争环境也会促使保险人制定更加合理完善的条款。有学者认为，合理期待原则的施加可能会不利于保险市场的自由竞争，而且合理期待原则并未考虑保险人的合理预期，可能导致保险公司无法正确评估风险而提高费率，加重社会的成本负担。[4] 最后，合理期待原则干预会对传统的合同自由原则造成破坏，因此不应予以支持。[5] 目前保险合同法中的不利解释、禁反言、弃权、显失公平等制度已经足以保护被保险人的合理期待，因此没有必要再外加合理期待原则，给实务解决增加困惑。他们甚至认为经过实践的检验，合理

---

[1] Kenneth S. Abraham, "Judge-Made Law and Judge-Made Insurance: Honoring the Reasonable Expectation of the Insured", *Virginia Law Review*, Vol. 67, No. 6, September 1981, p. 1169.

[2] Peter Nash Swisher, "Symposium on the Insurance Law Doctrine of Reasonable Expectations after Three Decades", *Connecticut Insurance Law Journal*, Vol. 5, No. 2, 1998, p. 473.

[3] Stephen J. Ware, "A Critique of the Reasonable Expectations Doctrine", *University of Chicago Law Review*, Vol. 56, No. 4, Fall 1989, p. 1461.

[4] Scott B. Krider, "The Reconstruction of Insurance Contracts under the Doctrine of Reasonable Expectations", *John Marshall Law Review*, Vol. 18, No. 1, Fall 1984, p. 155.

[5] Edward T. Collins, "Insurance Law- Insurance Contract Interpretation: The Doctrine of Reasonable Expectations Has No Place in Illinois", *Southern Illinois University Law Journal*, Vol. 10, No. 4, 1985, p. 689.

期待原则是一个失败的原则。[1]

关于合理期待原则在理论和实践中争议的背后是关于司法应当在多大程度上干预合同自由的疑问。不同州法院的处理方式也体现了不同州的法院对司法调整干预合同的态度。[2] 因为基顿的合理期待原则中有提到应当保护被保险人的合理期待，哪怕合同条款作了相反的规定，如若在合同条款明确的时候忽略条文，或者使条款无效，这无异于法院对合同的改写或变更，是司法干预合同的体现。可见，拒绝接受的州法院对司法干预合同持较为保守的态度，而接受并适用于明确无歧义条款的州法院的态度则较为开放。

三 合理期待原则在适用上的不同版本

合理期待原则的发展之路充斥着各种争议。上一节已提到，并不是美国的所有州都接受合理期待原则，即使有些州接受合理期待原则，其也存在不同的适用版本和适用规则。

第一种：仅仅在条款有歧义时适用。

一些法院仅仅在保险条款有歧义的时候才适用合理期待原则。我国有观点将此种情形的适用称为狭义版的合理期待原则。[3] 这个方法是在合同条款含义不明时作对被保险人有利的解释，本质上和不利解释规则相同。这样的适用规则，其宗旨是为提醒保险人："你可以按你的意愿设计条款，但是必须清晰明确。草率的条款会让你付出代价。"[4] 内华达州（Nevada）最高院的判例 National Union Fire Insurance Co. 案是典型。[5] 在该案件中，被保险人为他的直升飞机购买了航空责任险，该保险合同的除外条款明确规定：保险人对"带上飞行器的财产造成的损失"不予赔偿。之

---

[1] Susan M. Popik, Carol D. Quackenbos, "Reasonable Expectations after Thirty Years: A Failed Doctrine", *Connecticut Insurance Law Journal*, Vol. 5, No. 1, 1998, p. 425.

[2] Jean Braucher, "Contract Versus Contractarianism: The Regulatory Role of Contract Law", *Washington & Lee Law Review*, Vol. 47, No. 4, Summer 1990, p. 697.

[3] 参见马宁《保险法中的合理期待：从规则向原则的回归》，《比较法研究》2015年第5期。

[4] Mark C. Rahdert, "Reasonable Expectations Revisited", *Connecticut Insurance Law Journal*, Vol. 5, No. 1, 1998, p. 111.

[5] Grinnell Mut. Reinsurance Co. v. Wasmuth, 432 N. W. 2d 495, 500 (Minn. Ct. App. 1998).

后，直升机中某位乘客的照相机因直升机发生事故而受损，保险人以该照相机属于带上直升机的财产，应适用除外条款为由，拒绝承担赔偿责任。[1] 但法院认为，该除外条款是一个有歧义的条款，因为它并没有明确保险单所排除的是全体成员带上飞行器的财产损失还是仅限于被保险人带上飞行器的财产损失。最终，法院认为其他人带上直升机的财产属于航空责任险的承保范围内这一解释符合被保险人的合理期待，因此保险人应当赔付。[2]

这种适用方法是争议最小的，因为它和传统的合同解释方法如出一辙。然而这种适用方法，又会面临和不利解释规则一样的问题，即如何定义歧义与否，这往往会引起许多争议。

第二种：避免不公平的结果。

一些法院运用合理期待原则去避免明显不公平的结果。[3] 这些法院有时会为了实现公平正义而无视合同条款的明确规定。[4] 有支持者认为，保险合同属于超级附和合同，保险人对于保险合同条款有着非常大的主导权和控制权，他们知道这个行业的运行原理以及每个风险决定的细节。[5] 而且支持者认为，保险人其实已经意识到被保险人通常不会仔细阅读保险合同条款，因此法院必须对保险合同进行干预以保证其公平合理。[6]

这种方法主要保护三种类型的不公平。（1）程序不公平：保险营销引起的被保险人相信某风险在保险保障的范围之内，即便保险合同条款将其排除在外；（2）结构不公平：保险合同的结构和布局使得被保险人迷

---

[1] National Union Fire Insurance Co. v. Reno's Executive Air Inc., 682 P. 2d 1380, 1381 (Nev. 1984).

[2] National Union Fire Insurance Co. v. Reno's Executive Air Inc., 682 P. 2d 1380, 1382 (Nev. 1984).

[3] Mark C. Rahdert, "Reasonable Expectations Revisited", *Connecticut Insurance Law Journal*, Vol. 5, No. 1, 1998, p. 126.

[4] Mark C. Rahdert, "Reasonable Expectations Revisited", *Connecticut Insurance Law Journal*, Vol. 5, No. 1, 1998, p. 127.

[5] Mark C. Rahdert, "Reasonable Expectations Revisited", *Connecticut Insurance Law Journal*, Vol. 5, No. 1, 1998, p. 128.

[6] Mark C. Rahdert, "Reasonable Expectations Revisited", *Connecticut Insurance Law Journal*, Vol. 5, No. 1, 1998, p. 128.

惑，有了另外的理解和期待①；（3）特殊情形的不公平：这个保险条款对于特定被保险人而言有明显的不合理之处②。

例如美国新罕布什尔州最高院裁判的 Atwood 案中，责任保险单的除外条款排除了在工作完成之后发生的损害责任。③ 然而该除外条款放置在合同中非常不显眼的位置，也没有明确的标注，一般人要读好多遍才能注意到。④ 法院认为，这样的布局无法让一般的理性人能够合理期待自己在完成工作之后发生的损失责任是无法得到保障的。法院还请了一个有经验的保险代理人来作证，最终发现哪怕一个有 20 年经验的保险代理人在阅读这个文本的时候都很容易认为保险保障的范围包括了工作之后发生的责任，更何况一般的被保险人。⑤ 最终法院判决保险公司给付保险金。

上述的适用方式有一定的争议，反对者会认为司法不应干预合同自由，破坏意思自治，尤其当条款明确之时，而且这样的调整行为可能会导致保险人提高费率，也可能让被保险人获得的保险风险范围缩小。因为保险人意识到，在法院裁判中，自己原本的风险会被扩大，为了不受亏损，他们会提高普遍的费率。再者，法院扩大了保险责任的范围，会使得保险人在确定承保风险范围的条款之时将风险范围从概括式向列举式进行转变，而概括式加免责条款的模式对被保险人其实是有利的，因为这样可以让被保险人获得多的保证，而列举式则较为死板，被保险人无法从中获得更多的保障。⑥

---

① 我国学者将合理期待于程序不公平、结构不公平的适用归类于折中版的合理期待原则。参见马宁《保险法中的合理期待：从规则向原则的回归》，《比较法研究》2015 年第 5 期。

② David J. Seno, "The Doctrine of Reasonable Expectations in Insurance Law: What to Expect in Wisconsin", *Marquette Law Review*, Vol. 85, No. 3, Spring 2002, p. 868.

③ 某电工修理了公寓房里的恒温器，第二天一个小孩因热虚脱而死亡，然而电工曾经投保的保险公司拒绝承担责任理赔，因为保险合同中有一个除外条款排除了在工作完成之后发生的损害责任。Atwood v. Hartford Accident Indemnity Co. 365 A. 2d 744 (N. H. 1976).

④ 在分析过程中，法院对比了案情类似的 Peerless 案，在该案中，除外条款同样是在很不显眼的地方，也没有明确的标注，最后法院作出了和本案相同的判决。See Peerless Ins. Co. v. Clough, 193 A. 2d. 444 (1963).

⑤ Atwood v. Hartford Accident Indemnity Co. 365 A. 2d 744, 749 (N. H. 1976).

⑥ John Dwight Ingram, "The Insured's Expectations Should Be Honored Only if They Are Reasonable", *William Mitchell Law Review*, Vol. 23, No. 4, 1997, p. 839.

第三种：维护保险的目的。

在一些情形中，法院适用合理期待原则以达成保险的目的，促进保险达成其应有的功能。① 有时，法院在实践中会发现如果严格按照合同的条款来判决，有可能会违背保险的目的，破坏保险交易的功能，因此一些法院用合理期待原则对合同进行调整。

例如，在威斯康星州最高法院裁判的 Wood v. American Family Insurance Co. 案中，被保险人购买了一种车辆险，之后被保险人的妻子驾驶的车辆和另一辆车相撞。另一辆车购买的是最低限度的责任险，被保险人购买的保险写明对因车祸造成的人身伤害赔偿不超过 100000 美元。而另一辆车的责任保险的赔偿限额最多不超过 25000 美元。被保险人向之前自己购买保险的保险公司索赔，然而该保险公司只愿支付少量的保险金，因为保险合同中有一个减价条款，该条文写明："支付的价款应当减去肇事车辆责任保险已经支付的价款。"按照该条款的计算，原本保险的限额为 100000 美元，但肇事车辆的最低保险金为 25000 美元，因此赔偿额应当为 75000 美元。然而，被保险人的所遭受的损失一共是 225000 美元，于是被保险人主张该条款无效，应当赔偿 100000 美元。最后法院判决应当根据被保险人的合理期待支持了被保险人的主张，因为此类保险的主要目的就是在另一方的保险金额不足以弥补损失之时能够及时填补受害者的损失，目前被保险人的损失巨大，完全按照条款，则有悖于其保险的目的。②

第四种：保护第三人利益。

在一些特殊情形下，法院为了保护第三人的利益而直接适用合理期待原则。因为保险有可能会影响到无辜第三人、受害人及其家庭成员的生活，所以第三人对于如何解释保险合同是具有一定的利益关系的，而法院给予保护的方式就是适用合理期待原则。

例如，在 Harvester Chemical Corp v. Aetna Casualty & Surety Co. 一案中，新泽西最高法院就以保护第三人利益为由适用合理期待原则。该案中，保险合同中有条款约定保险人可以任意解除合同，解除合同的通知到达被保险人 30 天后合同解除。在保险人通知解除合同之后，被保险人因

---

① 我国学者将此种类型归为强化版的合理期待原则。参见马宁《保险法中的合理期待：从规则向原则的回归》，《比较法研究》2015 年第 5 期。

② Wood v. American Family Insurance Co., 436 N. W. 2d 594（Wis. 1989）.

其产品造成他人人身损害而被起诉,于是被保险人请求保险公司支付,保险公司以合同已解除为由拒绝。① 法院认为,保险合同中关于保险人任意解除合同的条款违背了被保险人的合理期待。② 因为被保险人已经投保了一年的保险,被保险人的利益和无辜第三人的利益均取决于保险人是否履行其承诺以及保险人在合同期限届满前不行使其任意解除权,若允许保险人无合理理由任意解除合同,对于被保险人的利益、第三人利益均会造成损害,因此保险人应当支付保险金。

从上述的适用情形可知,不同州法院对合理期待原则的理解和运用是不同的。有些法院在条文含义模糊之时运用合理期待原则以解释合同。有些法院在条文含义明确之时仍按被保险人的合理期待理解合同,这其实已经超越了合同解释的范畴,属于公权力介入对合同内容进行调整,因此属于合同内容的控制。这些区别也增加了合理期待原则本身的复杂性。到目前为止,合理期待原则的适用争议在美国仍没有得到解决,但这也体现了合理期待原则的多面性,其功能不仅仅局限于解决某一个问题。这也是合理期待原则经历了多年争议之后依然存在的原因。

四 合理期待原则在世界范围内的影响

在英国,早在1986年的Sangster's Trustee v. General Accident Assurance Corp. Ltd. 一案中,法官Stormon Darling勋爵就主张"保险单应根据被保险人的合理期待进行解释"。③ 遗憾的是,该观点在当时并未引起重视,英国法院并没有将其采纳。英国法院在反对理由中提到了一个很重要的点,即合理期待原则中"合理"的标准太难确定,而且合理期待规则类似于英国合同法中的根本违约规则,再创设一个新规则没多大实际法益。④

在美国法上合理期待原则产生之后,英国法院才开始对该原则持开放的态度。在司法实践中,也产生了一系列保护被保险人合理期待原则的判

---

① Harvester Chemical Corp v. Aetna Casualty& Surety Co., 649 A.2d 1296-1298 (N.J. Super. Ct. App. Div. 1994).

② Harvester Chemical Corp v. Aetna Casualty& Surety Co., 649 A.2d 1296-1298 (N.J. Super. Ct. App. Div. 1994).

③ Sangster's Trustees v. General Accident Assurance Corp. Ltd., 1896 24 R 56-57.

④ [英] M. A. 克拉克:《保险合同法》,何美欢、吴志攀译,北京大学出版社2002年版,第355—357页。

例规则，主要分为以下几种情形：

1. 如果保险人明知被保险人是在对保险合同条款存在错误认识的情况下订立保险合同，该合同将根据被保险人的认识进行更正，或根据被保险人的认识执行。

2. 如果保险人的代理人导致被保险人相信合同中含有甲条款从而签订合同，而实际上，合同中含有的是乙条款，在这种情况下，合同就可能被视为包含甲条款而不是含有乙条款且加以强制执行。

3. 如果合同文本中的免责条款不被显眼地印在非合同性质的书面材料上，或者隐藏在保险单的末尾，保险人无法以其抗辩。

4. 免责条款将限缩解释以免损害其交易的主要目的。

5. 如果保单按其字面解释适用的结果明显不公平，那么无法执行。①

由此可见，英国的判例中已经接受了合理期待原则，相关的司法裁判规则也与美国的判例相似。

在加拿大，加拿大最高法院于1981年在Zurich Life Insurance Co. v. Davies中引用了美国保险法中合理期待原则保护被保险人的案例。② 该案中保险事故在签发保单前发生，最终法院根据合理期待原则认为一般人在交保费之后会认为其已受到保险的保障，而支持最终的保险金请求。③

在1984年的Wigle案中，安大略上诉法院运用合理期待原则去解释车险条款。在解释合同条款的过程中，安大略法院引用了几个美国法院总结的观点：（1）法院应当阅读合同的文本，以明确其是否有歧义；（2）法院应当通过合同文本的语言确定当事人的真实意思；（3）对于歧义的条款法院应当作有利于被保险人的解释；（4）当其他规则无法给予公平的解释之时，用被保险人的合理期待来解释合同。④

在1988年的Blouin案中，新斯科省法官认为，适用合理期待原则并不需要以合同条款存在疑义为前提。

由上述案例可知，加拿大的法院已经接受了合理期待原则并将其运用

---

① ［英］M. A. 克拉克：《保险合同法》，何美欢、吴志攀译，北京大学出版社2002年版，第357页。

② Zurich Life Insurance Co. v. Davies, 2 S. C. R. 670（1981）.

③ W. Wylie Spicer, "Ch-Ch-Changes: Stumbling Toward the Reasonable Expectations of the Assured in Marine Insurance", *Tulane Law Review*, Vol. 66, No. 2, 1991, p. 462.

④ Wigle v. Allstate Insurance Co. 49 O. R. 2d 101（1984）.

于解决纠纷以保护被保险人的利益。从仅仅在合同条款有歧义之时适用发展到在合同条款无歧义之时仍适用合理期待原则[①]，可见美国合理期待原则对加拿大的影响很大。

合理期待原则对我国台湾地区的保险法也有一定的影响。我国台湾地区1997年保险法中关于保险合同无效条款规定的草案将"与要保人投保时之合理期待有违者"作为保险合同无效的理由列为第一款，以资涵盖全条并确立"合理期待"为其核心内容。尽管该条最终被立法机关删除，但有学者依然在不断地呼吁。例如，刘宗荣就建议："保险合同之定型化约款之解释，应依其适用对象的合理期待为之。"可见，虽然我国台湾地区的立法并未明确借鉴合理期待原则，然而合理期待原则已经开始逐渐影响立法的过程以及立法的趋势，也在我国台湾学界得到了一定的支持。在实践中，合理期待原则对法院的判决也有潜移默化的影响。我国台湾地区高等法院2001年保险上字第61号案中，被保险人投保第三人意外责任险，之后其中一个独立承揽人在施工中发生事故死亡，被保险人请求给付保险金，保险人以独立承揽人的伤害系属保单所明确排除的风险范围为由拒绝。[②] 法院在裁判理由中指出按照保险条款的约定，死亡之人不是被保险人的受雇人，不在承保范围之内，然而此条款过分限定第三人范围，有损一般被保险人承保之目的，最终否定了没有疑义的保单，支持了被保险人的请求。[③] 在该案中，法院虽然没有明确提到合理期待，但该判决的理由和美国法上运用合理期待原则的判例如出一辙，且结果均否认无疑义的条款而按被保险人的合理期待给予判决。因此，合理期待原则对我国台湾地区保险法的立法和司法也有一定的影响。

第三节　合理期待原则对我国被保险人保护的借鉴意义

合理期待原则经过几十年的发展，虽然在存废、适用上有争议，然而不可否认的是，它一直发展至今，而且对被保险人的保护做出了很大的贡

[①] W. Wylie Spicer, "Ch-Ch-Changes: Stumbling Toward the Reasonable Expectations of the Assured in Marine Insurance", *Tulane Law Review*, Vol. 66, No. 2, 1991, p. 465.

[②] 廖慧芳：《保险合同承保范围之解释》，硕士学位论文，台湾政治大学，2008年。

[③] 廖慧芳：《保险合同承保范围之解释》，硕士学位论文，台湾政治大学，2008年。

献，并在世界范围内产生了较大的影响。那么合理期待原则对我国被保险人的保护有何借鉴意义呢？

一 合理期待原则的双重内涵

对域外法的借鉴可以是全盘借鉴也可以是部分借鉴，可以是形式上的借鉴也可以是思想、精神上的借鉴，但前提必须是明确借鉴对象的内涵。①

通过前一部分对合理期待原则发展轨迹的梳理，我们不难发现，合理期待原则在实践中的适用面较广，其常被用以解释保险合同②，甚至有时能够被用以调整合同的内容③，它在合同未成立之时也能够用以分配保险责任④。但若仅仅以其目前所表现出的功能就直接定义它的内涵似乎过于草率。基顿提出了保护被保险人合理期待的思想，但并没有将其局限于合同的解释或规制。而且合理期待原则至今仍在发展，若仅仅将视角停留于合同规制层面并不利于该原则的进一步的完善。

笔者认为，合理期待原则有两个层次的内涵。其一，合理期待原则是一种抽象意义上的法理思想。具体来说，它提倡在保险合同中应当保护被保险人的合理期待，包括在保险合同的推介、缔约、履约等各个阶段以及保险法的立法与司法实践中都应当贯彻这个思想。无论是基顿的论文还是美国各州法院的判例，其均能够反映出美国保险法对这一思想的贯彻。该思想可溯源于合同法的理论。在合同法中，保护当事人的合

---

① ［意］罗道尔夫·萨科：《比较法导论》，费安玲、刘家安、贾婉婷译，商务印书馆2014年版，第24页。

② 例如在前述的 National Union Fire 案中，法院在条文有歧义之时运用合理期待原则来解释合同。See National Union Fire Insurance Co. v. Reno's Executive Air Inc., 682 P. 2d 1380, 1381 (Nev. 1984).

③ 例如 Wood 案、Atwood 案等，均是法院否认意思明确的合同条款的效力，按照被保险人的合理期待调整合同，属于对合同内容的调整，算是合同规制手段的一种。See Wood v. American Family Insurance Co. 436 N. W. 2d 594 (Wis. 1989), Atwood v. Hartford Accident Indemnity Co., 365 A. 2d 744 (N. H. 1976).

④ 例如 Gaunt 案，法院运用合理期待原则解释收据认为保险人应当承担保险责任，但实际上此时正式合同并未成立，因此此时的合理期待原则已经运用于合同成立前的阶段，并非合同的解释而是合同的规制手段。See Gaunt v. John Hancock Mutual Life Insurance Co., 160 F. 2d 599, 601 (2d Cir.).

理预期系合同法的最基本目的。① 合理预期是合同双方当事人关系的核心要素，双方当事人在合同过程中的一系列行为均以满足对方合理预期为标准，一旦一方的合理预期遭受损害，合同法会授权受损害一方采取一系列的救济措施，使其合理预期得到一定程度的弥补。② 在保险合同中，由于保险合同双方当事人地位的不对等、合同本身的附和性，法律保护的重点发生了倾斜，演化成了保护被保险人合理期待的思想。值得注意的是，合理期待原则在价值层面的指引并非一味强调对被保险人利益的倾斜保护，其还强调"合理"二字。从合理期待原则在美国的应用以及相关的研究中可以发现，学者和法官在分析被保险人的合理期待时，遵循了法律情境主义的原则：其会系统性地关注保险交易的全过程，关注被保险人意思的形成机理，即引起被保险人投保、引发被保险人期待的各方面因素③。其二，合理期待原则是具体案件中解释和规制保险格式合同的工具。笔者之所以如此认定，是因为合理期待原则在个案中能够调整合同的内容，这本质上是对格式合同条款的规制。而其最后是根据被保险人在订立合同时的合理期待进行裁判的，在这过程中涉及了合同的解释。因此，合理期待原则既承担着规制功能，又是一种合同解释原则，发挥着矫正保险合同主体间利益失衡的作用。

需要指出的是，在美国，合理期待原则的主要争议大多集中在后者。换言之，所谓的对合理期待原则的争议并非对保护被保险人合理期待的法理思想的争论，而是对其如何体现在司法裁判中即裁判规则的争论。具体来说，保守的一方认为传统保险法的禁反言、弃权等规则足以保护被保险人的合理期待，并不需要再增加独立的合理期待原则适用于司法实践中以保护被保险人的合理期待。④ 而另一方则认为传统的规则不足以充分保护

---

① 参见 Robert H. Jerry, "Insurance, Contract, and the Doctrine of Reasonable Expectations", *Connecticut Insurance Law Journal*, Vol. 5, No. 1, 1998, pp. 21-22。

② 参见 Robert H. Jerry, "Insurance, Contract, and the Doctrine of Reasonable Expectations", *Connecticut Insurance Law Journal*, Vol. 5, No. 1, 1998, pp. 21-22。

③ 相关因素包括保单语言、被保险人是否了解保单情况、被保险人专业程度等。参见 Mark C. Rahdert, "Reasonable Expectation Revisited", *Connecticut Insurance Law Journal*, Vol. 5, No. 1, 1998, pp. 115-140; Dudi Schwartz, "Interpretation and Disclosure in Insurance Contracts", *Loyola Consumer Law Review*, Vol. 21, No. 2, 1998, pp. 115-140; Wood v. American Family Insurance Co. 436 N. W. 2d 594 (Wis. 1989)。

④ Allen v. Prudential Property and Casualty Insurance Co. 839 P. 2d 798（Utah 1992）at 801-804。

被保险人的合理期待,需要以被保险人的客观合理期待为原则解释合同从而实现个案正义。① 因此,此处的合理期待原则已并非抽象意义上保护被保险人合理期待的思想,而是具体的裁判规则。

二 合理期待原则是值得借鉴的域外经验

目前我国也同样面临着被保险人权益保护的问题,其中制度的不完善是造成当今现状的一个重要原因。美国的合理期待原则无论从法理思想的角度还是裁判规则的角度均是值得我国借鉴的域外经验。

(一)合理期待原则本身具有正当性

由于合理期待原则在美国就具有争议,因此必须先对其争议进行探讨,以论证合理期待原则本身的正当性。

合理期待原则作为抽象的法理思想,其正当性非常充分。

首先,保护被保险人合理期待是保险合同的根本目的所在。因为保险合同具有分散风险、补偿损失、防灾防损的功能。这些功能具体体现在保险金的给付上。例如在财产保险中,当保险事故发生并造成被保险人损失时,保险人给付被保险人保险金使得被保险人能够重新购置财产,恢复正常生活和生产经营。在意外伤害险中,当被保险人遭遇意外伤害时,能够获得保险金以弥补其经济损失。② 而根据我国保险法的规定,保险金请求权是归属于被保险人,因此被保险人的利益是保险合同保障的对象。基顿提出的保护被保险人合理期待的原则与保险合同本身的目的是吻合的。

其次,保护被保险人合理期待的理念与保险法以及合同法中保护相对人信赖的价值取向相一致。合同法的基本目的就是增进人与人之间的信用并促进交易的发展。因此,合同法在缔约、履行、责任承担等各个部分均体现了保护相对人信赖的理念。而保险合同相较于一般的合同具有高度的信息不对称性、射幸性、附和性等特征,因此基于利益平衡的考量,对相对人信赖的保护的要求就更高。保护被保险人合理期待的理念要求保险人不得滥用优势地位损害被保险人的利益从而破坏双方的信任关系。这显然符合保险法、合同法中保护相对人信赖的价值取向。

---

① Kenneth S. Abraham, "Judge-Made Law and Judge-Made Insurance: Honoring the Reasonable Expectation of the Insured", *Virginia Law Review*, Vol. 67, No. 6, September 1981, p. 1169.

② 温世扬:《保险法》,法律出版社2017年版,第14页。

最后，保险人与被保险人在本质上与经营者和消费者的关系一致。而保险市场存在着天然的结构性利益失衡。具体来说，保险商品的实质是风险转移服务，其具有无形性，缺乏评价其价值的外形和质地等要素，被保险人的交易判断几乎仰赖于保险人一方所提供的信息。① 因此，被保险人与一般的消费者相比，交易弱势的特点更为突出。对其更应当给予法律上的倾斜保护。因此，合理期待原则在抽象的法理层面上具有正当性。

合理期待原则之于具体的规范层面的正当性在美国也一直受到争议。笔者对合理期待原则在具体规范层面的正当性表示认同。

如前文所述，在美国，反对将合理期待原则作为合同解释和合同内容控制规范的主要观点认为，合理期待原则超越合同文本的解释方式无异于法官对合同的改写，是对合同严守原则和合同自由原则的破坏；合理期待原则会降低其效率，增加适用的不确定性，不如交于市场自由竞争来进行调整。笔者认为上述的反对观点理由并不充分。

首先，在传统合同法中已经有法院介入变更调整合同的例子。其中情势变更原则就是典型。依照情势变更原则，如果在合同订立后，出现了当事人在订立合同时无法预料到的情事，这一情事动摇了当事人订立合同的基础或继续履行会产生明显不公平之时，当事人可以请求法院介入合同关系，对合同进行变更或解除。② 在合同法理论中，合同自由固然是合同法的基本原则，但合同自由还要受到合同正义的制衡，特定情形下，合同如若不符合合同正义的要求，那么法院介入合同自由是可行的 。诚如前述，美国法院超越合同文本适用合理期待原则有其特定的情境，例如为了维护保险的目的，为了避免明显不公平的结果等，此均系对合同正义的维护，属于合理的介入。

其次，合理期待原则会降低效率的观点也有失偏颇。虽然法院运用合理期待原则忽略合同文本对被保险人进行保护可能会造成保险人在设计保险合同之时思前想后、顾虑重重，但这一问题也并非不可避免的。在美国的司法实践中，法院适用合理期待原则也需满足一定的条件，美国对于合理期待原则的适用目前已经发展出了一系列的限定规则。因此，在一般情

---

① 参见马宁《保险法中的合理期待原则：从规则向原则的回归》，《比较法研究》2015年第5期。

② 崔建远：《合同法》，法律出版社2016年版，第90页。

况下，其只会促进保险人设计更加合理的条款而非降低整个保险交易的效率。

最后，目前被保险人权益受损的情况时有发生，而民众对于保险的需求又日益增高。大多数民众在签订保险合同时并不会去仔细阅读保险合同的内容，而仅仅依据保险推销人员的描述而决定是否要投保。合理期待原则对合同内容的调整可以很大程度上促使保险人设计出符合被保险人合理期待的条款，促进信息的流通，避免民众因为保险推销的不实信息而受到损害。虽然有观点认为依靠市场的自由竞争也可以促使保险公司设计符合被保险人合理期待的合同，促进信息流通[1]，然而在保险公司处于强势地位而民众对保险的需求日益增加的今天，仅仅靠市场的自由竞争并无法从实质上去改变保险双方利益不均等的现实状况，而双方地位的不均等和信息不对称亦会进一步加剧市场失灵的情形。合理期待原则在规范层面能够起到很好的控制作用，提升保险人侵害被保险人的成本，激励市场的良性发展。

综上所述，合理期待原则无论在法理层面还是规范层面均具有正当性，如若适用得当，将会对被保险人的权益保护大有裨益。

(二) 合理期待原则符合我国的需要

在抽象的思想层面，保护被保险人合理期待的法理简明且直观地概括了被保险人权益保护的核心思想，虽然"合理"一词仍较为抽象，但也在一定程度上概括了被保险人的保护的限度，即必须以"合理"为界限，以鼓励立法和司法以被保险人的合理期待为基点去不断完善，为在个案中实现实质正义提供了理论指导以及思考方向。如上一章所述，我国保险法在立法宗旨上缺乏对保护被保险人利益的强调，而在具体法条上对被保险人的保护也有所不足。美国的合理期待原则能够在一定程度上填补我国保险法的不足，为我国后续进一步完善保险法的立法和适用提供一定的指引。因此在法理层面，保护被保险人合理期待的法理思想对我国有很大的借鉴意义。

在裁判规则方面，虽然合理期待原则在美国的不同州发展出了不同的

---

[1] 原因在于市场的自由竞争会让条款设计不合理或者推介保险不诚信的保险公司淘汰。具体参见 Michael B. Rappaport, "The Ambiguity Rule and Insurance Law: Why Insurance Contracts Should Not Be Construed Against the Drafter", *Georgia Law Review*, Vol. 30, No. 1, Fall, 1995, p. 174。

裁判规则并有所争议，但总体上来说它们在功能上均能对被保险人的保护起到一定的作用。笔者认为，可以借鉴其优点，用以完善我国的法律或者用以丰富我国司法实践中的法律解释以促进被保险人的保护。总体来说，合理期待原则有以下几个方面的优势可以为我国所借鉴。

其一，合理期待原则在规制合同内容上有很大的作用。目前被保险人因格式合同条款而受损是被保险人利益受损的最主要原因，而我国法律在格式条款的规制方面仍存在范围不足、标准混乱等问题。从前文可知，合理期待原则在美国判例中主要适用于合同的解释以及对格式条款内容的规制，若能将该原则引入并与我国的法律有机结合，则无异于对症下药。

其二，合理期待原则能够防止保险人滥用权利，限制保险公司对保险交易的控制。在美国，有学者提出，法院适用合理期待原则是为了减轻保险公司对整个过程的控制，以保护被保险人的合理期待，毕竟被保险人处于消费者的地位。[1] 笔者对此表示赞同。因为合理期待所关注的不止于合同的文本，而是交易的全过程，包括保险人的推销行为、签约前的一系列商谈活动，均会对合理期待原则的适用产生影响。因此，合理期待原则的引入能够在一定程度上规范保险人签约前的营销活动、条款制定等行为以改善我国目前保险营销人员不诚信、保险条款不合理等现状。

其三，合理期待原则能够更好地维护个案正义。合理期待原则具有补充性的特点，在现有规则无法保护被保险人利益之时，它能够起到衡平的效果。我国是大陆法系国家，制定法是我国的正式法源。成文法的可预测性强，运行效率高，然而存在缺乏灵活性，难以实现个案正义的缺点。合理期待原则的存在可以缓和这一缺点。在被保险人的保护中，合理期待的引入能够弥补现有规定的不足，对现有的法条起到很好的补充作用，同时也为现有法条的解释提供了基础和方向。虽然合理期待原则在美国存在适用规则不明、法官自由裁量权过大等缺点，但在注重成文法和法体系化的大陆法系国家，只要厘清其存在的模式、适用的位阶，滥用自由裁量权的弊端亦并非无法避免。

综上所述，英美的合理期待原则在被保险人保护方面有一定的优势，很值得我国保险法借鉴。首先在法理思想上，我国可予以借鉴并用以贯穿

---

[1] Tom Baker, "Construing the Insurance Relationship: Sales Stories, Claims Stories, and Insurance Contract Damages", *Texas Law Review*, Vol. 72, No. 6, May 1994, pp. 1395, 1417.

于被保险人保护相关制度的完善。其次在裁判规则上，我国可借鉴其灵活性强以及其能在个案中保护被保险人利益的特点，将其融入我国的保险法实践。然而我国和美国在法律体系上有很大的差异，美国的合理期待原则是在判例中发展出来的司法裁判原则，要将其借鉴并融入我国以成文法、体系化为传统的土壤中势必要面临一些疑问和困境。例如关于合理期待原则在我国的存在模式，合理期待原则在我国司法实践中应如何发挥其司法矫正功能，合理期待原则如何与我国现行的保护被保险人相关制度相协调等问题，均需要进一步地探讨。本书后面几部分将详细论及。

(三) 合理期待在我国已经有一定的司法实践基础

合理期待原则在我国已经有了一定的司法实践基础。为了全面呈现合理期待在司法判决中适用的实践样态，笔者以"民事"为案例类型，以"保险纠纷"为案由，以"合理期待"作为"关键词"，"裁判日期"截至"2021年2月18日"，在中国裁判文书网、icourt案例库进行题目和全文搜索，共获取案例969件，剔除无关案例241件①，获得728件有效分析样本。

通过数据统计，全国法院在裁判文书中提及合理期待原则的案件数量从2009年到2020年分别为：3件、5件、6件、20件、22件、59件、100件、85件、99件、88件、101件、137件，总体呈现递增的趋势。这意味着我国法院的法官逐渐意识到了合理期待原则对于处理保险纠纷的重要性，并在司法实践中逐渐加大运用的力度。

从地域来看，在判决书中提及合理期待原则频率最高的5个省份分别为河南省、山东省、江苏省、浙江省、广东省，案件数量分别为164件、111件、82件、71件、33件，分别占比22.53%、15.25%、11.26%、9.75%、4.53%。其中河南省的案件量最多，达到164件。

从案由分类情况可以看到，在判决书中提及合理期待原则的保险纠纷的案由分布由多至少分别是人身保险合同纠纷类、财产保险合同纠纷类、其他保险纠纷类、保险费纠纷类。其中人身保险纠纷案件占310件，财产保险合同纠纷案件占283件。

从程序上的分类统计情况来看，一审案件有441件，二审案件有277

---

① 此处的无关案例主要是指当事人在起诉状答辩状中提及合理期待，但法院在"本院认为"部分并未采纳也未将其作为裁判理由的案例。

件，再审案件有 10 件。

由此可见，法院在裁判中越来越多地关注到保护被保险人合理期待的因素。这也反映了我国正式引入合理期待原则的必要性。

第四节　本章小结

美国法在解决被保险人权益保护的问题上面有其独特的经验，合理期待原则作为被保险人保护的核心原则以及保险合同解释的工具在实践中发挥着很大的作用。合理期待原则从最早在判例中体现到 1970 年基顿法官正式提出该原则经过了上百年的时间。在基顿提出该原则后，又经历了兴盛、衰落和复苏的不同阶段，不同的法院在适用上也发展出了不同的版本。该原则的核心是在保险合同的关系中重点保护被保险人的合理期待，其理论基础源自合同法保护当事人合理预期的法理以及传统的合同解释理论。笔者认为，该原则无论在其背后的法理思想上还是在司法适用中的裁判规则上均值得我国保险法加以借鉴以解决被保险人的权益保护问题。

第三章

合理期待原则的本土化路径规划

上一章已经提到，合理期待原则无论在抽象的法理层面还是具体的规范层面对我国保险法均具有借鉴意义。但存在疑问的是，在我国的法律框架之下，合理期待原则应以何种形式融入我国的法律体系？这是一个值得探讨的问题。需要指出的是，合理期待原则缘起于美国法，而美国与我国在法律体系上存在较大的差异。在美国，法官在面对具体案件时享有造法的权利，虽然合理期待原则较为抽象，但法官可以通过事实比对创造出一个又一个判例，使得该原则能够具体化为裁判规则。而在我国，法官并没有造法的权利。对于合理期待原则这样的域外经验，应当如何将其与我国的法律进行有机地结合呢？

笔者将在本章对合理期待原则的定位、合理期待原则与我国现有规范的关系、合理期待原则的本土化路径进行重点探讨。

第一节 合理期待原则的定位

合理期待原则的定位是我国借鉴合理期待原则需要解决的重要问题，它决定了合理期待原则本土化的路径。目前，我国学者在该问题上存在不同的观点，因此需要慎重考虑。

一 关于定位的学说争议

有学者建议将合理期待原则作为合同解释的原则，认为其应当成为保险合同解释规则的最后防线，辅助司法实践部门解决争议。[①] 亦有不少学

[①] 杨秋宇：《从合同法到保险法：合理期待原则的勃兴与超越》，《中北大学学报》2017年第2期。

者开始探讨合理期待原则的司法适用规则。① 但与此同时，还有一类观点认为不应将合理期待原则局限于合同解释领域。例如有学者认为，应当将合理期待原则定位于合同规制手段，而非合同解释工具，因为，合同解释工具指的是对已经成立的合同内容的说明与界定，但合理期待原则可以调整的对象包括合同尚未成立，双方在订立过程中因保险人的原因导致的投保人、被保险人产生的合理期待。② 还有学者认为，应将合理期待从具体的解释规则向如给付均衡一般的抽象矫正原则回归。③ 亦有学者提出合理期待原则应当作为保险合同法基本原则，因为合理期待原则有着调节保险格式合同各方当事人利益冲突、引导保险合同解释方向、控制保险合同不合理的条款，以及解决保险交易中双方当事人缔约信息义务不对称问题的功能，这些功能均指向格式保险合同，是保险法的某一领域的基本原则，所以应将其定位为保险合同法的基本原则。④ 也有学者认为，合理期待原则应当成为保险业之经营原则。⑤

二 根据合理期待原则的内涵与功能进行定位

造成这种分歧的原因主要是合理期待原则之内涵与功能的复杂性。上一章提到，合理期待原则有两个层次的内涵：其一，它是一种法理思想，它提倡在保险合同中应当保护被保险人的合理期待，包括在保险合同的宣传、缔约、履约等各个阶段及保险法的立法与司法实践中都应当贯彻这个思想。其二，在具体的规范层面，合理期待原则作为具体案件中解释和规制保险合同格式条款的工具，在必要之时可以超越合同文本对合同进行解释。与这两个层次内涵相对应的是合理期待原则在抽象和具体规范层面的二维功能：在抽象层面，该原则对被保险人的保护具有价值指引的功能；

---

① 此类研究参见谢冰清《保险法中合理期待原则适用规则之构建》，《法学杂志》2016年第11期；何丽新、王鹏鹏《论合理期待原则对保险合同解释的司法适用》，《厦门大学学报》（哲学社会科学版）2017年第6期；李晓楠《论"合理期待原则"在保险法中的适用——以司法裁判为视角》，《时代法学》2021年第1期。

② 卢明威、李图仁：《保险法合理期待原则研究》，中国人民大学出版社2014年版。

③ 该观点参见马宁《保险法中的合理期待：从规则向原则的回归》，《比较法研究》2015年第5期。

④ 何骧：《保险法合理期待原则研究》，博士学位论文，西南政法大学，2015年。

⑤ 刘宗荣：《新保险法：保险合同法的理论与实务》，中国人民大学出版社2009年版。

在具体规范层面，该原则具有对保险合同中的利益失衡进行司法矫正的功能。这两个层次的内涵及功能既相互独立又相互联系。具体来说，合理期待原则在合同解释和规制中的适用体现了保护被保险人合理期待的法理思想，保护被保险人的法理思想也给合理期待原则在合同解释和规制中的适用提供了指引。

而前述的几种关于合理期待原则定位的不同观点，分别是基于合理期待原则不同层次的内涵和功能。例如，将合理期待原则定位为保险合同解释原则的观点主要是基于合理期待原则在规范层面的内涵和功能，将合理期待原则定位为保险合同法基本原则的观点主要是基于合理期待原则在抽象理念层面的内涵和功能。

总的来说，上述定位并没有全面考虑合理期待原则多层次的内涵及功能。从合理期待原则本身的功能来看，合理期待原则既可以是保险法的一项基本原则，也可以是保险合同解释和规制的裁判依据。这样的复合定位在学理上是不存在障碍的。原则可分为仅具宣示意义的价值理念和具有司法授权功能的概括条款，其中的"授权条款性质的原则"和"不具有授权条款性质的原则"[1]，"价值性原则"和"功能性原则"，"一般法律思想"和"概括条款"等划分，就是上述分类标准的具体体现。仅为价值宣示，还是可作为裁判依据，决定着法律原则的适用方式和作用范围。但值得注意的是，这并非意味着一个原则只能具有两种功能中的一个功能。例如民法中的诚实信用、公序良俗、绿色原则就既具有价值宣示功能，也具有司法裁判功能。换言之，其在一些特殊情况下也可以成为法院的裁判依据。因此，合理期待原则的复合型定位不存在理论障碍。此外，需要指出的是，合理期待原则虽然在美国司法实践中的应用主要集中于保险合同的解释、规制，但这并不意味着我国仅能在保险合同解释、规制的相关规定中引入合理期待原则。一方面，因为我国的保险法律制度体系和美国不同；另一方面，从历史的角度来看，随着一个原则内涵的逐渐丰富，其覆盖的范围完全可能发生扩张，并超出其之前的规制范围。例如，《德国民法典》中诚信的规定最初主要适用于债务履行给付的场合，之后经过了长期发展，内容日趋饱满，成为了司法的基本原则。[2] 合理期待原则也是一

---

[1] 参见梁慧星《民法总论》，法律出版社2017年版，第46页。
[2] 任自力：《保险法最大诚信原则之审思》，《法学家》2010年第3期。

个在不断发展的原则,因此若将其引入我国的法律体系,其定位完全可以不局限于保险合同的解释和规制领域。其既有可能成为保险合同法的基本原则,也有可能成为保险合同解释的原则和内容控制的工具。

但需要指出的是,仅仅根据合理期待原则本身的内涵功能就直接对其进行定位是不够全面的。合理期待原则作为一项域外经验引入一定要关注其相对于我国现有规范在功能上的独特性,因为我国的现有规范在某些功能上或许可以涵盖合理期待原则,若不加分析就对其进行定位,则必然不甚准确。因此,将合理期待原则合理定位的关键除了厘清该项域外经验本身的内涵和功能之外,还必须厘清其相对于我国现有规范在内涵和功能上的独特性,再根据其内涵和功能上的独特性结合我国的实际情况来设计合理期待原则的本土化路径。换言之,明确合理期待原则定位的关键就在于明晰合理期待原则在功能上的独特性,并分析何种定位能够更全面地发挥其功能,且对我国保险法的完善更为有利。下一节将重点就合理期待原则与我国现有规范的内涵和功能进行比较。

第二节 合理期待原则与现有规范的关系

从前文可知,合理期待原则既是抽象的理念,可以起到价值指引功能;又是保险合同的解释和规制工具,具有对保险合同中的利益失衡予以司法矫正的功能。那么,合理期待原则中这两个方面的内涵、功能与我国现行的保险法规范的关系是什么呢,在功能上存在哪些异同呢?这直接关系到了合理期待原则的定位以及本土化路径,存在进一步检视的必要。笔者在此将对该问题进行分析,并试图构建合理期待原则的本土化路径。

一 合理期待原则与现行保险法基本原则的关系

在保险法学界,最大诚信原则及损失补偿原则被公认为是保险法的基本原则。那么,合理期待原则与上述两个原则在内涵和功能上存在哪些异同呢?笔者认为,合理期待原则作为保险合同法的基本原则与我国现行保险法的其他基本原则在理论上既相互关联又相互独立。虽然最大诚信原则、损失补偿原则等也与被保险人利益保护有所关联,然而上述原则并非直接强调保护被保险人的权益,未能体现被保险人保护的核心要义。笔者在此将对其进行详细论证。

(一) 合理期待原则与最大诚信原则的关系

最大诚信原则是民商法诚实信用原则在保险法中的具体运用和发展。在民法中诚实信用原则的功能有三：其一，确定诚实守信，依善意方式行使权利和履行义务等行为规则；其二，平衡当事人之间各种利益冲突和矛盾；其三，解释法律与合同的作用。① 保险法是民法的特别法，由于保险合同具有高度的信息不对称性、射幸性、附和性等特征，保险合同中对诚信的要求较高范围也较广，于是民法的诚实信用原则在保险法中就被称为最大诚信原则。其强调保险合同当事人应当从自身出发，最大限度、竭尽所能地遵循诚信要求去缔结合同、行使权利与履行义务，不得为了自己的利益损害他人的权利。② 最大诚信原则的主体范围和部分具体规则与诚实信用原则有所不同。例如在保险法中，告知义务主要是投保人或被保险人的义务，说明义务、弃权和禁反言义务主要指向保险人；而在一般私法中，诚信原则是合同双方当事人的要求，并无保险法下明确的具体义务指向主体规定。③ 在发展历史上，最大诚信原则也有其独特的发展轨迹。

保险法中最大诚信原则的最初含义是"一种主动性义务，即投保人自愿地向对方充分而准确地告知有关投保标的的所有重要事实，无论被问到与否"。④ 英国1906年《海上保险法》第十七条规定："海上保险合同是建立在最大诚信基础上的合同；如果任何一方不遵守最大诚信，他方可以撤销该合同。"第十八（1）条规定："根据本条规定，被保险人在订立合同前必须向保险人披露其所知的一切重要情况。被保险人被推定为知道在通常业务过程中他应当知晓的每一情况。若被保险人未作此种披露，保险人可以撤销合同。"由此可见，最初最大诚信原则是基于保护保险人的利益而产生的。后来随着时间的推移，最大诚信原则也开始逐渐增加对保险人最大诚信的要求，兼顾被保险人的利益。例如在20世纪的美国，投保人的披露义务开始限缩，被保险人在保险人违反最大诚信原则之时被赋予

---

① 王利明：《民商法研究》（第4卷），法律出版社1999年版，第22、23页。
② Douglas R. Richmond, "The Two-Way Street of Insurance Good Faith: Under Construction But Not Yet Open", *Loyola University Chicago Law Journal*, Vol. 28, 1996, p. 96.
③ 任自力：《保险法最大诚信原则之审思》，《法学家》2010年第3期。
④ 朱作贤、李东：《论修海商法应否补充规定英国模式的"最大诚信原则"——兼对海上保险最大诚信原则的反思》，《中国海商法年刊》2003年第14期。

了请求赔偿的权利,这充分体现了最大诚信原则内涵的转变。① 目前,最大诚信原则在保险法中的核心规则主要包括了投保人的如实告知义务、保证义务、保险人的说明义务、弃权和禁反言,其逐步加大对保险人的诚信的要求,增加了对被保险人的保护。然而,该原则并无法全面地体现保险法保护被保险人的价值取向,它需要以合理期待原则作为补充才能实现保护被保险人权益的目的。

首先,从最大诚信原则的变迁可以看出,其最初目的是保护保险人的利益,后来虽然有所改变,但也只是兼顾被保险人的利益,因此被保险人的保护并非该原则的最主要意旨。而合理期待原则的本身内涵就是保护被保险人的合理期待,它比最大诚信原则更加直观、更加简明。

其次,合理期待原则无形中影响了最大诚信原则的发展。从最大诚信原则本身的内涵可知,其强调保险合同当事人应当从自身出发,最大限度、竭尽所能地遵循诚信要求去缔结合同、行使权利与履行义务,不得为自己的利益而损害他人。但是如何判断当事人是否诚信,如何定义为自己利益而损害他人,这些看似清晰的概念其实在现实中往往难以明确。如若没有其他原则加以补充,那么最大诚信原则也将失去方向。合理期待原则恰好为最大诚信原则提供了这一方向:当保险人的行为有损被保险人的合理期待之时,那么这个行为可以认为是不诚信的。这一点我们从最大诚信原则的历史发展可以看出端倪。例如,投保人的如实告知义务是最大诚信原则的典型规则,其曾在一段时间是以无限告知主义为主要的立法例,即要求投保人对与保险标的危险状况有关的任何重要事实都有义务告知保险人,不论保险人是否进行过询问。② 但这样的标准容易让保险人滥用,以其未履行告知义务为由解除合同而导致被保险人的期待破灭。因此,各国开始逐渐接受询问告知主义,即投保人只需对保险人询问的问题如实告知,对其他问题则不负告知义务。由此可见,保护被保险人合理期待的法理在无形中引导了最大诚信原则的发展方向。就如合同自由原则本身也是为了实现合同正义一样,最大诚信原则的目的之一是实现被保险人的合理期待。

---

① 韩永强:《保险合同法"最大诚信原则"古今考》,《华东政法大学学报》2013年第1期。
② 参见韩永强《保险合同法"最大诚信原则"古今考》,《华东政法大学学报》2013年第1期。

最后，在具体案件的处理和法律阐释中，合理期待原则能够发挥与最大诚信原则不同的功能。诚然，在许多时候，合理期待原则和最大诚信原则是相互重叠的，因为最大诚信原则从大方向上也保护被保险人的合法权益，这点与合理期待原则等同。但在具体案件的处理和法律阐释中，合理期待原则的指向性更为明确，其相较于最大诚信原则而言可以提供更为直接的理论依据及价值指引。以我国《保险法司法解释二》第四条规定为例，其规定："保险人接受了投保人提交的投保单并收取了保险费，尚未作出是否承保的意思表示，发生保险事故，被保险人或者受益人请求保险人按照保险合同承担赔偿或者给付保险金责任，符合承保条件的，人民法院应予支持；不符合承保条件的，保险人不承担保险责任，但应当退还已经收取的保险费。"该条是最高院对保单签发前发生保险事故的争议的规定。在最高院的释义中，该条的直接理论依据之一为最大诚信原则。[1] 最高院认为，如果保险人收取了保费且符合承保条件，仍认定保险合同不成立，保险人不必对此前的风险负责，则等于在法律层面上肯定或宣誓保险人迟到的承诺合法，鼓励保险人拖延承诺，这不符合最大诚信原则。[2] 但仔细观察会发现，最大诚信原则作为该条的直接理论依据是存在疑问的。因为在《保险法司法解释二》第四条的情境下，对于保险人来说在保单签发之前，保险合同还未缔结，其对在此期间的保险事故不承担责任似乎也无违背诚信交易之要求，且保险人大多数情况下均希望尽快承保收取保费，其恶意拖延承保的动机较小，因此即便认定保险人有权拒绝赔付亦不必然造成在法律层面鼓励保险人拖延承保的后果。从这个角度来看，最大诚信原则作为该条的直接理论依据似乎略显勉强。而从保护被保险人合理期待的角度去解释该条则显然更具有说服力：在提交保费之后保险单签发之前，通常无法律知识的被保险人有理由相信其已经受保单的保障，如果他又符合承保条件，为了保护被保险人的合理期待，保险人应当给付保险金。因此，合理期待原则在价值指引上显然更加直观，可以为我国法律进一步保护被保险人的权益提供更为直接的理论依据。

---

[1] 参见最高人民法院民事审判第二庭编著《最高人民法院关于〈保险法司法解释（二）〉理解与适用》，人民法院出版社 2015 年版，第 133 页。
[2] 参见最高人民法院民事审判第二庭编著《最高人民法院关于〈保险法司法解释（二）〉理解与适用》，人民法院出版社 2015 年版，第 133 页。

诚如前述，合理期待原则与最大诚信原则，两者在内涵和功能方面相互重叠又相互补充，无法完全被彼此所取代，均有其独立性。

（二）合理期待原则与损失补偿原则的关系

损失补偿原则也与被保险人的保护相关，其内涵是保险人必须在保险责任的范围内补偿被保险人在保险事故发生时所遭受的损失，同时被保险人不能通过保险而获得超过其实际损失的收益。[①] 损失补偿体现了保险制度的核心职能，即以集中起来的资金对危险共同体成员因保险事故所遭受的损失予以补偿，使其避免经济上可能导致的困境以达到稳定社会和经济秩序的目的。[②] 可以说损失补偿原则的主要作用是平衡保险人与被保险人之间的利益，让被保险人获得其应得的补偿。这其实也是对被保险人合理期待的保护。但其不能完全涵盖合理期待原则。

首先，损失补偿原则的功能更为具体明确。损失补偿原则在保险法制度上体现为：保险代位、重复保险、保险竞合等。保险代位是指当保险事故发生且损失责任是被保险人以外的第三人行为造成时，保险人依照约定赔付给被保险人保险金后，被保险人应当将受损保险标的的相应权利或者对第三人享有的损害赔偿请求权相应转移给保险人。[③] 其目的是防止被保险人获得超额补偿。重复保险是指投保人以同一标的、同一利益、同一事故分别与两个以上保险人订立保险合同的行为。[④] 被保险人通过重复保险来保证自己的损失得以获得赔付，但法律为了防止被保险人以此牟利，于是设计了分摊规则使得被保险人的赔偿额与损失额相等。[⑤] 保险竞合是指同一保险事故发生导致同一保险标的的受损时，两个或两个以上的保险人对此负责任的情形。[⑥] 从以上规则可知，损失补偿原则所规制的对象主要是

[①] 姜南：《论保险法上的损失补偿原则》，《保险研究》2008年第3期。

[②] 王冠华：《保险格式条款合理期待解释原则研究》，武汉大学出版社2014年版，第145—148页。

[③] 孙积绿：《保险代位权研究》，《法律科学》2003年第3期。

[④] 康雷闪：《保险法损失补偿原则：法理基础与规则体系——兼论中国〈保险法〉相关条款之完善》，《中国石油大学学报》（社会科学版）2016年第2期。

[⑤] 姜南：《论保险法上的损失补偿原则》，《保险研究》2008年第3期。

[⑥] 其与重复保险的不同之处在于：保险竞合的投保人可以同一保险标的的不同保险利益投保，而重复保险只能是针对同一保险利益的保险行为。参见姜南《论保险法上的损失补偿原则》，《保险研究》2008年第3期。

关于赔偿的范围、赔偿的分配等问题。其基本的功能在于填补实际损失、禁止得利，其相较于合理期待原则的价值指引和矫正利益失衡的基本功能来说，更为具体。

其次，两者的运作机理不同。从损失补偿原则的运作机理来看，它是通过立法与约款对保险人给付责任予以限制。具体而言：其一，它通过保险合同中保险金额的约定，确定了保险人承担赔偿责任最大限度；其二，当保险金额大于保险价值时，应以保险价值为最高赔偿限额；其三，保险标的遭受损失后，保险人支付的保险赔款应以被保险人所遭受的实际损失为限；其四，根据我国《保险法》第四十八条关于"保险事故发生时，被保险人对保险标的不具有保险利益的，不得向保险人请求赔偿保险金"的规定，在发生保险事故时，如果投保人或者被保险人对保险标的没有保险利益，则对保险事故所造成的损害，保险人不负责赔偿损失。如果存在保险利益的，则仅在保险利益的范围内承担责任。而合理期待原则在域外的实践中主要是通过解释、规制格式条款以实现利益矫正的功能，这与损失补偿原则有根本的不同。

最后，两者的适用范围不同。从适用的范围来看，损失补偿原则适用于财产保险或者具有财产保险性质的非纯粹人身保险。[1] 而合理期待原则在域外的实践中并无在险种方面适用的限制。

总的来说，损失补偿原则虽与保护被保险人的合理期待部分相关，但它对保险格式合同的规制以及整个保险交易过程中被保险人合理期待的保护均无法给予全面关照。简言之，损失补偿原则与合理期待原则是属于不同层面，两者在功能上、规制范围上均所有不同。

综上所述，合理期待原则有其独立存在的意义，其与保险法的其他几个主要原则相比有其独特的内涵和价值。

二 合理期待原则与保险合同规制的相关制度的关系

合理期待原则在美国司法实践中的主要功能之一是解释、规制保险合同以矫正保险合同中的利益失衡。然而我国保险法目前在保险格式条款规制方面已经设有一些规定，分别针对程序不公平和实质不公平的问题，规定了《保险法》第十七条和《保险法》第十九条。除此之外，在合同法

---

[1] 参见高宇《保险法学》，法律出版社2021年版，第223页。

中还有显示公平制度的规制。第一章中有提到，目前我国关于保险合同规制的条文存在不足。那么合理期待原则能在多大程度上弥补它们的不足呢？合理期待原则与现行的保险合同规制制度的关系是什么呢？这些均有待回答。

（一）合理期待原则与说明义务

《保险法》第十七条规定了保险人说明义务，其要求保险人在订立合同时对保险合同中免除保险人责任的条款在投保单、保险单或者其他保险凭证上作出足以引起投保人注意的提示，并对该条款的内容以书面或者口头形式向投保人作出明确说明。根据该条第一款的规定，订立保险合同采用保险人提供的格式条款的，保险人应当对其内容予以说明。而第二款规定，对于免除保险人责任的条款，保险人应进行重点提示和明确说明。[①] 该条款属于强制义务规范，若保险人未予以提示说明，则该条款不生效力。保险人说明义务规则系鉴于大多数保险合同是格式合同，其中的保险条款是保险人经过反复研究制定的，而投保人的专业知识较少，往往难以充分理解条款的真实含义，为了确保其知情权和选择权，法律规定了此义务。[②] 保险人说明义务是一种法定义务，保险人不得以合同条款的形式对其予以限制或免除。[③] 它同时也是先合同义务，因为它的履行时间是在订立保险合同之前，发生在合同的磋商阶段。保险人说明义务在内涵上既包括了保险人主动对投保人进行说明，也包括了保险人在接受到投保人的疑问之时应对其进行解答。在法律效果上，说明义务的规定能够使得无歧义但未经说明的除外条款、免责条款无效。其价值目标在于通过公平配置保险信息资源，平衡合同双方权益和义务，维护弱势群体被保险人的利益，实现合同交易中的正义。[④]

在美国法中并没有明确的保险人说明义务规则，若保险人未对除外条款进行提示说明，则法院通常根据合理期待原则判决保险人承担保险责任，哪怕该除外条款已经明确排除了该风险。合理期待原则的适用情形中与保险人说明义务相关的包括了程序不公平与结构不公平两大类。程序不

[①] 李玉泉：《民法典与保险人的说明义务》，《保险研究》2020年第10期。
[②] 李理：《保险人说明义务若干疑难问题研究》，《河北法学》2007年第12期。
[③] 鲁忠江：《中国保险人缔约说明义务研究》，博士学位论文，南京大学，2011年。
[④] 参见董成惠《保险人说明义务的价值取向》，《中山大学学报论丛》2006年第2期。

公平主要指营销、广告造成的误导。具体来说，营销误导是指保险人通过自动售货机式营销等模式推销保险使得被保险人在缺乏保险人或其代理人解释说明的情况下未经充分考虑即订立合同。[1] 在此类情形下，被保险人对于其购买保险的风险范围通常很难有一个全面的把握，因此法院会倾向于无视合同文本而依据被保险人的合理期待理解保险范围。[2] 保险广告造成的误导例如使用"保你万无一失"等广告用语导致被保险人对承保的风险范围产生了较高的期待，而保险合同实际上对此进行了较多的限定，此时法院会综合考量相关因素以保护被保险人合理的期待。[3] 结构不公平是合同结构、字体等造成的误导。例如，保险产品的名称使用"一切险""全险"等非常具有概括性的词汇，但是在保单中却包含了诸多难以察觉的免责条款或其他限缩承保风险范围的条款，由此引发被保险人的合理期待，此时法院也会对该合理期待予以保护。[4] 例如在 Atwood 案中，除外条款夹在保单中一个很不显眼的地方，也没有明确的标记标注。[5] 且除外条款本身又含有好多个子条款，一般人如果不是逐字细加研读很难注意到。法院认为，这样的布局无法让一般的理性人能够合理期待自己在完成工作之后发生的损失责任是无法得到保险保障的，最终判决保险公司给付保险金。加州、宾夕法尼亚州、内华达州的法院均有类似的裁判意见认为："保护被保险人的合理期待是极其重要的，因此如果保险人想要免去自己的义务，他们不仅应当提供清晰无歧义的条款，还必须得提醒被保险人关注该条款，使被保险人对其有充分的了解。"[6] 上述合理期待原则的适用情形本质上都是保险人未对承保风险的范围提供明确的提示说明从而导致

---

[1] 参见 Klos v. Mobile Oil Co. 259A. 2d. 889（1969）。

[2] Susan M. Popik, Carol D. Quackenbos, "Reasonable Expectations after Thirty Years: A Failed Doctrine", *Connecticut Insurance Law Journal*, Vol. 5, No. 1, 1998, p. 137.

[3] Susan M. Popik, Carol D. Quackenbos, "Reasonable Expectations after Thirty Years: A Failed Doctrine", *Connecticut Insurance Law Journal*, Vol. 5, No. 1, 1998, p. 136.

[4] Susan M. Popik, Carol D. Quackenbos, "Reasonable Expectations after Thirty Years: A Failed Doctrine", *Connecticut Insurance Law Journal*, Vol. 5, No. 1, 1998, p. 137.

[5] 在分析过程中，法院对比了案情类似的 Peerless 案，在该案中，除外条款同样是在很不显眼的地方，也没有明确的标注，最后法院作出了和本案相同的判决。See Peerless Ins. Co. v. Clough, 193 A. 2d. 444（1963）。

[6] See Prudential Ins. Co. v. Lamme, 425 P. 2d 346（1967）. Collister v. Nationwide Life Ins. Co., 388A. 2d 1346（1978）.

被保险人对保险的范围产生了其他理解，与我国保险人说明义务规则的适用情形相似，且在最终的适用结果方面，两者也基本一致。① 因此，其与我国的保险人说明义务规则均具有保障被保险人知情权，矫正保险合同双方因信息不对称、实力不对等而致利益失衡的功能。

然而，合理期待原则与保险人说明义务依然存在差别。原因如下：首先，合理期待原则在合同规制方面所覆盖的范围较广。保险人的说明义务主要是要求保险人在缔约环节应当主动对保险条款进行提示，属于一种程序的控制，而合理期待原则在司法实践中不但要求保险人在缔约环节进行提示、在销售的环节实事求是不作夸张地宣传，还要求保险人在保单的制定环节以公平的理念来设计保险条款。② 例如在 Grebow 案中，法院认为保险合同的承保范围应当作较宽泛的解释，而除外条款应当作限缩解释，且保险人必须保证其条款公平合理，不得损害被保险人的合理期待。③ 由此可见，合理期待原则不但包含了程序的控制也包含了对合同内容的控制，其考察的范围更加广泛，保险人的行为、购买保险的环境、被保险人的理性程度、保险合同的结构布局等均在其考察的范围之内。

其次，在程序的控制方面，两者也有所不同。《保险法》第十七条规定说明义务适用于一般条款和免责条款，并明确：对一般的条款进行一般的说明，对免责进行重点提示和明确说明。同时在《保险法司法解释二》中详细规定了免责条款的范围以及明确说明的履行方式。其中免责条款的范围包括了"格式合同文本中的责任免除条款、免赔额、免赔率、比例赔付或者给付等免除或者减轻保险人责任的条款"。而《保险法》第十七条规定的"明确说明"是指保险人还应当对有关免责条款的概念、内容及其法律后果等，以书面或者口头形式向投保人或其代理人作出解释，以使投保人明了该条款的真实含义和法律后果。④ 因此，保险人履行说明义务时，不仅要作出足以引起投保人注意的提示，还要以书面或口头形式向投保人作出明确说明。⑤ 而从合理期待原则在美国的适用情形来看，合理期

---

① 保险人说明义务规则的适用使得未经说明的免责条款不生效，合理期待原则的适用也使得未经说明的条款不具有法律拘束力，两者的适用结果均能保护被保险人的合理期待。

② 鲁忠江：《中国保险人缔约说明义务研究》，博士学位论文，南京大学，2011年。

③ Grebow v. Mercury Insurance Company, 2015 WL 6166610 (Cal. App. 2d Dist. 2015).

④ 杜万华：《保险案件审判指导》，法律出版社2018年版，第152页。

⑤ 杜万华：《保险案件审判指导》，法律出版社2018年版，第152页。

待原则并没有对明确说明的范围进行严格的区分：其既未要求对整个合同进行说明，也没有要求对免责条款进行重点说明。若保险人并未对重要的条款给予提示说明或者该说明使被保险人有理由相信某风险受保险合同保障之时，有些法院会根据被保险人的合理期待支持其保险金的请求，哪怕该条款已经明确排除了此风险。① 当保险合同的结构和布局使得被保险人迷惑并有了另外的理解和期待之时，法院也可以根据合理期待原则忽略合同文本对被保险人进行保护。② 因此，保险人明确说明的对象不限于免责条款，凡是重要的条款均须予以提示说明。而且对于保险合同容易引起歧义的结构布局也应当提醒被保险人注意并加以说明以免有歧义。可以说，在确定性和可操作性方面，保险人说明义务相较于合理期待原则较强。但从另一个角度来看，合理期待原则的灵活性较强。

在我国，有观点认为合理期待原则与说明义务是相互排斥的关系，即两者在内涵上是相互重合的，因此在有说明义务的情况下没必要增加合理期待原则。③ 从前文的论述可知，这样的观点是不全面的。美国的合理期待原则与我国的保险人说明义务既有相互重合之处也有差异之处。两者并不是相互排斥的，说明义务本身就体现了保护被保险人合理期待的理念，合理期待原则在实践中的适用也包含了对保险人履行说明义务的要求。合理期待原则既可以促进保险人及时向被保险人说明合同内容，也可以从内容控制等其他方面调整合同内容以弥补保险人说明义务的局限性。因为保险合同复杂难懂，有时就算保险人进行说明也未必能够保证被保险人充分理解该合同内容，合理期待原则可以从另外的角度弥补保险人说明的不足，给予被保险人更充分的保障。④ 可以说，两者某种程度上是互补的关系。在对合理期待原则进行本土化之时应当对以上特点进行全面考虑。

---

① William A. Mayhew, "Reasonable Expectations: Seeking a Principled Application", *Pepperdine Law Review*, Vol. 13, No. 2, 1986, pp. 287-289.

② David J. Seno, "The Doctrine of Reasonable Expectations in Insurance Law: What to Expect in Wisconsin", *Marquette Law Review*, Vol. 85, No. 3, Spring 2002, p. 869.

③ 于海纯：《保险人缔约说明义务制度研究》，博士学位论文，中国政法大学，2007年。

④ Dudi Schwartz, "Interpretation and Disclosure in Insurance Contracts", *Loyola Consumer Law Review*, Vol. 21, No. 2, 2008, p. 146.

(二) 合理期待原则与格式条款无效规则

我国《保险法》第十九条规定了格式条款无效的情形："采用保险人提供的格式条款订立的保险合同中的下列条款无效：（一）免除保险人依法应承担的义务或者加重投保人、被保险人责任的；（二）排除投保人、被保险人或者受益人依法享有的权利的。"该条文的规定实际上也是采用了一种从合理第三人角度看来公平的标准，保险人提供的格式条款如果违反了这样的合理期待，就有可能导致"免除保险人依法应承担的义务或者加重投保人、被保险人责任"或者"排除投保人、被保险人或者受益人依法享有的权利"，从而无法实现购买保险的目的，最终被确认无效。① 其旨在调整格式条款的内容，防止保险人利用其优势损害被保险人的利益，体现了现代合同法维护合同正义的价值取向。在价值取向和使得保险合同条款无效的法律效果方面，我国《保险法》第十九条所规定的格式条款无效规则在功能上与合理期待原则相似。在美国，法院有时会运用合理期待原则以否定明确无歧义条款的效力，而按照被保险人的合理期待去理解合同。这也是对格式合同条款内容的调整。然而，若仔细考究两者的具体适用效果，会发现其有所区别。

首先，《保险法》第十九条的法律效果是让合同条款无效，而合理期待原则不但能使得原有条款无效，还会根据被保险人的合理期待调整合同的内容即改写合同。对于被保险人来说其所期待的是获取保险金，单单让某一条款无效未必能使得合同依照他的期待而将其真实意思纳入合同。其次，两者对合同条款调整的范围不同。根据《保险法》第十九条的表述，无效条款的内容是免除保险人"依法应承担的义务"，排除被保险人"依法享有的权利"。从文义的角度，这里依法应承担的义务是指保险人应承担的法定义务，如给付保费义务、明确说明义务等。② 免除保险人法定义务、排除被保险人法定权利的条款之所以无效，是因为它们排除的是基于合同之本质而产生的基本权利或义务，而这样的条款带有明显的压迫性，

---

① 腾威：《金融纠纷裁判依据新释新解》，人民法院出版社2014年版，第240—242页。
② 例如，依据《保险法》规定，保险合同成立后，保险人不得随意解除保险合同，只有依法律规定，投保人或被保险人违反法定或约定的义务，保险人才有权解除合同。但若保险人不及时行使，则视为放弃权利，日后不得再主张此种权利，此为弃权和禁反言义务。但如果保险人在保险合同中约定即使过了法定行使解除权的期间其仍享有解除权，则上述约定应因免除其依法承担的上述义务而认定无效。杜万华：《保险案件审判指导》，法律出版社2018年版，第196页。

不但会使得合同目的受损，也会破坏当事人之间私法上的利益平衡。[1] 由此可见，其调整的条款范围较窄，主要集中于带有明显压迫性质的条款。之所以做这样的限定是为了尊重保险合同的特殊性。保险合同条款的核心内容是风险责任承担与除外的约定。而除外责任、免责条款等限制保险人责任的条款符合保险原理，于行业内普遍存在。而对被保险人来说，获得保险金赔偿是其主要权利，任何除外责任或免责条款均可能被认为是对其"应享有的权利"的排除。[2] 若不以"依法"二字加以限定，则可能会造成该条款的滥用，导致大量免责条款无效，从而不利于保险行业的健康发展。但从另外一个角度看，这样的限定也会导致该条对于实践中一些不公平的情形无法进行规制，这也是为什么在实践中关于"依法应承担的义务"如何理解一直存有争议的原因。

而合理期待原则在实践中作为合同规制的手段，其调整的条款范围较广，不但包括了明显带有压迫性质的条款还包括了不合理但并没有到明显压迫程度的保险范围条款、除外责任条款。例如在Kievet案中，法院以合理期待原则否认了除外条款的效力。该除外条款将疾病或传染病造成的身体伤害排除于意外伤害之外，并不带有明显的压迫色彩，也没有排除被保险人的基本权利，但由于这样的风险设计不符合被保险人的合理期待，故而无拘束力。[3] 由此可见，合理期待原则在适用上的不确定性也较强。但另一方面，合理期待原则在适用过程中的伸缩性较大，其可以起到填补法律漏洞，为利益失衡情形下被保险人的保护提供依据，起到衡平功能。因此其相对于保险格式条款无效规则，具有补充的作用。

（三）合理期待原则与不利解释规则

1. 两者在歧义条款中的功能基本一致

不利解释规则是保险法中重要的解释规则。我国《保险法》第三十条规定："采用保险人提供的格式条款订立的保险合同，保险人与投保人、被保险人或者受益人对合同条款有争议的，应当按照通常理解予以解释。对合同条款有两种以上解释的，人民法院或者仲裁机构应当作出有利于被保险人和受益人的解释。"该规则最早起源于罗马法"有疑义者应为

---

[1] 参见《德国一般合同条款法》第9条第2款。
[2] 参见《德国一般合同条款法》第9条第2款，第150页。
[3] Kievet v. Loyal Protective Life Insurance Co., 170 A.2d 22 (1961).

表意者不利益之解释"原则,其后被大陆法系和英美法系广泛接受。[1] 其目的是防止保险人利用其专业优势造成条款歧义从而损害被保险人的利益。从利益衡量的角度,不利解释规则是为了平衡双方的利益而针对作为弱者一方的被保险人的利益予以强调和保护。[2] 不利解释规则在适用位阶上通常处于第二位阶:必须用一般的解释方法对合同条款予以解释,当一般的解释方式无法确定保险合同含义之时,再运用不利解释规则从几种可能的解释中选择对被保险人有利的解释。[3]

在适用上,合理期待原则与不利解释规则是存在重合的。申言之,许多法院都承认合理期待原则在模糊条款中的适用,甚至有观点认为,合理期待原则在模糊条款中的适用与不利解释规则是等同的。[4] 其实,合理期待原则在模糊条款中的适用与不利解释规则在内在机理方面是存在不同的。首先,从适用条件上看,合理期待原则是根据被保险人的合理期待解释模糊的保险合同条款,其前提虽然和不利解释一样要求条款语义模糊,然而其不需要在几种解释之中选择对被保险人有利的解释。换言之,其关注的并不是依据一般解释方法解释的几种结果,而是根据保险人保单的目的,被保险人购买时的真实意图和期待来对保险合同进行解释。因此,除了合同文本以外的整个动态的交易过程、相关交流的语言均在该原则的考察范围之内。[5] 其通过关注引起被保险人合理期待的因素、探究被保险人购买保险的目的,并站在一般理性人的角度去考量此时被保险人所期待的是什么。换言之,合理期待原则跳脱了语义学的局限,其相对于不利解释规则更具有灵活性、系统性。之所以会有这样的差异,主要是因为两者的假设前提有所不同。不利解释规则的假设前提是被保险人已经阅读了保单

---

[1] 例如法国《民法典》第1162条规定:"契约有疑义之情形,应作不利于订立此种约定的人而有利于债务人的解释。"《德国一般契约条款法》第8条规定:"一般契约条款之内容有疑义时,条款利用者承受不利益。"参见王静《疑义利益解释规则适用问题探讨》,《法律适用》2006年第5期。

[2] 马力:《论保险合同的有利解释原则》,《北华大学学报》(社会科学版)2002年第3期。

[3] 樊启荣:《保险合同"疑义解释"之解释——对〈保险法〉第30条的目的解释和限缩解释》,《法商研究》2002年第4期。

[4] David J. Seno, "The Doctrine of Reasonable Expectations in Insurance Law: What to Expect in Wisconsin", *Marquette Law Review*, Vol. 85, No. 3, Spring 2002, p. 868.

[5] Mark C. Rahdert, "Reasonable Expectation Reconsidered", *Connecticut Law Review*, Vol. 18, No. 2, Winter 1986, p. 382.

的条款，之所以要适用不利解释规则，是为让条款起草人承担疑义的风险，以促使其更清晰地起草条款。而合理期待原则的前提假设是被保险人不阅读保单条款，因为保险合同的条款复杂难懂，被保险人通常没有耐心去阅读。被保险人通常在保单签发前也看不到保险合同的全部内容。① 加之，被保险人知道自己也没有能力去改变条款，因此被保险人在订立合同时有时就算有机会去阅读保险条款，他也不一定会去阅读。② 这个假设前提的区别，决定了合理期待原则的关注重点与不利解释规则不同，不利解释规则的关注重点在于合同文本，而合理期待原则由于法官不预设被保险人会仔细阅读合同，因此其关注的侧重点并不止于合同文本，而是整个交易的过程。其次，不利解释规则是在两种以上的解释中选择对被保险人有利的解释，而合理期待原则以合理为限定，这样能够保证其解释的结果既能够符合被保险人的合理期待又不至于对保险人不公平。需要指出的是，在实践中，在歧义条款的争议方面两者因内在机理所造成的实际差异是微乎其微的，因为被保险人合理期待的内容往往与对被保险人有利的解释是一致的。故从其表现的功能上来看，两者几乎没有区别。在我国司法实践中，在涉及合同条款疑义的案件中，被保险人的胜诉率较高，不利解释规则甚至存在滥用之嫌。有学者通过检索北大法宝中适用不利解释的案件，发现在 48 件依据不利解释规则判决保险人败诉的案件中，法院在当事人对条款理解无争议而主动适用不利解释原则的就有 30 件，占 63%。③ 可见在歧义条款中对被保险人利益的保护不利解释规则已然足够，合理期待原则与不利解释规则在歧义条款上的功能存在重合。

2. 合理期待原则可以对非歧义条款进行规制

值得注意的是，不利解释规则仅仅在条款模糊有疑义的情形下适用。具体来说根据《保险法》第三十条的规定，对于有争议的保险合同条款，只有在经过"通常理解予以解释"即根据合同词句、相关条款文义、合同目的、交易习惯、诚实信用原则确定条款真实意思，按照上述方法仍有两种以上解释的，才作出有利于被保险人受益人的解释。在保险人的条款

---

① William A, Mayhew, "Reasonable Expectations: Seeking a Principled Application", *Pepperdine Law Review*, Vol. 13, No. 2, 1986, p. 270.

② William A, Mayhew, "Reasonable Expectations: Seeking a Principled Application", *Pepperdine Law Review*, Vol. 13, No. 2, 1986, p. 271.

③ 曹兴权、罗璨：《保险不利解释原则适用的二维视域》，《现代法学》2013 年第 4 期。

明确无歧义之时，该规则无法适用。因此，在保险条款既无歧义，也无其他无效事由，但若不支持被保险人则可能违背购买保险目的或某类公共利益的极端情况下，法院欲支持被保险人的请求则缺少相关的法律依据。①有些法院可能会采取扩张适用不利解释规则的方法，即只要条款有争议，就适用不利解释规则，支持被保险人的请求。这样的做法使得不利解释的适用范围扩大，与法律规定的不利解释适用条件不符，破坏法的安定性，亦容易造成对被保险人利益的过分保护。②

合理期待原则恰恰能弥补不利解释规则的不足。具体来说，不利解释规则只能在歧义条款中起到矫正的功能，而在意思明确的条款的适用中，法官只能创造疑义而适用不利解释规则，导致不利解释规则在适用条件上自相矛盾。合理期待原则就不存在这样的逻辑困境：合理期待原则除了在歧义条款中适用外，也能在非歧义条款中适用。在特定的情形下，法官可以不用创设疑义，直接适用合理期待原则以保护被保险人的利益。根据合理期待原则，只要整个交易过程中，某一项因素足以引起一个客观理性的被保险人产生合理的期待，那么法院就会对其予以保护，哪怕合同文本是作相反的规定。③ 因此，即使在合同条款没有歧义时合理期待原则也存在适用的空间。其可以作为位于不利解释规则后一位阶的司法矫正依据，在例外情况下发挥作用。

3. 合理期待原则事前控制功能优于不利解释规则

不利解释规则可以在争议解决中矫正保险合同双方的不平等关系，但对于争议发生前事前控制阶段，其功能有限。具言之，疑义解释规则只会促进保险人制定文义更加清晰的条款，但并不会促进保险人制定对被保险人更为有利的条款。④

此外，合理期待原则也能弥补不利解释规则事前规制功能不足的问

---

① Robert Keeton, "Insurance Law Rights at Variance with Policy Provisions", *Harvard Law Review*, Vol. 83, No. 5, March 1970, p. 972.

② Mark C. Rahdert, "Reasonable Expectation Reconsidered", *Connecticut Law Review*, Vol. 18, No. 2, Winter 1986, p. 330.

③ Robert Keeton, "Insurance Law Rights at Variance with Policy Provisions", *Harvard Law Review*, Vol. 83, No. 5, March 1970, p. 972.

④ Slawson, "Standard Form Contracts and Democratic Control of Lawmaking Power", *Harvard Law Review*, Vol. 84, No. 3, January 1971, p. 562.

题。其不但能促使保险人制定更加清晰的合同条款，还能够促使保险人在制定合同条款时充分考虑被保险人的利益，有利于保险行业的健康发展。

综上所述，合理期待原则与不利解释规则在歧义条款中的适用存在重合，但合理期待原则的适用范围较广，能够在不利解释规则无法适用之时，起到保护被保险人利益的作用。

（四）合理期待原则与显失公平

合理期待原则与我国的显失公平制度是何种关系？这是合理期待原则本土化的过程中不得不考虑的问题。我国《民法典》第一百五十一条规定了显失公平制度。依据通说，显失公平是指合同一方当事人利用自身优势，或者利用对方没有经验等情形，在与对方签订合同中设定明显对自己一方有利的条款，致使双方基于合同的权利义务和客观利益严重失衡，明显违反公平原则。[1] 其中"利用"包含了主观要件，即故意或重大过失，一般的过失不构成"利用"。[2] 如若显失公平的合同内容是一方自己没经验所致，而非另一方当事人利用其没有经验所致，则不适用显失公平制度，而且也不能类推适用。[3] 如前文所述，合理期待原则在实践中的主要功能是解释、规制保险格式条款，而关于我国的显失公平制度能否用来调整格式条款，学界并没有达成统一的意见。如果我国显失公平制度可以用来调整格式条款，那么其与合理期待原则有可能存在重合。关于这个问题，有学者认为，显失公平调整的是非格式条款所涉及的实质平等问题，特别是价格和风险分配问题。[4] 有学者认为，如果格式合同不公平，可以用显失公平制度予以规范。[5] 笔者认为，虽然我国法律并没有明文规定显失公平原则不能规制格式条款，但我国的显失公平制度并不适宜规制格式条款。这一点，我们可以从中美的比较中看出端倪。

---

[1] 贺剑：《〈合同法〉第54条第1款第2项（显失公平制度）评注》，《法学家》2017年第1期。

[2] 参见王利明《合同法研究》（第1卷），中国人民大学2015年版，第701页。

[3] 参见浙江浣美门窗工业有限公司与浙江诸暨一百物流有限公司建设用地使用权转让合同纠纷案，浙江省绍兴市中级人民法院（2013）浙绍民终字第1432号民事判决书（一审见解）。

[4] 范雪飞：《论不公平条款制度——兼论我国显失公平之于格式条款》，《法律科学》2014年第6期。

[5] 梁慧星：《合同法的成功与不足》（下），《中外法学》2000年第1期。

在美国，《美国统一商法典》第 2 篇第 302 条也规定了显失公平（unconscionability）的制度，其主要用来调整合同的内容，即当合同的条款明显有利于一方，不利于另一方之时，该条款因显失公平而不具有拘束力。① 美国的显失公平类似于德国法中的不公平条款制度，均是对格式条款的规制。② 然而，关于那些并不显失公平，可是对于被保险人来说复杂难懂并且不符合被保险人期待的条款，显失公平并无法予以调整。③ 合理期待原则正好能够弥补美国法上显失公平制度的不足。而且随着合理期待原则的发展，对于合同显失公平的情形，美国法院也开始用合理期待原则进行处理。④ 于是，在美国的司法实践中，合同显失公平也成为合理期待原则适用的情形之一。而我国的显失公平制度与美国的不同。首先，在效力上，我国显失公平的法律规定当事人可申请撤销合同，而美国的显失公平是产生让合同条款无效的结果。比较而言，美国的显失公平更加适合在格式条款中适用。因为格式条款法律制度的立法导向就是强化对格式条款的法律控制，由于相对方在格式合同订立，法律通过施加更为严苛的后果来弥补这一意志弱化，以实现权利义务在整体上的均衡。⑤ 其次，从二者的定义来看，我国《民通意见》第七十二条中规定"利用优势或者利用对方没有经验"，如前文所述，包含了主观的要件，更多的是针对意思表示的瑕疵，而美国法上的显失公平更多地强调该条款客观上不合理，更多的是对合同内容的规制。从这个对比中也可以发现我国的显失公平在格式条款的规制上所发挥的功能不如美国的显失公平。而正是基于此，合理期待原则在我国发挥的空间和余地更大。易言之，在美国，合理期待原则与显失公平在实践中还有重合之处，而在我国则基本不存在重合之处。

---

① Black's Law Dictionary (8th ed.), p. 1560.

② 德国的立法和理论均强调所谓不公平条款，即违反诚信原则，导致合同权利义务严重失衡的格式条款。参见范雪飞《论不公平条款制度——兼论我国显失公平之于格式条款》，《法律科学》2014 年第 6 期。

③ William M. Lashner, "A Common Law Alternative to the Doctrine of Reasonable Expectations in the Construction of Insurance Contracts", New York University Law Review, Vol. 57, No. 6, December 1982, p. 1183.

④ Eric M. Larrsson, J. D., "Insured's 'Reasonable Expectations' as to Coverage of Insurance Policy", American Jurisprudence Proof of Facts 3d, Vol. 108, No. 4, p. 351.

⑤ 李伟平：《格式条款立法反思与重构——以〈合同法〉第 39、40 条为中心》，《西部法学评论》2016 年第 3 期。

综上所述，合理期待原则与我国的显失公平虽然均与公平原则相关，然而两者并非属于相互替代的关系。两者无论在规制的范围还是规制的角度均存在不同。

（五）合理期待原则与欺诈、重大误解

欺诈和重大误解是我国民法关于意思表示瑕疵的重要制度。欺诈是指故意欺骗他人，使其陷入错误判断，并基于错误判断而为意思表示之行为。[①] 而关于重大误解，我国《民通意见》第七十一条规定，行为人因为对行为的性质，对方当事人，标的物的品种、质量、规格和数量等的错误认识，使行为的后果与自己的意思相悖，并造成较大损失的，可以认定为重大误解。依照学界通说，其不仅包括传统民法上的错误，即表意人无过失的表示与意思不符；也包括传统民法上的误解，即相对人对意思表示内容之了解错误。[②] 二者在目的以及理论基础方面与合理期待原则存在共通之处，因为欺诈和重大误解制度均是对意思表示错误的矫正。欺诈是一方故意引他方陷入错误，而重大误解则包含了相对人因过失引发表意人错误的情形。[③] 在美国也有欺诈和重大误解，它们的表述是"fraud"，"negligent-misrepresentation"且在效果和定义上与我国的欺诈以及重大误解相似。从广义上来说，法律对意思表示瑕疵的规制其实就是对陷入错误的一方的合理期待的保护。其背后体现的是意思自治以及信赖保护的思想。[④] 而合理期待原则同样也是基于对保险合同双方意思自治的维护而产生的。如前文所述，保险合同是附和合同，被保险人的意思自由受限于保险人提供的合同文本，往往难以在合同中体现，合理期待原则的产生能够调整保险主体之间的不平等，体现了对意思自治的维护。那么，合理期待原则与它们的关系是什么呢？在美国，有观点认为，欺诈、重大误解等传统的救济途径已经足以保护被保险人了，不必另行增加合理期待原则。[⑤] 应该如何看待这

---

① 梁慧星：《民法总论》，法律出版社2007年版，第178页。

② 梁慧星：《民法总则立法的若干理论问题》，《暨南学报》（哲学社会科学版）2016年第1期。

③ 尚连杰：《缔约过失与欺诈的关系再造——以错误理论的功能介入为辅线》，《法学家》2017年第4期。

④ 冉克平：《民法典总则意思表示瑕疵的体系构造——兼评〈民法总则〉相关规定》，《当代法学》2017年第5期。

⑤ Allen v. Prudential Property & Casualty Insurance Co., 839 P. 2d 798, 806 (Utah, 1992).

个观点呢?

总的来说,同样是对意思错误的调整,合理期待原则的调整范围要更广,欺诈和重大误解无法完全替代合理期待原则。例如在美国的判例中,合理期待原则常常会调整因保险宣传不当引起被保险人对保险类型抑或是保险范围产生误解的情形。有时,保险人设计的保险产品的名称容易引起被保险人的误导,例如保险人提供了意外险,但实际上在合同条款中对意外的定义比较狭窄,有些法院就会用合理期待原则来保护被保险人的期待。[①] 而以上情形若适用欺诈或重大误解规则,则会产生争议。首先,在实务中,欺诈的认定需要满足四个要件:欺诈的故意、欺诈的行为、因果关系、基于错误作出意思表示。其中,欺诈的故意属于主观意图,往往难以证明。而欺诈行为通常表现为欺诈方故意告知对方虚假情况,或故意隐瞒真实情况诱使对方作出错误表示。在上述情形中,名称引起的误导有时也无法说明保险人有欺诈的故意,或是故意隐瞒真实情况,而不当的宣传也无法完全和欺诈相等同。换言之,只有满足欺诈的四个要件之时,才能适用欺诈规则予以规制。其次,重大误解本身概念就不是很清晰,依照其概念,"误解"须"重大"方可适用,可何谓重大呢?《民通意见》第七十一条对于"重大"的界定落足于"造成较大损失",可何谓"较大损失"呢?在保险合同之中,保险金数额均较大,那么依照条文的定义,凡是保险合同中的误解均属于重大误解。这样的推论显然容易造成重大误解的滥用。再者,重大误解和欺诈均有除斥期间,且在法律效果上是撤销,即必须当事人主动请求撤销,与合理期待原则中法院直接支持被保险人的保险金请求且无除斥期间之要求相比,其效率显然较低。综上所述,欺诈通常调整的是较为极端的情形,重大误解本身概念不明且有除斥期间等诸多限制,因此两者虽然也是合理期待原则的体现,但在诸多情形下无法替代合理期待原则。而且,在保险合同发生保险事故的特殊情况下,上述合同救济方法如合同撤销制度和缔约过失责任等,也难以消除保险合同当事人之间利益的失衡。因为缔约过失责任的赔偿范围为信赖利益,以不会使当事人获得超过合同履行利益为原则。综上,传统合同救济办法存在局限性,不能对保险合同当事人提供有效的救济。

---

① Kenneth S. Abraham, "Judge-Made Law and Judge-Made Insurance: Honoring the Reasonable Expectation of the Insured", *Virginia Law Review*, Vol. 67, No. 6, September 1981, p. 1158.

第三节 合理期待原则的本土化路径

一 在理论上将合理期待原则列为基本原则

我国保险法并未在理论上将合理期待原则列为基本原则,这不得不说是一个理论上的缺憾。笔者认为,应当将合理期待原则列为保险法的基本原则。

首先,保护被保险人的合理期待原则本身就是保险法体系中的核心部分。在合同法领域,比德林斯基曾提出应当将合同法体系化地解释为意思自治、保护合理信赖与维持给付均衡三个最重要原则的组合。[①] 在保险法中,保护合理信赖更多地体现为满足被保险人的合理期待。[②] 因为两者无论在经济上还是信息上都处于不对等的状态,所以相对而言被保险人的信赖更需要法律对其进行保护。再者,随着社会的发展,保险不仅是一种经济补偿和社会再分配的手段,也不仅是以物质财富保障为中心而是逐渐转向以人的生存发展和提高为中心和目的。[③] 它能帮助被保险人应对未来的不测,完成对生活的合理规划,维持内心的宁静。[④] 因此,在保险越来越体现出其公共属性的时代背景下,保护被保险人的合理期待也更值得强调。

其次,如前文所述,最大诚信原则、损失补偿原则虽与被保险人的保护有所关联,然而其并非直接强调保护被保险人的权益,未能体现被保险人保护的核心要义。在处理具体的案件或解释法律之时,它们无法如合理期待原则一般提供直接的理论指引。而合理期待原则虽然与前述原则在内涵上有重合的地方,但它也能在一定程度上弥补前述原则的不足,并为它们的发展提供一定的指引和协助。依据动态系统论,法律制度中内在的独

---

① [奥]海尔穆特库齐奥:《动态系统论导论》,张玉东译,《甘肃政法学院学报》2013 年第 4 期。

② Robert H. Jerry, "Insurance, Contract, and the Doctrine of Reasonable Expectations", *Connecticut Insurance Law Journal*, Vol. 5, No. 1, 1998, pp. 37–41.

③ 田玲、徐竞:《基于权益视角的保险人契约责任探析》,《保险研究》2012 年第 5 期。

④ 参见马宁《保险人说明义务批判》,《法学研究》2015 年第 3 期。

立价值具有多元性，不应依据某个单一原理来阐释法律。[①] 合理期待原则的纳入能够为我国的保险法提供更多的视角，进一步加强对被保险人权益的保护。

再次，如上一章所述，保护被保险人合理期待的思想符合我国目前保险法的需求，其简明且直观地概括了被保险人权益保护的核心思想。虽然"合理"一词仍较为抽象，但也在一定程度上概括了被保险人的保护限度，即必须以"合理"为界限，以鼓励立法和司法以被保险人的合理期待为基点去不断完善。其与公法中的比例原则相似，本身亦含有适当性、必要性和均衡性的要求。其既强调保护被保险人的合理利益，又要防止保险人所承担的危险与收取的保费陷入失衡之状态。将合理期待原则列为基本原则能够促进立法确立以被保险人为中心的立法理念，也能够促进司法实践进一步保护被保险人的权益。例如，立法者在制定修改或废止保险法中的某一条文之时，必须充分考虑该条文是否能够保护被保险人的合理期待，促使我国的保险法更充分地体现保护被保险人的精神。在司法实践中，法官在解释之时可以依照合理期待原则探寻法律的规范意旨，也可以依据合理期待原则来填补法律的漏洞。

最后，将合理期待原则列为我国保险法的基本原则存在较为广泛的立法基础。除了格式条款规制领域中的保险人说明义务规则、格式条款无效规则、不利解释规则体现了保护被保险人合理期待的理念之外，立法者在制定保险法的其他规则之时也将被保险人的合理期待作为一个考量的因素之一。具体表现在：

（1）我国保险法中的不可抗辩条款。《保险法》第十六条规定："投保人故意或者因重大过失未履行如实告知义务，足以影响保险人决定是否同意承保或者提高保险费率的，保险人有权解除合同。但是，自合同成立之日起超过两年的，保险人不得解除合同"。此条款被称为保险合同的不可抗辩条款，即保险合同成立满两年后，保险人不得再以投保人未履行如实告知义务、违反最大诚信义务而主张解除合同，如果发生保险事故的，保险人应当承担赔偿或者给付保险金的责任。之所以作此规定，一方面旨

[①] ［日］山本敬三：《民法中的动态系统论——有关法律评价及方法的绪论性考察》，解亘译，载梁慧星《民商法论丛》第23卷，金桥文化出版（香港）有限公司2002年版，第172页。

在防止保险人利用投保人、被保险人的不实告知而滥用合同解除权。[1] 另一方面是为了保障被保险人的合理期待，进而平衡保险合同双方当事人的利益。[2] 因为在保险合同订立两年后，投保人、被保险人已有理由相信其获得了保单的有效保障，若允许保险人解除，则将使得被保险人所享有的保单利益处于不确定之状态。

（2）保险法司法解释对于利他人身保险合同解除权的规定。人身保险合同除了作为当事人的保险人与投保人外，还有作为保障对象的被保险人、享有保险金请求权的受益人。投保人与被保险人、受益人为不同主体时，投保人解除保险合同是否需要经过被保险人和受益人同意，理论界与实务界存在截然相反的观点。《保险法司法解释三》第十七条对此作出了回应，其规定："投保人解除保险合同，当事人以其解除合同未经被保险人或者受益人同意为由主张解除行为无效的，人民法院不予支持，但被保险人或者受益人已向投保人支付相当于保险单现金价值的款项并通知保险人的除外。"这一方面与《保险法》第十五条确立的投保人的任意解除权相统一，且与合同法的原理相符；另一方面又维护了被保险人这一类特殊利益主体的合理期待。[3] 具体来说，虽然投保人解除保险合同无须经过被保险人与受益人的同意，但对于被保险人、受益人来说，若保险合同被解除，则被保险人据以期待的保险保障将不复存在，其再度投保的成本也将大大提高。因此，如果被保险人、受益人同意向投保人支付相当于保单现金价值的款项即可以承受投保人的合同地位，那么保险合同将无须解除。如此，既保护了投保人对保险单现金价值的权利，又照顾了被保险人的合理期待。[4]

（3）保险法司法解释关于在被保险人因共同侵权依法承担连带责任

---

[1] 王静：《保险合同法注释书》，中国民主法制出版社2019年版，第66页。

[2] 参见杨良发、胡军红《保险公司不可抗辩规则在本案中的具体适用》，2013年4月11日，https：//www.chinacourt.org/article/detail/2013/04/id/939852.shtml，2021年7月30日。

[3] 具体来说，虽然投保人解除保险合同无须经过被保险人与受益人的同意，但是保险合同的存续确实对被保险人与受益人的利益有较大影响，故如果被保险人、受益人同意向投保人支付相当于保单现金价值的款项，可以承受投保人的合同地位，保险合同无须解除。这样做，既保护了投保人对保险单现金价值的权利，又照顾了被保险人的合理期待。

[4] 杜万华主编：《最高人民法院关于〈保险法司法解释（三）〉理解与适用》，人民法院出版社2015年版，第465页。

时责任保险的赔付比例的规定。责任保险是以被保险人对第三者依法应负的赔偿责任为保险标的的保险。司法实践中,存在大量被保险人与其他人构成共同侵权,依法应当对第三者承担连带责任的情况,这在多车碰撞造成他人损害的保险事故中尤为突出。在此情况下,是按车辆第三者责任保险合同普遍约定的"保险人依据被保险人车辆驾驶人在事故中所负的事故责任比例,承担相应的赔偿责任"由保险人承担比例责任,还是由责任保险人先承担连带责任再向其他责任人追偿,一直存在争议。为此,《最高人民法院关于适用〈中华人民共和国保险法〉若干问题的解释(四)》第十六条明确规定,被保险人因共同侵权依法承担连带责任,责任保险的保险人以连带责任超出被保险人依法应承担部分为由,拒绝赔付保险金的,人民法院不予支持。该立场一方面是考虑责任保险的功能定位,另一方面也是考虑被保险人的合理期待。因为在投保时,被保险人希望借此转移其将来可能对第三者承担的全部责任,而被保险人对于保险事故是否发生以及将会承担何种性质的责任均无从知晓。[①] 保险人只有在保险金额范围内承担了被保险人的全部赔偿责任,才能使被保险人从赔偿责任中解脱出来。[②]

如前文所述,合理期待原则作为一种理念和价值指引并不限于保险合同条款的规制领域,其对保险交易的全流程均具有较为积极的意义。如若进一步在理论上确立合理期待原则,那么将更有利于促进相关规则的不断完善。

因此笔者认为,我国保险法应当在理论上承认保护被保险人合理期待的法理思想并在理论层面将其上升为保险法的基本原则,一方面能丰富完善保险法的理论,另一方面能够对我国的立法和司法提供指导。

二 在立法上融入合理期待原则

法律原则可以只存在于理论之中,也可以直接在立法中予以明确。我国素来有注重成文法的传统,因此笔者认为,应当根据合理期待原则几个

[①] 沈小军:《论责任保险中被保险人的责任免除请求权——兼评〈保险法司法解释四〉责任保险相关条文》,《法学家》2019年第1期。

[②] 沈小军:《论责任保险中被保险人的责任免除请求权——兼评〈保险法司法解释四〉责任保险相关条文》,《法学家》2019年第1期。

层次的内涵，将合理期待原则融入立法之中。

首先，可以运用合理期待原则的理念，来改造现行的保险法条款，使之成为被保险人维权的有力武器。我国的保险法经过2002年与2009年的两次修订，保护被保险人合法权益的理念不断得到确立，但从整体上看，现行保险法仍存在着许多过于顾及保险人利益的条文。例如，在保险合同解除制度的规定上、在人身保险复效制度的规定上、在重复保险规则的设置上、在责任保险保险事故触发时点的规定上、在团体人身保险的规则设置上等都没有很好地体现对被保险人合理期待的保护，需要运用保护被保险人合理期待的理念来改造相关的法条，以便平衡双方的利益，真正体现保险在促进社会安定、保障人民生活等方面的功能，促进保险业健康、稳定地发展。

其次，笔者认为应当在保险法总则中将合理期待原则以条文的形式予以明确。[①] 原因在于：其一，保护被保险人合理期待的法理并非只限于某个领域某个问题，而是关乎所有保险的纠纷。马宁教授认为合理期待是保险立法对基本原则提炼的缺失。[②] 此观点诚值赞同。如前文所述，我国保险法在投保人解除权、不可抗辩规则、责任保险承担比例等规则上均有关于被保险人合理期待的考量。中国银行保险监督管理委员会关于印发《中国保险业发展"十二五"规划纲要》的通知中也非常明确地强调了在保险活动争议中要切实维护保险消费者的合法权益，"确立保险活动争议中保险消费者合理期待保护原则"。由此可见，在立法中将合理期待原则上升为高位阶的原则亦存在相关的政策基础。其二，如前文所述，我国保险法的几项基本原则虽然有保护被保险人的功能，然而其保护并不全面，需要将合理期待原则上升为保险法基本原则与其他几项原则相互补充。除此

---

① 对于是否要在法律中明文规定合理期待原则笔者曾对此持否定意见，认为在现阶段合理期待原则以法理阐释的方式存在更为合理，详见吴涵昱《合理期待原则的二维功能及本土化路径》，《浙江大学学报》（人文社会科学版）2021年第6期。但是从长远来看，鉴于合理期待原则并非似合同正义等众所周知的原则，单纯以法理阐释的方式存在，其宣示和指引效果恐次于在立法中明文规定该原则，因此本书还是尝试采用将其明文规定的立场进行制度架构。

② 其认为"立法对基本原则的提炼亦有缺失，如合理期待"并指出"合同法的基本原则通常被体系化地解释为意思自治、合理信赖与给付均衡三个最重要原则的组合。但在保险领域，保护合理信赖应转换为满足被保险人获得风险保障的合理期待"。参见马宁《保险合同法的体系化表达》，《南大法学》2021年第3期。

之外，我国保险法在立法宗旨上也缺乏对保护被保险人利益的强调。《保险法》第一条规定："为规范保险活动，保护保险活动当事人的合法权益，加强对保险业的监督管理，维护社会经济秩序和社会公共利益，促进保险事业的健康发展，制定本法。"该条仅仅表明保护"保险活动当事人"的合法权益而没有强调保护被保险人，虽然保险合同各个主体间的利益平衡是法律规制的核心目标，但被保险人在保险合同关系中处于核心地位且实践中被保险人又常常处于弱势。因此，对于被保险人合理期待的保护，有必要在立法中予以强调。

因此，在总则中确定合理期待原则既符合该原则的内涵又能弥补我国法律的不足。至于具体如何规定，笔者建议在总则条文中增加一条："保险活动当事人行使权利、履行义务不得损害被保险人的合理期待。"使其他单独出现在总则部分的法条中，体现出其重要性。

最后，笔者认为应当在保险合同解释相关的条文中规定合理期待解释原则使其成为司法裁判中法官运用合理期待原则解释合同的法条基础。理由如下：

其一，在美国，合理期待原则以判例的形式体现，而我国的司法裁判均以成文法为基础，若要运用合理期待原则去解释或规制合同，将其明文规定在我国的保险合同解释规则之中自然是较为直接的移植域外经验的方案。

其二，在解释规则中规定合理期待原则，从法技术的角度更便于规定合理期待原则的适用位阶。因为我国《保险法》第三十条已经规定了保险合同解释的基本顺序。在该条款的基础上确认合理期待原则的适用位阶相较于将合理期待原则规定在其他条文之中将显得更加直观。而在如何确定适用位阶的问题上，鉴于目前我国传统的解释规则以及不利解释规则重点关注的还是合同的文本，在解决具体问题之时，其往往力不从心，且灵活性较弱，而合理期待原则的灵活性更强。在有歧义的条款中，合理期待原则能够基于实质正义的理念在一定程度上匡正不利解释规则的结果，使其更加符合被保险人的客观期待。在无歧义的条款中，合理期待原则可以被用来弥补传统解释规则的不足以实现个案正义。[①] 在适用位阶上，可以

---

① H. Walter Croskey, "The Doctrine of Reasonable Expectations in California: A Judge's View", *Connecticut Insurance Law Journal*, Vol. 5, No. 1, 1998, pp. 471-472.

直接将穷尽不利解释等其他合同解释方式作为前置条件,如此既能与合理期待原则在实践中的功能相统一,亦能够避免法院滥用合理期待原则突破合同文本进行解释的弊端。

在适用情形方面,虽然美国各个州关于合理期待原则有不同的适用情形,但如前文所述,有几种情形已经获得了较多的支持和认可。[1] 因此,笔者建议,可以有选择性地借鉴美国法中合理期待原则的几种认可度较高的适用情形,并结合我国司法实践的实际情况,将其作为适用要件规定到我国法律中。鉴于在美国法中,关于合理期待原则的适用情形依然还在不断地完善和发展之中,我国在规定的时候也不宜太细[2],应当留有一定的空间,使得法官和学者能够进一步对合理期待原则的适用情形进行丰富。因此,笔者建议,可以在《保险法》第三十条中增加一款:"采取以上方式解释的结果明显违背合同目的或明显对被保险人不公平的,可根据被保险人的合理期待予以解释。"这样既给予法官在裁判案件时以一定的指引,也赋予了法官较大的自由裁量空间,使得合理期待的适用情形有了进一步完善的余地。这对被保险人的保护无疑是有利的。

这里需要指出的是,上述方案本身亦存在一定的风险和弊端。

首先,合理期待原则虽然能在美国判例中发挥很强的矫正功能,然而在我国的法律体系下,其发挥矫正功能的空间相对较小。合理期待原则在具体规范层面的功能与我国的现有规范多有重合之处:合理期待原则在歧义条款中的适用能够被我国《保险法》第三十条不利解释规则所涵盖;合理期待原则在保险人未予以提示说明情形下的适用可以被保险人说明义务规则所包含;合理期待原则否认不符合保险目的以及第三人保护目条款之效力的功能与我国《保险法》第十九条存在重合。换言之,其大部分矫正功能可以被不利解释规则、保险人说明义务、格式条款无效规则所涵摄。而合理期待原则所具有的优势主要是其适用范围较为灵活、伸缩性较大。但值得注意的是,我国保险法中的相关规则也并非没有可拓展的空间。例如我国《保险法》第十七条保险人说明义务中"免责条款"的范

---

[1] 例如为维护保险合同的目的,为了避免不公平结果等。See Mark C. Rahdert, "Reasonable Expectations Revisited", *Connecticut Insurance Law Journal*, Vol.5, No.1, 1998, p. 126.

[2] 我国是成文法国家,在保险法中明确具体地规定合理期待原则所适用的情形虽可为法官判案提供明确的指引,但难免挂一漏万,不能满足保险实践的需要。

围,《保险法》第十九条中关于"加重投保人、被保险人的责任"等表述,均具有一定的开放性并为法官在个案中的法律适用留下了一定的解释空间。即使在特殊情况下,存在现有规则无法规制之事实,法官亦可采取类推适用、目的性扩张、目的性限缩等方式在成文法的范围内进行法律续造以填补法律漏洞。

其次,合理期待原则的不确定性太强,倘若允许将其规定在保险合同解释规则中,使其成为直接的请求权基础,则很容易造成滥用。法院可能越过具体的规则直接以某条款不符合被保险人的合理期待为由进行裁判。这容易导致保险人的合法利益严重受损。而保险人则可能通过提高保费、在保险合同中限缩保险范围等方式将损失转嫁给被保险人,最终导致被保险人的利益受损,且由于"合理期待"概念本身的模糊性,因此在实践中难以避免法院在个案适用中的滥用偏好。

最后,将合理期待原则作为保险合同的兜底解释原则规定在立法中,则会面临适用成本过高的问题。因为合理期待原则大部分矫正功能可以被不利解释规则、保险人说明义务、格式条款无效规则所涵摄,既如此,则在合理期待原则作为兜底原则于立法上确认后,必然面临与上述规则在适用界限上的划分问题。而我国现有规则在适用条件、适用标准等方面本身就存在不少亟待解决的问题,诸如不利解释规则的适用条件,保险人说明义务的范围、说明的程度,格式条款无效规则的规制范围等在司法实践中仍存在着混乱。既然我国保险合同解释规则和其他规则之间在适用上还存在缺乏协调性、难以把握各自的尺度等问题,倘若直接将合理期待原则作为兜底性解释原则规定在立法中,则其不但无法起到协调作用,反而可能会使我国保险法进一步陷入规则冲突、标准模糊的混乱境地。

上述弊端确实值得认真对待,笔者也曾对现阶段在法律中规定合理期待原则提出过否定意见[①],认为合理期待原则在现阶段应以法理阐释的方式存在。但笔者并非完全反对合理期待原则在法律中明文规定,上述弊端是可以随着研究的深入克服的。司法解释、审判纪要、指导案例等方式均可一定程度上限缩合理期待原则的适用,以防止法官自由裁量权的扩大,以增加该方案的可操作性。

[①] 参见吴涵昱《合理期待原则的二维功能及本土化路径》,《浙江大学学报》(人文社会科学版)2021 年第 6 期。

三 在司法实践中将合理期待原则运用于法律解释、漏洞补充

在很多情况下，据以裁判的法律规则是抽象、模糊、不确定的，如何将抽象、模糊、不确定的法律规则适用于具体的案件中，则有赖于法官的解释。法官在解释时可以按照合理期待原则探寻法律条款的真实含义，并在裁判说理中运用合理期待原则达到补充、强化法律论证的目的，使说理更加符合事理逻辑。在特殊情况下，也可以依据合理期待原则来填补法律漏洞。需要指出的是，保险法规则是为适用于一般情形而制定的，各规则的构成要件遵循"提取公因式"的建构逻辑，往往难以穷尽现实中的情形。其通常只能适应对保险交易中"共性"交易元素的解读，而无力顾及保险交易的诸多"个性"元素。如果原封不动地适用该规则，在面对某一具体情况时就可能会产生不当的结果。合理期待原则可以矫正这种不当结果，使得保险法能够有效适应现代生活的快速变化。在司法实践中，法官在解释疑难法条之时可以根据合理期待原则的法理思想探寻法律的规范意旨，也可以依据合理期待原则来填补法律的漏洞，协调具体规范的僵化应用，以保证法律适用的准确性和妥当性。

例如在保险合同条款的规制方面，法院就能够根据合理期待原则针对目前法条中的问题进行解释。我国保险法针对程序不公平和实质不公平的问题，规定了《保险法》第十七条和《保险法》第十九条。其中，《保险法》第十七条[①]规定了说明义务，然而目前该条文还存在不少问题。

首先，在说明义务的标准上，该条文就充满了争议。目前，关于说明义务的标准有形式标准和实质标准之争。依据形式标准，只要保险人能证明其已进行了提示和明确说明即认为已履行义务，投保人是否了解条款含义在所不问。[②] 在实务中，它的表现方式有：（1）以醒目方式印制免责条款。例如，加大、加黑或采用不同颜色表现免责条款内容，使其区别于其

---

① 《保险法》第十七条规定："订立保险合同，采用保险人提供的格式条款的，保险人向投保人提供的投保单应当附格式条款，保险人应当向投保人说明合同的内容。对保险合同中免除保险人责任的条款，保险人在订立合同时应当在投保单、保险单或者其他保险凭证上作出足以引起投保人注意的提示，并对该条款的内容以书面或者口头形式向投保人作出明确说明；未作提示或者明确说明的，该条款不产生效力。"

② 马宁：《保险人明确说明义务批判》，《法学研究》2015年第3期。

他合同条款;①（2）写上"请详细阅读承保险种对应的保险条款，特别是责任免除和投保人、被保险人、受益人义务"；（3）将免责条款单独加印，同时要求投保人在声明栏内签名，以证明已向保险人说明；（4）将每一险种拟制一份通俗的说明书，并将其交给投保人；（5）投保人声明，如"保险人已经向我说明保险合同的内容，包括免责条款部分，我已充分了解合同内容，同意签订合同"等。②实质标准则认为，对于免责条款，不仅要在保单上提示投保人注意，还应当对免责条款的概念、内容、法律效果等以口头或书面形式予以解释，并使得投保人对免责条款充分理解。③从目前我国《保险法司法解释二》第十一条④的规定情况看，我国的保险人说明义务似乎偏向于实质性的标准。其中"足以引起投保人注意的文字、字体、符号"是法律对说明义务的形式要求，"常人能够理解的解释说明"体现了法律对说明程度的实质要求。这样立法的出发点是值得肯定的，但其可操作性较差。因为目前保险的销售模式有：电话销售、网络销售、与其他商业行为共同销售、代理人当面销售四种模式。⑤前三种模式下，时间与空间的约束使得保险人与相对方互动的机会较少，因此很难达到说明义务的实质标准。⑥而且"常人能够理解的解释说明"较为抽象，存在解释上的难题。有时这种模糊可能会成为投保人滥用权利的挡箭牌，而保险人为减轻这种负担会提高保险费，最终还是由诚实守信的投保人和被保险人分担这部分成本，对被保险人的保护为害甚深。

其次，《保险法》第十七条仅规定明确说明义务适用于免责条款，但免责条款的范围如何确定，一直是司法实践中的难题。《保险法司法解释

---

① 参见鲁忠江《保险法第17条司法解释规则评析——基于民法动态规制理论》，《保险研究》2014年第1期。

② 于海纯：《保险人说明义务程度标准研究》，《保险研究》2008年第1期。

③ 杨桦柏：《保险纠纷典型案例评析》，人民法院出版社2004年版，第37页。

④ 《保险法司法解释二》第十一条："保险合同订立时，保险人在投保单或者保险单等其他保险凭证上，对保险合同中免除保险人责任的条款，以足以引起投保人注意的文字、字体、符号或者其他明显标志作出提示的，人民法院应当认定其履行了保险法第十七条第二款规定的提示义务。保险人对保险合同中有关免除保险人责任条款的概念、内容及其法律后果以书面或者口头形式向投保人作出常人能够理解的解释说明的，人民法院应当认定保险人履行了保险法第十七条第二款规定的明确说明义务。"

⑤ 马宁：《保险人明确说明义务批判》，《法学研究》2015年第3期。

⑥ 马宁：《保险人明确说明义务批判》，《法学研究》2015年第3期。

二》将明确说明的范围限定于责任免除条款、免赔额、免赔率、比例赔付或者给付等免除或减轻保险人责任的条款。然而"等免除或减轻保险人责任的条款"依然属于不确定概念，法院依然存在较大的裁量空间。在实务中，除了免责条款外，保险人的关于风险描述的相关条款，保险期间的相关条款①也会对保险人责任产生影响。是否要对这些重要性不亚于免责条款的条款加以明确说明呢？究竟该如何解释说明义务的范围呢？目前还没有一致的意见。

最后，在团体保险中，由于投保人和被保险人不一致，被保险人通常是投保人的员工，而保险人的说明义务的履行对象一直存在争议。是只要向投保人说明还是需要向团体保险的被保险人说明？尚无定论。

笔者认为，合理期待原则的引入能够为上述问题的解释提供一定的方向。如上一节所述，合理期待原则在美国的判例中也包含了对保险人说明义务的要求。因此可以从中选取较为合理的裁判规则及经验并将其融入我国现行法律的解释之中。与此同时，合理期待原则的精神本身对于法律的解释也具有指引作用。在美国，若保险人并未对重要的条款给予提示说明或者该说明使被保险人有理由相信某风险受保险合同保障之时，有些法院会根据被保险人的合理期待支持其保险金的请求，哪怕该条款已经明确排除了此风险。② 而且如前文所述，若保险合同的结构和布局使得被保险人迷惑并有了另外的理解和期待的，法院也可以根据合理期待原则忽略合同文本对被保险人进行保护。③ 由此可见，在美国也提倡保险人的说明应当达到使被保险人对重要条款充分理解且不产生歧义的程度，但这也并不表明保险人对每个重要条款都得解释得非常详尽，因为有些简单的条款不用解释也不会产生其他的理解。笔者认为，从中可以获得启发，关于我国的

---

① 例如，在保险合同中可能会存在保险期间延迟条款，即该保险期间的起始时间并非合同成立、生效的时间，也不是保险公司常用的次日零时生效，而是将保险期间定在被保险人缴纳保险费后一段时间开始，这种期间的描述并不算严格意义上的免责条款，但却对保险责任承担有重大关系，保险人应当予以说明。参见江顺超诉中国平安财产保险公司案。江苏省南通市中级人民法院民事判决书（2013）通中商字第 0477 号。

② William A. Mayhew, "Reasonable Expectations: Seeking a Principled Application", *Pepperdine Law Review*, Vol. 13, No. 2, 1986, pp. 287-289.

③ David J. Seno, "The Doctrine of Reasonable Expectations in Insurance Law: What to Expect in Wisconsin", *Marquette Law Review*, Vol. 85, No. 3, Spring 2002, p. 868.

保险人说明义务的标准，其实可以综合形式标准和实质标准，即对一般理性人不会产生歧义的重要条款，以充分提示以及投保人在声明栏内签名作为说明义务履行的标准。对一般理性人会难以理解、容易产生歧义的重要条款，单单依据字体上加粗等提示符号以及投保人在声明栏内的签名不能直接认定保险人已尽说明义务。需要其他证据补充，例如保险人说明的录音录像且在说明内容上得达到该解释说明不会使一般理性人产生歧义的标准。换言之，对免责条款进行再区分，确立不同的说明义务证明标准，以缓解前文所述之说明义务的实质标准会给保险人过重的履行成本的问题。

  关于说明义务的范围，合理期待原则亦能为说明义务范围的解释提供一定的指引。例如，在泰康人寿保险有限责任公司湖北黄石中心支公司人身保险合同纠纷案中，保险人对保险条款中的"重大疾病"进行了定义并以得病后采取的手术方式对其范围予以了限定，双方对此产生了争议，法院以保险条款中"重大疾病"的定义与一般的理解相比限缩了范围，不符合被保险人的合理期待为由认为其应属于保险人说明义务的范围，而保险人对其未履行明确说明义务，因此合同中对"重大疾病"予以限定的条款不产生效力。[①] 在该案中，法院将合理期待原则作为判断"重大疾病"的定义是否属于"等免除或减轻被保险人责任的条款"的指引标准。对保险人说明义务制度的适用起到一个补充、强化的作用。此种做法是较为合理的。保险合同条款通过对"重大疾病"的定义限缩了"重大疾病"的范围，而一般人若未注意到该条的详细定义则很有可能产生保险公司对任何类型严重疾病都予以承保的合理期待。从这一意义上讲，对"重大疾病"的定义虽然形式上不属于免责条款的范畴，但保险人通过对重大疾病的限缩性定义却实质上限缩了保险人的责任范围，这一定义条款与被保险人能否获得保险保障之间存在着十分密切的关系。而考诸《保险法司法解释二》第九条所做的关于保险人明确说明义务的范围包括"责任免除条款、免赔额、免赔率、比例赔付或者给付等免除或减轻保险人责任的条款"的规定，其主要目的是为平衡保险合同中的信息不对称，防止被保险

[①] 法院认为："投保人投保重大疾病险的真实意思是其基于一般人对重大疾病的理解以获得合理期待，其不知道也不可能知道在治疗'重大疾病'时应采取何种手术方式。因此，当合同条款的约定与日常生活通常理解不一致时，根据保险法第十七条规定，订立保险合同，采用保险人提供的格式条款的，保险人向投保人提供的投保单应附格式条款，保险人应当向投保人说明合同的内容。"参见湖北省黄石市中级人民法院民事判决书（2020）鄂0202民初1983号。

人在不清楚自己所能获得的保险保障的情况下盲目投保。就此而论，对于保险合同中关于重大疾病的限制性定义条款虽然不能直接纳入"责任免除、免赔额、免赔率、比例赔付或给付"的范畴，但鉴于对重大疾病进行限缩性定义必然会产生免除或减轻保险人责任这一直接后果，根据上述司法解释的规范目的，以及保护被保险人合理期待的理念，应当认为对心脏病进行限缩性定义属于上述司法解释所规定的"等免除或减轻保险人责任的条款"的范畴。此外，美国法中关于合理期待原则的实践经验亦能为说明义务的范围提供一定的参考。在美国判例中，其说明的范围不仅应限于免责条款，其他会影响保险人支付保险金的重要的条款均须予以提示说明。除了条款之外，对于保险合同容易引起歧义的结构布局也应当提醒被保险人注意并加以说明以免有歧义。这样的规则充分体现了对被保险人权益的维护，是保护被保险人合理期待的思想在实践中的贯彻。笔者认为可以从中获得启发，在说明义务的范围上，也应当根据合理期待原则，在特殊情形下将《保险法》第十七条的适用范围"等免除或减轻被保险人责任的条款"进行适度扩张：将与免责条款同等重要的条款、容易引起歧义的等与被保险人利益相关的条款、布局等视情况纳入说明义务的范围。这样的解释与《民法典》第四百九十六条第二款第二句规定的"提供格式条款的一方未履行提示或者说明义务，致使对方没有注意或者理解与其有重大利害关系的条款的，对方可以主张该条款不成为合同的内容"也是相互呼应的。《民法典》将格式条款中提示说明义务的范围限定于"与其有重大利害关系的条款"，保险合同系属超级附和合同，其说明的程度、说明的范围理应不小于普通的格式合同。

而关于团体保险中保险人说明义务的对象，若仅仅将保险人说明义务的对象限于投保人，则既不能满足最大诚信原则、契约自由、当事人利益平衡、消费者权利保护以及权利义务对等等法律理念的要求[1]，亦不符合保护被保险人合理期待的原则。因此，在团体保险合同案中，经论证后可以类推适用《保险法》第十七条，明确保险人应向被保险人履行说明义务。

我国《保险法》第十九条规定了格式条款无效的情形，该条旨在调整格式条款的内容，防止保险人利用其优势损害被保险人的利益。从该条的内容看"依法""应承担""加重""应享有"等表述极易产生理解与

---

[1] 涂咏松：《论团体保险之保险人说明义务的履行对象》，《政治与法律》2007年第2期。

适用上的歧义从而在实践中容易产生争议。① 因为，在被保险人看来，任何除外责任或免责条款都可能被认为是对其"依法应享有权利"的排除或者加重其责任。但若均将此类条款认定无效则将违背保险原理，严重影响保险业的发展。鉴于保险合同条款的核心内容是风险责任承担与除外的约定。而除外责任、免责条款等限制保险人责任的条款符合保险原理，于行业内普遍存在。而对被保险人来说，获得保险金赔偿系其主要权利，任何除外责任或免责条款均可能被认为是对其"应享有的权利"的排除。若不以"依法"二字加以限定，则可能会造成该条的滥用，导致大量免责条款无效，从而不利于保险行业的健康发展。② 然而限定了依法之后，依哪些法，其实还是不明确。合理期待原则的引入可以对该条款的解释提供一定的方向："依法应享有权利"不仅仅是指保险法中被保险人享有的权利，还包括消费者权益保护法中消费者的相关权利、宪法中公民的基本权利等与被保险人利益相关的法定权利。例如在（2019）苏01民终4213号案中，秦某购买重大疾病保险，而保险条款对脑垂体瘤附加"并实际接受了手术或放射治疗"的条件。法院认为，这是对疾病治疗方式的限制，其在判决中明确："对于被保险人而言，选择重大疾病保险的目的，是为了在可能发生疾病时，能够得到一定的经济保障，而对治疗方式予以限定，既不符合民众的通常理解，也不符合被保险人的合理期待……本案中，关于脑垂体瘤的释义条款属于格式条款，该条款要求被保险人实际接受手术或放射治疗，排除了被保险人依法选择保守治疗方式的权利，故应属无效条款。平安保险公司据此拒绝给付保险金，缺乏事实和法律依据。"遂依据《保险法》第十九条支持了被保险人的请求。在该案中，选择治疗方式并非保险法中规定被保险人的权利，但却是《民法典》《中华人民共和国基本医疗卫生与健康促进法》规定的法定权利，与被保险人的切身利益相关，若加以排除则不符合被保险人的合理期待。因此，排除该

---

① 在实践中，有些法院认为条款免除的必须是法律作出强制规定应享有的权利或承担的义务，而非双方意思自治约定的权利义务，例如常州胜威塑料有限公司诉中国人寿财产保险股份有限公司案。参见江苏省常州市中级人民法院民事判决书（2018）苏04民终527号。也有法院认为条款免除的并不限于保险人承担的法定义务也包括双方意思自治约定的义务，例如中国人民财产保险股份有限公司孝义支公司与董钦兵财产保险合同纠纷案。参见北京市第二中级人民法院（2018）京02民终3118号民事判决书。

② 参见王静《保险合同法注释书》，中国民主法制出版社2019年版，第149页。

权利属于《保险法》第十九条的规制范围。

值得注意的是，加了"依法"对《保险法》第十九条的适用进行限制后，对于一些法律规定之外的被保险人的合理利益，《保险法》第十九条就无法规制。这时，可以运用合理期待原则对条款的漏洞进行补充。具言之，可以从《保险法》第十九条的目的出发，即保险格式条款无效规则的规范意旨是保护被保险人的利益，维护被保险人的合理期待，若具体案件中的保险条款虽然未排除法定权利，但实质上排除了被保险人的合理期待，且若不适用《保险法》第十九条会造成实质的不公平，产生不良的社会效果，则可以通过类推适用、目的性扩张的方式补充该法律漏洞。合理期待在论证法律漏洞补充的过程中可以起到补充说理的作用。

合理期待原则还可以用来规范不利解释规则的适用。如前文所述，法院在实践中常常会扩大对歧义条款的认定以适用不利解释规则，从而造成对不利解释规则的滥用。其实，一个条款的歧义并非当事人看法不一致，我国法律有规定，"采用保险人提供的格式条款订立的保险合同，保险人与投保人、被保险人或者受益人对合同条款有争议的，应当按照通常理解予以解释。对合同条款有两种以上解释的，人民法院或者仲裁机构应当作出有利于被保险人和受益人的解释"。也就是说，有争议的条款必须经过通常的解释还无法得出一致意见之时，才能认定为歧义条款。可是在司法实践中，法院并未严格按照法律的要求去认定歧义条款。这是我国保险法对被保险人保护的手段不足所造成的。合理期待原则的引入能够引导法院对不利解释规则的解释方向以及适用，使得法院不必通过扩大解释歧义条款的范围，而最终导致不利解释规则适用范围发生不合理的扩大。因此，有了合理期待原则的介入，不利解释规则可以回归其原来的轨道而不必扩大有歧义条款的范围。

合理期待原则还能够对投保人如实告知义务的理解给予一定的引导。我国《保险法》第十六条第一款和第二款规定："订立保险合同，保险人就保险标的或者被保险人的有关情况提出询问的，投保人应当如实告知。投保人故意或者因重大过失未履行前款规定的如实告知义务，足以影响保险人决定是否同意承保或者提高保险费率的，保险人有权解除合同。"而如实告知义务的程度如何一直是学术界和实务界所争议的话题。有些时候保险人往往会以投保人未履行如实告知义务为由解除合同，导致被保险人无法获得其应有的保障。在泰康人寿保险股份有限公司上海分公司与陆芳芳人身保险合同纠纷上诉案中，原告投保泰康两全保险其中包含了重大疾病保险，在保险期间原告被确诊为甲状腺癌，属于保险责任内的重大疾病，被告保险公司认为原告在投保时已经患有右侧甲状腺结节，而原告在投保时未告知该重要事项，且该事项足以影响承保或者费率，因此解除合同退还保费。① 最后，法院支持了原告的请求，否认了被告拒赔的理由。法院认为，被告对原告提交的体检报告疏于核实就作出承保决定，使得原告产生了合理期待，因此不能认定原告未履行如实告知义务。② 诚如前述，法院也是运用了合理期待原则对投保人如实告知义务的限度进行了确定，防止了保险人滥用如实告知义务以损害被保险人的权益。综上所述，根据合理期待原则，投保人告知义务并非将收集风险评估信息的责任完全施以投保人，投保人如实告知义务的范围应以"询问"和"明知"为限，对于"明知"应从主观、客观两方面进行审查；保险人对投保人的告知在特定情形下应负担一定的核实义务，未尽核实义务不得以投保人未如实告知为由进行抗辩。

第四节 本章小结

合理期待原则本身具有多个层次的内涵，它在抽象层面是保护被保险人的法理思想；在具体规范层面，它是规制保险合同的工具。因此，与其内涵相对应，合理期待原则的定位是多方位的，它既是保险合同法中保护

---

① 法院查明，原告填写《个人寿险投保单》，投保单"询问事项第 4 项询问原告'是否在过去 2 年内做过以下一项或几项检查（若是，在备注栏告知检查项目、时间、原因、地点及结果）……'，原告勾选'是'；第 7 项 G 栏询问原告'是否患有、被怀疑患有或接受治疗过以下一种或几种疾病，如甲状腺或甲状旁腺疾病等'，原告勾选'否'。'备注及特别约定栏'载明：'被保人备注：单位每年年检，指标正常。2013 年 10 月 26 日体检医院：瑞慈张江。'"参见泰康人寿保险股份有限公司上海分公司与陆芳芳人身保险合同纠纷上诉案。上海市第一中级人民法院（2015）沪一中民六（商）终字第 605 号民事判决书。

② 根据《个人寿险投保单》的备注栏可知，被告在与原告签订保险合同时，应当知道存在 2013 年 10 月 26 日的体检报告，被告作为谨慎的保险人，应当尽到一定的审查义务。被告在保单中设置对检查事项的询问，主要目的就是进一步核实投保人所作陈述。备注栏的内容即被保险代理人与原告对询问事项中体检事宜的进一步明确，被告保险代理人在操作过程中，只需审查体检报告，也没有不合理增加被告的负担……同时，原告已经主动告知被告体检事宜，可见原告并无隐瞒之意，而被告疏于作出适当的核实，就作出承保决定，使原告产生合理期待。

被保险人的核心原则，又是保险合同的解释工具以及保险合同的规制方式，从一般到具体，全方位地解决被保险人的保护问题。作为基本原则，它与我国保险法现有的基本原则相比，具有独立存在的价值，能够更直观地体现被保险人保护的内涵。虽然最大诚信原则、损失补偿原则均与被保险人的保护相关，然而它们在内涵上对被保险人的保护并不直观，在一些具体的问题上它们相较于合理期待原则没有办法给予直接的理论引导。作为保险合同规制的工具，它与我国的说明义务制度在功能上既存在重合又能相互补充。合理期待原则本身也包含了对保险人明确说明的要求，在具体说明的标准和范围上两者有一定的区别，除此之外它还包含了对内容的控制，能够在一定程度上弥补说明义务的不足。在其与格式条款无效的规则的关系上，合理期待原则调整的条款范围较广，不但包括了明显带有压迫性质的条款还包括了不合理但并没有到明显压迫程度的保险范围条款、除外责任条款。在与不利解释规则的关系上，合理期待原则作为不利解释规则的重要补充，能够克服法院创造疑义而适用不利解释的缺点，对被保险人给予更加全面的保护。在与显失公平的关系上，两者无论在规制的范围还是规制的角度上均存在不同。在与欺诈、重大误解的关系上，两者虽然在目的上有共通之处，然而由于其概念以及法律效果的不同，两者无法相互替代。根据合理期待原则的定位以及合理期待与各个规则原则的关系，笔者建议从理论、立法、司法三个方面融入合理期待原则。在理论上将合理期待原则列为保险法的基本原则之一。在立法上，将保护被保险人合理期待的理念渗透于各个条文之中，使其成为立法者在立法时重点考虑的因素之一，并将其在保险法总则与保险合同解释规则之中予以明确。在司法上，将保护被保险人合理期待作为价值引导，发挥其补强说理功能，达到补充、强化法律论证的目的，使说理更加符合事理逻辑，使同等情况下法官作出有利于被保险人的选择成为可能和必要。在适用现有保险法条文时也可以对法律中的模糊概念作出符合保护被保险人合理期待理念的解释。

第四章

合理期待原则在格式条款规制中的展开
——对被保险人保险金请求利益的保护

上一章讨论了合理期待原则在我国保险法中的定位，并简要对比了合理期待原则与我国现有规范的异同，尝试规划其本土化的路径：将其列为保险法的基本原则，立法上融入合理期待原则，在司法实践中将合理期待原则运用于法律解释、漏洞补充。本土化的最终目的是更好地从法律上对被保险人相关的制度进行完善，弥补我国现行保险法的不足。如第一章所述，目前我国保险法在宏观上欠缺保护被保险人的基本原则，在具体的规范层面，现行的法律在针对被保险人受格式合同侵害而无法获得保险金赔付的问题上提供的解决手段依然有限，在针对被保险人无法获得有效的保险保障或维持保险保障的问题上也没有给予足够的制度上的支持。因此，无论是在立法中融入合理期待原则还是在法律适用中运用合理期待原则进行指引均需以上述问题为导向。

其中，规制格式条款以确保被保险人的保险金请求利益一直是被保险人权益保护的核心。虽然上一章就我国保险法在合同规制手段不足的问题上提出在立法上确立合理期待原则，以补充不利解释规则，以及将合理期待原则融入对保险人说明义务、格式条款无效规则的解释的建议，然而保险格式合同的规制本身就较为复杂，仍需要对其进行进一步的探讨。例如，笔者于上一章建议在保险法总则中确立合理期待原则，以及在《保险法》第三十条中增加一款："采取以上方式解释的结果明显违背保险目的或明显对被保险人不公平的，应当根据被保险人的合理期待予以解释。"但是该建议较为抽象，具体在司法实践中如何适用合理期待原则的情形，以及如何判断被保险人的期待是否合理，均有待进一步厘清，以使司法工作人员有据可循。此外，上一章有提到，我国的说明义务等制度也包含了合理期待原则的内容。因此，在有些时候，可以直接适用说明义务、格式条款无效等具体规则，而不需直接适用合理期待解释原则的法条，以避免向一般条款逃逸。具体如何厘清两者之间在法律适用中的关系，使之更好地服务于被保险人保护相关的司法实践也值得进一步的探讨。

鉴于此，本章将重点就合理期待原则在合同规制方面的具体问题进行进一步展开。

第一节 合理期待原则的适用主体

合理期待原则在格式合同的规制上发挥着重要的纠偏作用，但是在适用的过程中，依然存在许多疑惑和问题，合理期待原则的适用主体就是其中之一。合理期待原则是否适用于所有被保险人？当被保险人是很精明的商人或者保险专业人员之时，合理期待原则是否还有适用的空间呢？美国有不少法院认为，合理期待原则不能适用于被保险人是大企业或是专业人员的情形。例如在 Proctor&Gamble Co. 案中，法院认为原告的公司本身就是保险合同的共同制定者，在这份合同中，保险合同附和性的特征不明显。被保险人是一家公司且设有保险部门并拥有自己的律师，这些特征均会影响着他们对保险条款的选择。[1] 当然，也有的法院坚持客观理性人的标准，例如在 Karol 案中，保险人主张除外条款对被保险人生效，因为被保险人是个精明的律师并且他已经阅读了保险条款，但是法院却认为："我们不需要考虑被保险人的精明程度以及他本人是否理解保险条款的意思。目前本州的法院承认的是客观理性人标准，即依照一个普通外行人大致浏览合同后所产生的期待去解释合同。"[2] 在 Moessner 案中，法院认为在保险合同中，老练精明的被保险人和普通的被保险人本质上没有区别，他们的意思均受保险合同附和性的限制，均有可能对保险合同的条款产生误解。[3]

正如 Proctor&Gamble Co. 案所言，与普通的民众以及消费者相比，通常大企业拥有对风险防控的专业人员，他们擅长去选择对他们有利的保险

---

[1] Northbrook Excess&Surplus Insurance Co. v. Proctor&Gamble Co. 924 F. 2d (7th Cir. 1997).

[2] Karol v. New Hampshire Insurance Co., 414 A. 2d. 939, 941 (N. H. 1980).

[3] Reliance Ins. Co. v. Moessner, 121 F. 3d 895, 905 (3rd Cir. 1997).

产品，而且大企业通常有法律顾问去协助他们协商、签订商业保险合同。这样的差异一定会导致他们对保险合同的认识和一般的人不同。除了企业和个人的因素之外，被保险人的专业背景、精明程度也会影响其对保险合同以及风险的认知。例如，一个商人，哪怕他的公司规模不大，通常他也会有一定的与他的业务相关的风险防范知识。一个乔木高枝修剪工，他应该能够意识到从高处摔落撞到电线的危险，因此他也会有意识地去专门关注承保这方面风险的保险。① 在 Minnesota Mutual Fire 案中，法院驳回了被保险人的请求，法院认为保险合同清晰无歧义且被保险人是专业的公共会计师，他们无须很费力地阅读就能轻易地理解合同的意思。②

笔者认为，关于合理期待原则完全不适用于被保险人是大企业或精明的专业人员之情形的观点是不合理的。因为，合理期待原则是基于保险合同的附和性产生的，被保险人面对保险合同，其通常没有协商和选择的余地，很容易受格式条款的侵害。就算被保险人是有经验的专业人员或精明的商人，在大多数情况下他们都无法左右保险条款的设置，他们只能选择接受或不接受，因此他们同样有可能受到不合理格式条款的侵害。只不过他们有一些专业的经验，更容易发现合同条款中所隐藏的问题，在选择保险产品之时相较于一般的消费者而言有一定的优势。如果仅仅因为这个特征，就不认可对其合理期待的保护，那必将造成不公平的后果，亦不符合合理期待原则本身的目的。而且，保险人也没有在保险条款之中根据被保险人的精明程度进行区别对待，而法律却将精明的被保险人排除于合理期待原则的适用范围之外，显然不合理。③ 依笔者之见，此类观点其实混淆了合理期待的适用主体与合理期待的标准之间的关系。诚然，精明专业的被保险人与普通的门外汉对保险合同条款的合理期待是有区别的，但这并不意味着精明的被保险人就不在合理期待原则的规制范围之内，他们两者之间只是合理期待的标准不同。例如在前述的 Minnesota Mutual Fire 案中，法院驳回被保险人的请求只是因为法院认为不应该将一般理性人的期待等

---

① John Dwight Ingram, "The Insured's Expectations Should Be Honored Only if They Are Reasonable", *William Mitchell Law Review*, Vol. 23, No. 4, 1997, p. 830.

② Minnesota Mutual Fire & Casualty Insurance Co. v. Manderfeld, 482N. W. 2d 521, 527 (Minn. Ct. App, 1992).

③ Brotherhood Mut. Ins. Co. v. Roseth, 532 N. E. 2d 354 (Ill. App. Ct. 1988).

同于专业人员的期待。[①] 被保险人在充分阅读且理解条款的前提下签订了合同，那么他超出合同文本范围的期待则不应认定为合理的期待。因此，合理期待原则在通常情况下还是适用于精明老练的被保险人。

但值得注意的是，在一些特殊的情形下，合理期待原则并不适用于被保险人是精明老练的主体的情形。原因在于，合理期待原则本身是为了调节因保险合同的附和性而导致的被保险人意思无法在保险合同中充分体现的现象，旨在维护当事人的意思自治。通常情形下，被保险人的智力、能力并不会影响其在保险格式合同中的弱势地位。但在特殊的情形之下，被保险人由于自身能力很强，在合同订立中已经能够影响一些条款的约定，这时他已经不是处于一般消费者的地位而是合同的共同制定者，保险合同的附和性在该情境中变得不明显了，此时就不应适用合理期待原则对合同进行解释或规制。[②] 在判断这是否属于特殊情形时，通常应当从以下几个方面进行考虑：（1）关注保险经纪人的活动。保险经纪人通常被认为是投保人的代理人，他们与投保人、被保险人的目的是一致的，因此他们通常会提供信息帮助被保险人进行协商和选择。然而有些时候，保险经纪人并非绝对诚信的，可能会因为一些外界因素的影响，与保险人相联合。[③] 因此不能仅仅因为有保险经纪人的加入就认定被保险人参与协商并起草了保险合同条款，需要综合考虑保险经纪人的行为，作出判断。[④]（2）关注律师的行为和活动。与保险经纪人类似，律师对于被保险人一方是非常重要的。律师通常具有一定的专业能力，在协商、订立保险合同的过程中能够起到很大的作用。但这并不意味着只要有律师加入，合理期待原则就不适用。因为有些时候律师仅仅是提了一些建议，并没有充分参与到合同的协商与条款的起草之中。这时，被保险人虽然有律师的协助，但其在保险合同中的弱势地位并没有因此而改变，依然是被动地接受

[①] Minnesota Mutual Fire & Casualty Insurance Co. v. Manderfeld, 482N.W.2d 521, 527 (Minn. Ct. App, 1992).

[②] Jeffrey W.Stempel, "Reassessing the 'Sophisticated' Policyholder Defense in Insurance Coverage Litigation", *Drake Law Review*, Vol. 42, No. 4, p. 850.

[③] Jeffrey W.Stempel, "Reassessing the 'Sophisticated' Policyholder Defense in Insurance Coverage Litigation", *Drake Law Review*, Vol. 42, No. 4, p. 850.

[④] Jeffrey W.Stempel, "Reassessing the 'Sophisticated' Policyholder Defense in Insurance Coverage Litigation", *Drake Law Review*, Vol. 42, No. 4, p. 850.

保险人提供的合同。因此合理期待原则在此情形下依然适用。如若被保险人一方的律师参与起草了条款，那合理期待原则就难以适用。① （3）协商的程度。有些时候被保险人参与了协商，也不能直接认定合理期待原则适不适用，哪怕是一些手写的保单也不能完全排除合理期待原则适用的可能性。因为有些协商只是表面上的，实际上整个协商过程还是由保险人主导的，在协商过程中被保险人依然处于弱势的地位，其可能受到保险人的误导而签订该合同。② 因此，应当重点关注被保险人协商的事实，不宜一概而论。

在美国的判例中，法院在合同解释中作出不利于保险人的解释时，若保险人以被保险人是精明老练的专业人士抗辩，法院会让保险人提供充分的证据证明被保险人充分参与了对该条款的协商与起草。③ 例如在之前 Proctor&Gamble Co. 案中，法院认定被保险人是合同的共同制定者，是基于其中一个证据：被保险人律师的一封信件中有提到本案的争议条款是被保险人参与制定的。④ 法院提出此证明要求也是为了明确此时的被保险人已经不是一个被动接受合同的保险消费者，而是与保险人平等的缔约者。

第二节 合理期待原则的适用情形

第二章已经论及，合理期待原则在适用情形上，美国各个州的法院有不同的版本。有些州只承认合理期待原则在歧义条款中的适用，有些州则承认合理期待原则在非歧义条款中的适用并对其适用条件予以了一定的限定。例如，为避免明显不公平的结果而适用，为维护保险的目的而适用，基于保护第三人利益的价值考量而适用。应该说这些适用情形均有其合理性，可以作为衡平法上的原则对现有的解释规则予以补充以实现个案正义。在上一章笔者也在立法建议中简要归纳了合理期待原则的适用情形："采取以上方式解释的结果明显违背合同目的或明显对被保险人不公平的，应当根据被保险人的合理期待予以解释。" 然而明显违背合同目的、

---

① Travelers Indem. Co. v. United States, 543 F. 2d 71（9th Cir. 1976）.
② Kinney v. Capitol-Strauss, Inc., 207 N. W. 2d 574, 577（Iowa 1973）.
③ Ogden Corp. v. Travelers Indem. Corp., 681 F. Supp. 169, 173-74（S. D. N. Y. 1988）.
④ Northbrook Excess&Surplus Insurance Co. v. Proctor&Gamble Co. 924 F. 2d（7th Cir. 1997）.

明显对被保险人不公平等均较为抽象，鉴于美国在合理期待原则的使用上已经有丰富的实践经验，笔者在此将通过美国的判例进一步阐明其内涵，厘清合理期待原则在我国的适用情形，使得法官在处理案件之时有所参照。值得注意的是，我国的说明义务、格式条款无效规则等制度在功能上与合理期待原则存在重合。因此，在以美国判例讨论合理期待原则的适用情形之时要结合我国法的背景，对于与我国现行制度重合的情形，应当从适用情形中剔除，以避免冲突。

一 歧义条款中对不利解释规则的辅助

如第三章所述，合理期待原则能够引导司法实践中法院对不利解释规则的适用与解释，那么它是否能直接适用于歧义条款的解释之中呢？笔者认为，应当承认合理期待原则在歧义条款中适用的合理性，但不能动摇不利解释规则的优先地位。因为合理期待原则是衡平意义上的原则，其主要是基于法律对实质正义的追求而产生的。它的功能并非取代传统保险法的规则而是协助保险法的现有规则，使其能够更加全面地应付实践中的问题，且两者对歧义条款的解释虽然在理论上、机理上存在差异。但在实践中，两者因内在机理所造成的实际差异是微乎其微的。因此笔者认为，在歧义条款中，应直接适用不利解释规则，不必另行适用其他规则，合理期待原则在不利解释规则的适用中可以以法理阐释的方式存在，起到价值宣示的功能，用以补充说明不利解释规则适用的合理性。事实上，我国已有司法判例在适用不利解释规则的过程中从被保险人合理期待的角度进行说理。例如在（2015）渝五中法民终字第02073号案中，法院在裁判理由中就运用合理期待原则来进一步论证作出对保险人不利解释的合理性，该案双方争议的焦点在于被上诉人雍某逾期提交"身体条件证明"的行为是否符合双方保险合同约定的"持未按规定审验的驾驶证"免责情形，上诉人人保万盛支公司能否据此免赔。从该条款的文义上来看，本案中持未按规定审验的驾驶证应包含未在规定期限内提交身体条件证明等审验要件即视为未按规定审验和未参加审验、未通过审验才视为未按规定审验两种理解。法院在裁判中认为："根据《合同法》第一百二十五条之规定'当事人对合同条款的理解有争议的，应当按照合同所使用的词句、合同的有关条款、合同的目的、交易习惯以及诚实信用原则，确定该条款的真实意思'。而《保险法》第三十条则规定'采用保险人提供的格式条款订立的保险合同,保险人与投保人、被保险人或者受益人对合同条款有两种以上解释的,应当作出有利于被保险人和受益人的解释'。据此,免责条款含义的解释,应从有利于被保险人的角度出发。本案中,被上诉人雍某虽未在驾驶证载明的期限内即每年7月向交管部门提交'身体条件证明',但根据重庆市交通管理局车辆管理所2014年10月9日出具的《接收'身体条件证明'回执》载明的内容,其已收到雍某的《身体条件证明》,并已录入计算机管理系统中,下次提交日期:2015-07-05。该回执并未对雍某延期提交身体条件证明提出异议,亦认可雍某的身体条件符合驾驶相应机动车要求,其效力可溯及至本案所涉两次交通事故发生之时。其次,从投保人的合理期待、合同目的、诚实信用原则来看,投保人希望通过订立保险合同,在保险事故发生时得到理赔,从而减少损失。虽然其在事故发生时持有的驾驶证未按期向交管部门提供'身体条件证明',但在其事后补交'身体条件证明'被交管部门认可的情况下,投保人要求保险人理赔事故损失,属于合理期待……"① 又如在(2020)鲁17民终1855号案中,法院适用《保险法》第三十条不利解释规则②进行了分析论证,认为不应将电动三轮车解释为机动车,该案不属于免责条款所规定的情形。但除此之外,法官又在裁判理由中提及了合理期待,法院认为:"案涉免责条款以及保险条款中的释义中均未对机动车的认定标准作出明确的、区分性的规定,投保人、被保险人或受益人根据其日常生活经验法则来对机动车的范围作出解释,既在其合理期待范围之内,也符合公平和诚实信用原则。"③

综上,在歧义条款的适用中,法官不能越过不利解释规则而直接适用后一位阶的合理期待原则。因此,在歧义条款解释中,合理期待原则应居于辅助地位,用以宣示保护被保险人合理期待的价值,并为不利解释规则的适用提供进一步的理论依据。

---

① 参见重庆市第五中级人民法院(2015)渝五中法民终字第02073号民事判决书。
② 在该案中,被保险人因驾驶电动三轮车遭遇意外伤害而向保险公司索赔。保险公司以被保险人无证驾驶机动车属于免责情形为由拒赔,双方就机动车的解释产生争议。参见山东省菏泽市中级人民法院(2020)鲁17民终1855号民事判决书。
③ 参见山东省菏泽市中级人民法院(2020)鲁17民终1855号民事判决书。

二 对被保险人明显不公平

前文所述的"采取以上方式解释的结果明显违背合同目的或明显对被保险人不公平的,应当根据被保险人的合理期待予以解释"中"明显对被保险人不公平"应如何理解?第二章有提到,在美国,许多法院运用合理期待原则去避免明显不公平的结果。[1] 这些法院有时会为了实现公平正义而无视合同条款的明确规定。[2] 因为,保险合同属于超级附和合同,保险人对于保险合同条款有着非常大的主导权和控制权,他们知道这个行业的运行原理以及每个风险决定的细节。[3] 而且保险人其实已经意识到被保险人通常不会仔细阅读保险合同条款,因此法院必须对保险合同进行干预以保证其公平合理。[4] 也提到了其中的不公平主要包括三种类型的不公平。(1) 程序不公平:例如保险营销引起的被保险人相信某风险在保险保障的范围之内,即便保险合同条款将其排除在外。(2) 结构不公平:例如保险合同的结构和布局使得被保险人产生迷惑,有了另外的理解和期待。(3) 特殊情形的不公平:这个保险条款对于特定被保险人而言有明显的不合理之处。[5] 第三章对比了几种适用情形和保险人说明义务的差异,发现两者存在很大程度的重合。其主要差异在于合理期待原则对保险人说明的要求更为灵活,且关注的因素更多。因此,此处的"对被保险人明显不公平"不应完全照搬美国的适用情形进行解释,应具体分析美国合理期待原则的适用经验中哪些是可以被我国现有规则所直接涵盖或者可以通过解释的方式纳入现有规则的适用范围,再进一步确定其具体的内涵。

(一) 程序不公平

程序不公平是指在整个保险的缔约、履行过程中因交易双方主体的实

---

[1] Mark C. Rahdert, "Reasonable Expectations Revisited", *Connecticut Insurance Law Journal*, Vol. 5, No. 1, 1998, p. 126.

[2] Mark C. Rahdert, "Reasonable Expectations Revisited", *Connecticut Insurance Law Journal*, Vol. 5, No. 1, 1998, p. 127.

[3] Mark C. Rahdert, "Reasonable Expectations Revisited", *Connecticut Insurance Law Journal*, Vol. 5, No. 1, 1998, p. 127.

[4] Mark C. Rahdert, "Reasonable Expectations Revisited", *Connecticut Insurance Law Journal*, Vol. 5, No. 1, 1998, p. 128.

[5] David J. Seno, "The Doctrine of Reasonable Expectations in Insurance Law: What to Expect in Wisconsin", *Marquette Law Review*, Vol. 85, No. 3, Spring 2002, p. 868.

力和地位不均等而引发的不公平，这是保险合同关系中常见的现象。因为在许多情况下，保险人往往主导了整个交易过程，无论在宣传上还是协商上被保险人均处于听之任之的弱势地位，以至于最后被保险人常常难以如愿获得保险金。其中的典型例子即保险营销引起的被保险人相信某风险在保险保障的范围之内，即便事实上保险合同条款将其排除在外。[①] 之所以将其列为典型，是因为保险营销是保险交易过程中的一个重要环节，而在该环节中被保险人与保险人存在明显的信息不对称，非常容易造成之后被保险人无法获得预期保障的不公平现象。

在现实生活中，保险人的广告、保险人和保险代理人的推销对于被保险人选择是否签订保险合同有很大的影响。广告和推销的夸大宣传会导致被保险人对保险合同保障范围的过高期待，但实际的合同往往并不似广告宣传一般美好，总是会出现合同中的约定与广告宣传不一致的情形。有些时候保险公司的营销模式也会导致被保险人产生与保单约定不一致的合理期待。这里的程序不公平有可能是保险人直接引起的；也可能是保险人间接引起的；也有可能该不公平情形不归咎于任何一方，是交易本身的信息不对称引起的。[②]

由保险人直接引起不公平状态的典型判例是 Klos 案。在 Klos 案中，法院支持了被保险人的请求，判决保险人承担保险责任，其主要的理由就是保险人的邮件推销书里的内容引起了被保险人的合理期待。[③] 在该案中，保险人通过邮件向被保险人发出意外险的保险推销书，保险推销书里对保险的范围，以及投保后的具体履行程序等写得清楚明白，对被保险人而言并没有其他协商的余地。简言之，被保险人除了决定是否投保以外，并没有任何需要考虑的事情了。这足以让被保险人认为只要投保并支付保费，即可获得保险的保障。因此法院认为，保险人的电子推销书，对于被保险人而言已经构成要约，被保险人的投保行为构成承诺，保险合同成

[①] David J. Seno, "The Doctrine of Reasonable Expectations in Insurance Law: What to Expect in Wisconsin", *Marquette Law Review*, Vol. 85, No. 3, Spring 2002, p. 868.

[②] 在此笔者把保险人代理人的行为也归入保险人的行为之中，因为保险代理人是根据保险人的委托授权，代理其经营保险业务并收取代理费用的人，其法律效果归于保险人。

[③] 在该案中，被保险人投保之后并支付了保费，在保险单签发之前发生意外事故，保险人以未签发保单，合同未成立为由拒赔。Klos v. Mobile Oil Co. 259A. 2d. 889（1969）.

立。① 在该案中，保险人并没有刻意误导被保险人，但是其推销的模式以及推销书里的语言使得被保险人产生了信赖和期待。

保险人间接引起不公平的典型判例是 Laches 案。在该案中，被保险人乘坐飞机在航班前的一个机器上购买了保险，但该保险有除外条款写道，其保险的范围不包括不定期的航班。之后飞机失事，保险公司以被保险人所乘航班是不定期航班为由拒绝赔付。法院依然判决保险公司赔偿保险金，原因在于，虽然保险合同中有明确写明保险范围，然而该机器就在不定期航班的前面，让一般人产生合理期待认为其航班应当在保险的范围之中。② 在该案中，保险人没有直接通过营销手段使得被保险人产生信赖和期待，但其将出售保险的机器放于不定期航班口的前方，足以使得一般理性人认为其涵盖了对不定期航班的保障。

有些时候，这种不公平也并非保险人直接或间接引起的，而是保险交易过程本身的信息不对称造成的。例如保险产品的名称也可能对被保险人产生误导。有些保险名为"一切险""综合险"，但实际的承保范围又并非如此，保险人也没有对其进行详细解释。③ 目前该情形也属于程序不公平中的一类。

那么，上述情形中哪些属于我国现有规范的规制范围，而哪些需要额外适用合理期待原则以发挥补充功能呢？对于前述因营销因素导致不公平的情形，我国《保险法司法解释二》第十二条也有相关的规定："通过网络、电话等方式订立的保险合同，保险人以网页、音频、视频等形式对免除保险人责任条款予以提示和明确说明的，人民法院可以认定其履行了提示和明确说明义务。"其对通过网络、电话方式订立保险合同时保险人说明义务的履行方式予以了明确。但值得注意的是，该条款并无法涵盖前述关于保险人间接引起不公平的情形。我国《保险法》中的说明义务规则以及相关司法解释还未能系统地关注被保险人意思形成的机理。而合理期待原则关于系统性关注被保险人意思形成因素的理念恰好能填补此不足。因此，对于前述这一类情况，在缺乏现有规范的情况下，可以运用合理期

---

① Klos v. Mobile Oil Co. 259A. 2d. 889, 894 (1969).
② Laches v. Fidelity&Casualty Co. of New York, 118 N. E. 2d. 555 (1954).
③ 谢冰清：《保险法中合理期待原则适用规则之构建》，《法学杂志》2016 年第 11 期，第 117—125 页。

待的原理去解释被保险人的意思,并通过适用合理期待原则来进行矫正。

此外,我国保险人的说明义务范围目前仅限于免责条款,对于免责条款之外的内容,例如保险合同名称、保险合同的定义条款形式上虽不是免责条款,但在实践中其内容却常常实质性地限缩了保险人承担责任的范围。[①] 例如在王某诉某保险公司重大疾病保险合同案中,王某购买某保险公司的重大疾病险,但该保险中对重大疾病的范围仅限定为十种,这一限定远小于常人所理解的重大疾病范围。其中,脑中风虽属于重大疾病的范围,然而其在后面的释义中描述的脑中风已不是常人所理解的临床医学上的脑中风,而是脑中风后遗症。[②] 保单中虽有"本人对保险条款的各项规定均已了解""业务员已对您如实讲解了保险条款,您对保险条款中列明的保险责任和责任免除规定已完全了解",但也没证据证明保险人将其条款解释清楚,最后法院支持了被保险人的请求,其适用的法律是《合同法》第四十一条与《保险法》第十七条、第三十条的不利解释规则。但其实该条款并无文字上的歧义,其本质上还是运用合理期待原则的思想进行裁判,因为条款的限缩违背一般人对于脑中风的认知,显然不符合被保险人的合理期待。从文义上来看,上述条款形式上似乎不属于免责条款的范围。但值得注意的是,《保险法司法解释二》第九条第一款规定:"保险人提供的格式合同文本中的责任免除条款、免赔额、免赔率、比例赔付或者给付等免除或者减轻保险人责任的条款,可以认定为保险法第十七条第二款规定的'免除保险人责任的条款'。"若保险合同的名称、定义条款、条件条款在名称上引人误导,或实质上限制了保险责任的范围,那么根据合理期待原则,应该解释为"等免除或减轻保险人责任的条款"的范围。

因此,笔者认为,对于程序不公平的情形,应将其融入对我国现有规则的解释中作为主要借鉴方式,对于因营销方式、广告方式造成的误导,可以类推适用保险人说明义务,若不存在类推适用、目的性扩张的可能,则可以在穷尽现有的具体规则之后直接适用合理期待原则予以矫正。

[①] 参见何丽新、王鹏鹏《论合理期待原则对保险合同解释的司法适用》,《厦门大学学报》(哲学社会科学版) 2017 年第 6 期。

[②] 江苏省连云港市中级人民法院 (2005) 连民二终字第 36 号民事判决书。

（二）结构不公平

结构不公平，是指因为保险合同本身的布局而引发的不公平结果。[1]

如第二章所述，在美国新罕布什尔州最高院裁判的 Atwood 一案中，[2] 保险合同的第一页的大标题下就写明了保险公司承担责任险的范围系"被保险人依法承担的人身损害赔偿责任以及财产损害赔偿责任"，且这个部分非常显眼，让一般阅读的人都认为保险合同保障任何他依法承担的责任。[3] 而除外条款是夹在另外两个标题之间的位置，一般人要读好多遍才能注意到。而且除外条款本身又有好多个子条款，本案中的除外责任条款夹在其中一个很不显眼的地方，也没有明确的标记标注。[4] 因此法院认为，这样的布局无法让一般的理性人能够合理期待自己在完成工作之后发生的损失责任是无法得到保障的。法院还请了一个有经验的保险代理人来作证，最终发现哪怕一个有 20 年经验的保险代理人在阅读这个文本的时候都很容易认为保险保障的范围包括了工作之后发生的责任，更何况一般的电工。[5] 最终法院判决保险公司给付保险金。该案在我国法的背景下，可以适用保险人的说明义务，虽然法律没有规定保险人对结构的提示说明，但法律规定了保险人对免责条款的说明，若保险人就除外条款给予提示说明，那么这个结构也不会引起被保险人的误导。

在 Schmidt 案中，保险公司在意外伤害险中设计了一个限制性条款："必须在发生保险事故后 20 天内申请保险金。"而这条限制性条款是在保

---

[1] Mark C. Rahdert, "Reasonable Expectations Revisited", *Connecticut Insurance Law Journal*, Vol. 5, No. 1, 1998, p. 145.

[2] 一个电工修理了一个公寓房里的恒温器，第二天一个小孩因热虚脱而死亡，然而电工曾经投保的保险公司拒绝承担责任理赔，因为保险合同中有一个除外条款排除了在工作完成之后发生的损害责任。法院认为一个正常理性的电工都会相信，他工作中因过失承担的责任在保险合同保障的范围之内。Atwood v. Hartford Accident Indemnity Co. 365 A.2d 744, 747 (N.H.1976).

[3] Atwood v. Hartford Accident Indemnity Co. 365 A.2d 744, 747 (N.H.1976).

[4] 在分析过程中，法院对比了案情类似的 Peerless 案，在该案中，除外条款同样是在很不显眼的地方，也没有明确的标注，最后法院作出了和本案相同的判决。See Peerless Ins.Co.v.Clough, 193 A.2d.444 (1963).

[5] Atwood v. Hartford Accident Indemnity Co. 365 A.2d 744, 749 (N.H.1976).

单中一个不显眼、不符合常理的一个位置。① 从保单的内容看，这条重要的限制条款也没有重点标注和提示。② 之后法院适用了合理期待原则认为该条款对被保险人无拘束力并最终支持了被保险人的诉讼请求。该案中的限制条款单从内容上看，虽然有些严苛，但也并没有明显的不合理之处，因为越早申请保险金，越能准确地核实损失。我国《保险法》的说明义务规则有关于保险人对于免责性条款应予以提示说明的规定。因此，只要保险人尽了提示说明义务，一般不会出现因结构不合理而导致不公平的问题。但存在疑问的是，像 Schmidt 案中的限制性条款在我国是否属于保险人提示说明义务的对象，即其在我国法律中是否属于免责条款？从字面意思上看，该条款在形式上其实不属于免责条款，其描述的是申请保险金的前置程序，属于条件条款。但值得注意的是，在我国法的背景下，虽然这类保险金申请的前置条件条款形式上不属于免责条款，但我国在司法实践中，法院也适用保险人说明义务规则加以规制。如在（2016）苏 09 民终 973 号案中，互联网卡单保险的条款约定"在约定期间内激活，保险合同自激活后三日内生效"，但在激活到生效前发生的保险事故，保险人是否应该承担保险责任？在判例中法官使用了保险人说明义务规则以及格式条款无效规则否认了该条的效力③，其在裁判中还提道："虽然这种条款将保险责任的开始时间后延，使保险合同成立后的一定时间内形成了保险责任空白，这与投保人意思不符，违背了投保人的合理期待。"④ 笔者认为，法院这样的适用是合理的，免责条款范围根据《保险法司法解释二》第九条的规定，限定于"责任免除条款、免赔额、免赔率、比例赔付或者给付等免除或者减轻保险人责任的条款"。保险合同之中对保险合同的生效或者保险金的赔付设置条件的条款，虽然不是形式意义上的免责条款，但其实质上增加了赔付的难度。具体来说，条款中关于条件不满足则保险合同不生效或保险人不予赔付的内容，其本质上减轻了保险人的责任，且与一般的被保险人投保后即可享受保险保障的理解是不一致的。此时，基于

---

① 保险人在保单开头还在许诺这个保险的期间是 12 个月，但到了中间突然插入了这个限制条款说明非常重要的保险金申请期限，然后下一句又开始强调这个保险的优势并许诺给被保险人以充分的保障等。参见 Schmidt v. Pacific Mut. Life Ins. Co. 74 Cal. Rptr. 367（1969）。

② Schmidt v. Pacific Mut. Life Ins. Co. 74 Cal. Rptr. 367, 368（1969）.

③ 参见江苏省盐城市中级人民法院（2016）苏 09 民终 973 号民事判决书。

④ 参见江苏省盐城市中级人民法院（2016）苏 09 民终 973 号民事判决书。

保护被保险人合理期待的原则,应当将其纳入"等免除或减轻保险人责任的条款"的范围。笔者认为,法院将合理期待原则以法理阐释的方式融入保险人说明义务的适用之中的做法值得赞同。因此,对于结构不公平的情形,一般可以通过将合理期待原则融入对说明义务规则的解释之中的方式,适用保险人说明义务规则去解决。其不必直接适用合理期待原则的条文。

(三) 特殊情形的不公平

特殊情形的不公平,是指某个保险条款在一般情形下是合理的,但对于争议案件中的特定被保险人而言是不公平的。

较为典型的是第二章所提及的 Gordinier 案。在该案的保单中载明的受保险保障的主体范围是:"(1) 记名被保险人本人以及记名被保险人的家人;(2) 其他的使用被保险车辆的人。"① 该合同上,原告的丈夫为记名的被保险人。之后原告和丈夫分居,有一次她坐朋友开的车结果受伤,她向保险公司要求索赔。保险公司拒绝,保险公司的理由是保险合同中有一个条款,对于记名被保险人的家人有限定即"居住在一起的人"。② 而原告在发生保险事故之时已经和记名被保险人分居,且她的车也不是承保的车辆,因此无法获得保险金给付。亚利桑那州的最高法院最终支持了原告的请求。③ 最高法院认为,保险公司设置该条款的目的是防止过分扩大承保的范围,因为家庭成员的范围很大,哥哥、弟弟、祖父、祖母等,如若均包括进去则风险无法预料,在通常的情形下,保险公司作此限定是合理的。然而,该案是将其配偶排除在家庭成员之外,虽然他们已分居但并未真正离婚,如果仅仅因为其未共同居住而将其排除在家庭成员之外,显然也不符合订约之初的合理期待。因此,即使条文清晰明确,也应当适用合理期待原则支持原告的请求判决保险人给付保险金。

---

① 原告和她的丈夫在婚后购买了一辆车并且投保了保险。保险合同上明确了在受到意外事故或者因未保险的车辆而受伤之后能够获取赔偿的被保险人的范围。Gordinier v. Aetna Casualty & Surety Co., 154 Ariz. 266, 742 P. 2d 277 (1987).

② Gordinier v. Aetna Casualty & Surety Co., 154 Ariz. 266, 742 P. 2d 277 (1987).

③ 上诉法院认为,该保险公司的条款清晰明确,原告已经和记名被保险人分居很久,不符合保险合同中家庭成员的限定条件,因此判决保险公司胜诉。之后最高法院又对该案进行了改判,判决被保险人胜诉。Gordinier v. Aetna Casualty & Surety Co., 154 Ariz. 266, 742 P. 2d 277 (1987).

对于上述类似情形，在我国的司法实践中，法院一般通过适用《保险法》第十七条说明义务规则和《保险法》第十九条加以规制。在阮某与中国人民财产保险公司案中，保险合同关于责任免除载明："被保险人无有效驾驶证驾驶或驾驶无有效行驶证的机动交通工具期间遭受意外伤害导致身故、残疾或烧伤的，保险人不承担给付保险金责任。"[1] 该条款本身并无问题，然而该案的被保险人用的是电动车，其无法取得驾驶证或行驶证。在这种特殊情境下，若保险人拒赔则显然对被保险人不公平。最终，法院适用了《保险法》第十七条、《保险法》第十九条支持了被保险人的请求。但在裁判说理的过程中，法院运用了合理期待原则。法院认为，被保险人购买保险是以在发生保险事故时能得到相应的赔偿为目的的，保险人赔付的范围应当与被保险人的合理期待一致。[2] 保险人对电动自行车、电动三轮车无法取得驾驶证或行驶证是知道或应当知道的，在这样的情况下，保险人应当告知被保险人期望与实际保障范围之间的差距，以便被保险人采取其他保障措施寻求保障。在张某与中国人民财产保险公司案中，机动车综合商业险免责事项说明书中明确约定"未按规定检验或检验不合格"属于保险人免责事项。事发时被保险人的车辆年检已到期，保险人以其未经年检为由拒绝理赔。[3] 法院认为，应以机动车未按规定年检是否明显增加风险发生的概率为衡量标准来对该免责条款进行合理解释较为妥当。[4] 被保险人在驾驶车辆发生事故时虽未按规定进行年检，但依据事故认定书，未按规定年检并非造成事故发生的原因，且事故发生后，该车经检测技术状况正常。保险人在肇事车辆不存在安全隐患的情况下，仍以未按规定检测作为免责事由，已明显超出其控制经营风险的合理需要，也不

---

[1] 参见阮纪琼案与中国人民财产保险公司案。四川省德阳市中级人民法院（2015）绵竹民初字第 2900 号民事判决书。

[2] 郭文东、费元汉：《保险人应对无证驾驶者电动三轮车承担保险责任》，《人民司法·案例》2017 年第 5 期。

[3] 参见中国人民财产保险股份有限公司乌苏支公司与张治斌财产保险合同纠纷上诉案。新疆维吾尔自治塔城地区中级人民法院民事判决书（2017）新 42 民终 909 号；参见郭文东、费元汉《保险人应对无证驾驶者电动三轮车承担保险责任》，《人民司法·案例》2017 年第 5 期。

[4] 参见中国人民财产保险股份有限公司乌苏支公司与张治斌财产保险合同纠纷上诉案。新疆维吾尔自治塔城地区中级人民法院民事判决书（2017）新 42 民终 909 号；参见郭文东、费元汉《保险人应对无证驾驶者电动三轮车承担保险责任》，《人民司法·案例》2017 年第 5 期。

符合公平原则及原告对签订保险合同的合理期待。因此,被告仍应在商业险范围内承担赔偿责任。法院最终引用的规范依据是保险人说明义务规则,但其背后的原理是合理期待原则。笔者认为,对于此类情形,可以将合理期待原则融入《保险法》第十七条和第十九条的适用中。若出现《保险法》第十七条、第十九条无法涵摄的情形,可以经论证之后直接适用合理期待原则的条款。

以上三种不公平的情形可能在一个案件中同时出现,也可能分别出现。有些情形在我国可以适用保险人说明义务予以规制,例如对免责条款放置于不显眼的位置,没有给予提示说明。但是引起期待的原因有时不一定全都归咎于未说明免责条款,交易中的其他综合因素均有可能引起被保险人的合理期待,此时造成的不公平结果属于"对被保险人明显不公平"的范围,合理期待原则经充分论证后可以直接适用。

三 违反保险的目的

如第二章所述,在一些特殊情况下,法院会适用合理期待原则以维护保险的目的,促进保险达成其应有的功能。[1] 申言之,法院在实践中会发现如果严格按照合同的条款来判决,有可能会违背保险的目的,破坏保险交易的功能,因此,一些法院用合理期待原则对合同进行调整。可是怎么样的情形才算违背保险目的呢?保险的目的又是什么呢?保险目的是指保险合同本身的目的。保险合同的目的系属合同目的中的一类。有学者将合同目的定义为:"当事人订立合同时所想要得到的结果,这种结果通常表现为一种经济利益。合同目的因当事人不同而有所不同。"[2] 也有学者认为:"合同的目的是指当事人订立合同所追求的具体的经济和社会效果。"[3] 总的来说,合同目的就是指合同当事人所希望实现的目标,合同目的的内涵在于当事人的期望。如果按此理解,保险合同的目的就是指当事人订立保险合同时所期望的经济利益和其他目标。但是保险合同有其特殊性,从保险"目的—功能"的角度来看,其与普通合同不同的独特之

---

[1] 参见 Mark C. Rahdert, "Reasonable Expectation Revisited", *Connecticut Insurance Law Journal*, Vol. 5, No. 1, 1998, p. 136。

[2] 江平:《中华人民共和国合同法精解》,中国政法大学出版社1999年版,第77页。

[3] 王利明:《合同法研究》(第1卷),中国人民大学出版社2011年版,第470页。

处在于：保险合同之目的在于填补损失而非获取利润，其功能在于转移"负效益"风险，而非增进个人利益。[1] 因此，不能用一般的合同目的的概念去套用到保险合同的目的之上。诚然，保险合同的目的自然包含保险合同主体对保险的经济上的期望。但基于保险本身的社会功能、社会属性，保险合同的目的除了合同主体对保险本身的期望之外还更多地指向保险产品本身所欲达到的目的。例如在责任保险中，保险目的是防止受害人因侵权人的赔偿能力不足而得不到实际赔付，同时侵权人也能通过保险机制转移并减轻其赔偿责任。[2] 这看似与被保险人的合理期待不相关，其实不然。既然保险的目的在于转移风险而非增进个人利益，其蕴藏着"我为人人，人人为我"的精神，那么保证被保险人转移风险的合理期待、禁止当事人以私法形式攫取不正当利益自是其应有之义。在实践中，保险人依据保险合同条款拒绝赔付的行为可能会与保险本身的目的相背离，虽然这样的情形在实践中发生较少，但如若没有法律机制加以调整，则必然会造成负面的影响。

典型的案例如第二章提到的威斯康辛州最高法院裁判的 Wood v. American Family Insurance Co. 案。在该案中，保险合同中有一个减价条款，该条文写明："支付的总价款应当系保险总金额减去肇事车辆责任保险已经支付的价款。"[3] 该条款并无歧义，但最后法院根据被保险人的合理期待判决支持了被保险人的主张，因为此类保险的主要目的就是在另一方的保险金额不足以弥补损失之时能够及时填补受害者的损失，目前被保险人的损失巨大，完全按照条款，则有悖于其保险的目的。[4]

对该适用情形，我国现行法律中比较相关的是《保险法》第十九条。根据《保险法》第十九条的规定，当合同条款免除保险人"依法应承担

---

[1] 谢冰清：《公共政策介入保险合同的正当性研究》，《求索》2016 年第 9 期。

[2] 谢冰清：《公共政策介入保险合同的正当性研究》，《求索》2016 年第 9 期。

[3] 被保险人购买了一种车辆险，之后被保险人的妻子驾驶的车辆和另一辆车相撞了，另一辆车购买的是最低限度的责任险，被保险人购买的保险写明对因车祸造成的人身伤害赔偿不超过 100000 美元。按照该条款的计算，原本保险的限额为 100000 美元，但肇事车辆的最低保险金为 25000 美元，因此赔偿额应当为 75000 美元。然而，被保险人的所遭受的损失一共是 225000 美元，于是被保险人主张由于损失超过 125000 美元，所以保险公司应当赔偿 100000 美元。Wood v. American Family Insurance Co. 436 N. W. 2d 594（Wis. 1989）.

[4] Wood v. American Family Insurance Co. 436 N. W. 2d 594，661（Wis. 1989）.

的义务"，排除被保险人"依法享有的权利"之时，该条款无效。显然，如果某条款免除自己依法应承担的义务、排除对方依法享有的权利必然会损害保险的功能和目的，该情形也一定归属于合理期待原则的调整范围。我国法院在适用《保险法》第十九条之时，有时也会提到合理期待原则。与前述案例类似，在张某与中国平安财产保险案中，争议条款为："保险车辆在使用过程中与其他机动车辆发生碰撞造成保险车辆损坏的，对应当由其他机动车辆的交强险赔偿的金额，保险人先予以扣除，再依据保险车辆驾驶人在事故中所负事故责任比例，按照本合同的规定负责赔偿。"最终法院认为，被上诉人在上诉人处投保了车辆损失险，依据车辆损失险第一条约定，保险车辆发生碰撞产生损失后，上诉人予以赔偿是车损险合同的应有之义，也属于车损险被保险人的合理期待。保险人所提供的保险格式条款关于"对应当由其他机动车辆的交强险赔偿的金额，保险人先予以扣除"的约定减轻了保险人应承担的合同义务，加重了被保险人的责任，排除了被保险人依据车损险合同所享有的权利，根据《保险法》第十九条应属无效。[①] 在刁某等与和谐健康保险公司案中，法院的判决就保险合同保障范围"被保险人因遭受意外伤害事故，并自事故发生之日起180日内因该事故身故"的效力予以了否认。[②] 法院认为，该条款约定的"自事故发生之日起180日内身故"才能获得赔偿，是对被保险人权利不合理的限制，该时间限制条款既违背了意外伤害保险目的、保险法的合理期待原则，也违反公序良俗原则，故应适用《保险法》第十九条将该时间限制条款认定为无效条款。

尽管《保险法》第十九条的规定在一定程度上可保护被保险人的合理期待，但这并不意味着《保险法》第十九条能够完全包含此种合理期待原则的适用情形。因为，损害保险目的并不都是以合同条款免除依法承担的义务排除依法享有的权利的方式呈现。许多条款从严格意义上来说并没有明显地排除对方权利免除自己的义务，但在特定情形下其就是对被保险人造成了不合理的压迫，不符合保险本身的目的。例如 Wood 案中，该减价条款在损失较少的时候是可以成立的，因为 UIM 保险本身就是对对

---

① 山东省青岛市中级人民法院（2017）鲁02民终7240号民事判决书。
② 刁凌军等与和谐健康保险公司案。江苏省泰州市中级人民法院（2016）苏1204民初7011号民事判决书。

方车辆是限额车险的情形下的风险进行补偿。但当损失较大之时，本身UIM的保险金额已经有限了，再扣除对方的车险限额，那被保险人得到的补偿就捉襟见肘了，难以真正达到保险分散风险的目的。

也有法院通过扩张适用《保险法》第三十一条的方式以维护保险目的。例如在周某诉大地财产保险公司徐州支公司财产保险纠纷案中，原告投保了火灾险，后来原告因为烘烤木料引起火灾造成损失，向被告索赔遭拒。① 被告认为，火灾是原告烘烤木材导致的，符合免责条款约定的"保险标的……烘焙所造成的损失"，因此保险公司不应承担责任。法院支持了原告的请求，其在理由中提道：对于板材行业来说，签订保险合同的目的，应当是在发生火灾损失后能够从保险公司获得理赔，弥补损失。而本案所涉保险标的发生意外火灾损失后，大地保险公司却以"烘焙所造的损失"不予赔偿抗辩，致使周某签订合同的目的落空，这显然不合情理。在该案中，法院依据《保险法》第三十一条的不利解释规则对被保险人进行保护②，但实际上该条款文义是明确的，法院只是人为地创造了歧义，法院判决背后的主要理由还是该条款违背了被保险人签订保险合同的目的，其体现的是合理期待原则。从法院对该案的要点提示中，我们也可以感受到贯穿于其中的理念。③ 但值得注意的是，法院超出文义范围的肆意扩张适用会破坏法律的安定性，对于此类情形，若直接适用合理期待原则或许更为合适。

综上所述，笔者认为，该适用情形目前还不能完全被现行法律所替代

---

① 该案的保险合同第四条约定"由于下列原因造成保险标的的损失，保险人依照本条款负责赔偿"中的第一项为"火灾"。保险合同第八条约定"保险人对于下列损失也不负责赔偿"中的第二项为"保险标的本身缺陷……烘焙所造成的损失"。周广明诉大地财产保险公司徐州财产保险合同纠纷案，江苏省徐州市中级人民法院（2008）徐民二终字第00013号民事判决书。

② 法院认为："烘焙所造成的损失"按一般的理解可以有不同的解释。如烘焙保险标的物造成该标的物本身的焦糊、变质损失及烘焙保险标的物造成火灾损失等。而火灾造成保险标的的损失，根据保险条款规定，保险人应负责赔偿。且烘焙是板材行业正常的工作流程，只要需要就须烘焙。周广明诉大地财产保险公司徐州财产保险合同纠纷案，江苏省徐州市中级人民法院民事判决书。参见（2008）徐民二终字第00013号。

③ 法院总结道："当保险合同中的承保范围与免责条款的约定有交叉重合之处时，投保人依据保险人承保责任主张保险赔偿，保险公司则以免责条款为由拒绝理赔。此时，法院应当综合考虑保险合同的合同性质、保险人对免责条款说明义务的履行情况以及被保险人依据保险合同所期待的赔偿是否客观合理确定保险公司的保险责任。"参见（2008）徐民二终字第00013号。

或吸收，它依然有其独立存在的价值。因此，对于实践中违反保险目的的情形，在穷尽现有规则之后，在充分论证的前提下，可以适用合理期待原则。

在许多情况下，保险本身的目的与被保险人的合理期待是紧密相关的。在判断被保险人合理期待的过程中，保险目的也会对其产生影响。具体情形，笔者将在下一节详细论述。

第三节 合理期待的判断标准

一 主观期待与客观期待

如前文所述，合理期待原则在条款模糊之时能够以被保险人的合理期待进行解释，在特定情形下，合理期待原则也能够在条款清晰无歧义之时根据被保险人的合理期待对合同进行调整。但是问题在于，法院如何探求被保险人的合理期待呢，什么样的期待才算是合理期待呢？

在美国，不同的法院对合理期待的标准有不同的观点：有的法院以一般的客观理性人的期待作为合理期待的标准[1]；有的法院以被保险人的主观期待作为标准[2]；有的法院以一般的理性人在被保险人的处境下的期待作为标准[3]。

相较而言，客观理性人的标准较为合理。采用主观标准意味着法院在适用合理期待时须根据被保险人的主观期待解释或调整合同，这很容易造成滥用，也会增加预测的成本。[4] 首先，被保险人因为个体的差异，其对保险合同的期待可能千变万化，如果所有的主观期待均能称为合理期待，那可能会造成对被保险人的过度保护，破坏合同中的利益平衡。其次，保险公司在设计合同之时都会对风险进行评估并根据大数法则确定费率。主观标准的采纳，可能会使得被保险人通过解释的方式将保险合同的承保风

---

[1] Atwater Creamery Co. v. Western Nat'l Mut. Ins. Co., 366 N. W. 2d 271, 278 (Minn. 1985).
[2] Stewart-Smith Haidinger, Inc. V. Avi-Truck, Inc., 682 P. 2d 1108, 1117-1118 (Alaska 1984).
[3] Aetna Ins. Co. v. State Motors, Inc., 244A. 2d 64, 67 (N. H. 1968).
[4] John Dwight Ingram, "The Insured's Expectations Should Be Honored Only if They Are Reasonable", *William Mitchell Law Review*, Vol. 23, No. 4, 1997, p. 837.

险范围人为地扩大，超出保险公司之前的预期从而对保险的对价平衡造成破坏，而且这个扩大的范围是根据被保险人的主观期待来确定的，这就导致了极大的不确定性。虽然客观标准在一定的情形下也会扩大保险的风险范围，但是由于客观标准中本身已包含了"合理"的要求，因此它不会如主观标准一般有很大的滥用风险。最后，在合同理论的历史发展中，合同解释大体上经历了一个从重意思到重表示，也就是从重主观到重客观的过程。① 其背后体现的是意思表示理论中表示主义的兴起：表示主义是19世纪末德国民法学说争论的产物，在20世纪得到了很大的发展。② 表示主义认为，应以表意人所宣示之意思即其表示行为所表达之意思为准据以探求其所表达之真意。③ 在美国合同法理论中，学界也普遍认同表示主义。著名的法官Holmes认为："合同的达成并非以当事人的主观意思为基础，而是以当事人的外部表示为基础。"④ 随着社会的发展，信赖、交易安全等价值的重要性日益凸显，当事人的主观意愿对当事人而言虽然有意义，但在合同解释上的作用已经弱化。⑤ 如若当事人的主观意愿没有相应的载体予以固化，则很难得到法律的承认，而客观意思现今已成为解释合同和确定当事人权利义务的基础。正如韩世远教授所言，在合同解释中，若仅从主观的意义上进行判断，有违交易安全，且与现代民法体系相悖，故应进行客观解释。⑥ 目前，在美国学界，支持客观说的也占绝大多数。合理期待原则是为了维护被保险人在保险合同中的真实意思而产生的，它在实践中主要用于保险合同的合同解释之中，以探寻被保险人的真意。因此，传统合同法中注重客观表示与信赖的理念也值得保险法加以借鉴。因此，应当以客观理性人的期待作为被保险人的合理期待予以保护。

那么，应当如何确定客观理性人的期待呢？这是一个难题。如前文所述，客观期待本身是一般理性人在被保险人处境下的期待⑦，其本身已经包含了"合理"的要件。但由于该标准本身就很抽象，因此需要从实践

---

① 章杰超：《合同目的含义之解析》，《政法论坛》2018年第3期。
② 董安生：《民事法律行为》，中国人民大学出版社2002年版，第172—173页。
③ 董世芳：《民法概要》，三民书局1978年版，第50页。
④ Gendzer v. Bielecki, 97 So. 2d 604, 608 (Fla. 1957).
⑤ Gendzer v. Bielecki, 97 So. 2d 604, 608 (Fla. 1957).
⑥ 韩世远：《合同法总论》，法律出版社2008年版，第621页。
⑦ Aetna Ins. Co. v. State Motors, Inc. 244 A. 2d 64 (1968).

中进行总结影响客观理性人期待的因素以及"合理"的标准。其实，合理期待的标准与合理期待原则的适用情形是相互关联的，当一个人的期待不符合合理期待的标准之时，那就无法适用合理期待原则进行调整。当某个案件不符合合理期待原则的适用情形之时，也不会进入判断被保险人的期待是什么以及是否合理这一环节。

前文已经提到被保险人的老练程度在通常情况下不会影响到合理期待的适用，但会影响合理期待的判断标准。显然，客观理性人的期待绝不会是简单的统一标准，因为每个被保险人所处的交易情境、合同的内容均有所不同，一个客观理性人的合理期待一定会受一些外部因素的影响。其实，客观理性人的合理期待的判断本质上就是对当事人真实意思的探寻。原因在于，合理期待原则本身就是因被保险人受保险格式合同的禁锢无法表达其意思而产生的。换言之，合理期待原则的目的是更合理地解释被保险人的真实意思。我国《民法典》第一百四十二条规定："相对人的意思表示的解释，应当按照所使用的词句，结合相关条款、行为的性质和目的、习惯以及诚信原则，确定意思表示的含义。无相对人的意思表示的解释，不能完全拘泥于所使用的词句，而应当结合相关条款、行为的性质和目的、习惯以及诚信原则，确定行为人的真实意思。"所谓有相对人的意思表示，通常是指双方或多方民事法律行为和有相对人的单方民事法律行为。① 该条款已经规定了确定当事人真意的准则，双方有意思表示的情形下，探寻当事人的真实意思主要是以文本为主，其他因素作为辅助。但在保险合同这类超级附和合同中，探寻当事人的真意所关注的要素应当更多，因为在整个合同订立的过程中，被保险人很少能有协商的机会，虽然最终合同是由双方签字的，但其实此时被保险人的意思在合同中体现得并不明显，反而更类似于无相对人意思表示的情形。无相对人的意思表示通常是指仅依一方当事人的意思表示即可生效的单方民事法律行为，保险合同虽然在理论上是双方行为，但其实际上是由保险人主导的，因此两者实质上是接近的。由此可见，在探寻被保险人合理期待之时，法院可以《民法典》第一百四十二条第二款为法律依据，但也不应完全局限于该条第二款的规定，因为《民法

---

① 中国审判理论研究会民商事专业委员会：《〈民法总则〉条文理解与司法适用》，法律出版社 2017 年版，第 257 页。

典》第一百四十二条属于一般性的规则，而保险合同无论在缔约还是履行方面均有其特殊性，因此还需要在保险合同的语境下对影响合理期待的因素进行探寻。

综上所述，应当结合意思表示解释的规则，厘清保险合同中影响客观理性人期待的因素。

二 影响客观理性人期待的因素

其一，被保险人的老练程度，应当成为考量的因素之一。换言之，如果该被保险人是保险的专业人士，那么就应当依据一般理性专业人士的客观期待来确定该被保险人的合理期待。如果该被保险人是普通的消费者，那么就应当依照普通的理性人的标准来确定该被保险人的合理期待。类似的区分在相关的部门法中同样存在，例如在公司法的司法实践中，董事、高级管理人员的注意义务就不能用普通人的标准去要求，因为他们是商人，对于商业中的机遇和风险的敏感性肯定比一般人要高，且在英国法中，人们针对执行董事、非执行董事及特殊资质的非执行董事也采用不同的衡量标准[1]；对有经验的执行董事以超出一般人的专业人员标准去衡量其注意义务。[2] 在民法中，法律基于行为能力的不同，赋予其从事民事活动不同的法律效果，例如限制行为能力人订立的合同在法律上只是效力待定，需要法定代理人追认才有效，但纯获利益的合同或与其年龄、智力、精神健康状况相适应而订立的合同除外。在被保险人合理期待的判断中，也应当根据被保险人的总体能力以及专业背景给予不同的判断。这里的专业背景和能力应当主要是指法律专业上的能力或者能够影响合同条款制定的其他能力，并非绝对是指一个人的聪明程度。例如在 Brennan 案中，法院认为许多被保险人很精明、专业能力很强，但并不等于对保险就了解，

---

[1] 具体如下：（1）对于不具有特殊资质或经验的非执行董事来说，适用主观性标准，即该董事只需善意地尽到了最大的努力，就可视为已经履行了合理的勤勉义务。（2）对于具有特殊资质或经验的非执行董事，适用客观性标准，即该董事只有尽到了具有同类专业水平或经验的专业人员应该具有的勤勉时，才被视为尽到了合理勤勉。（3）对于执行董事，因其往往是具备专业才能并按照雇佣合同提供服务的人员，故对其应适用客观性标准，即无论其是否具备专业资质或经验，只有履行了专业人员应该履行的技能和勤勉，才被视为履行了董事的勤勉义务。参见任自力《公司董事的勤勉义务标准研究》，《中国法学》2008 年第 6 期。

[2] 任自力：《公司董事的勤勉义务标准研究》，《中国法学》2008 年第 6 期。

有些人是化学专家、制造专家，如果他们购买的保险不是与自己的专业相关，那对他们期待的标准也不应与普通的被保险人相区分。在美国的判例中，被保险人的老练程度大致可以分为这么几类：（1）被保险人的经济实力。一般而言，越是经济规模大的被保险人，通常就越有经济能力来保障合同文本接近其合理期待。[1]（2）律师或保险经纪人的参与。如果保险合同在签订之时有律师或保险经纪人的参与，那么法官会考虑从专业角度而非外行人的立场来考察期待的合理性。[2]（3）被保险人对保险的熟悉程度。一般来说，对于保险条款越熟悉的被保险人，如其本身从事保险行业，法院对于其期待的合理标准会越高。在此种情形下，被保险人对所购买保险越熟悉，其对保障的期待就越接近保单文本所界定的保障。例如在 Services Holding Co. v. Transamerica Occidental Life Ins. Co. 案中，被保险人为保险业务员，法院并不因此而排斥合理期待原则的适用，但被保险人的经验及专业知识成为判断其合理期待时考量的因素。[3]（4）外行人。在被保险人不是前述的三种情形之一时，美国法院以外行人"layman"的期待来作为客观理性人的期待。笔者认为这样的分类是较为合理的。因为按照个体的精明程度和智力水平是很难进行分类的，而对保险条款的理解更多的是基于专业知识以及经验，所以从专业和经济能力的角度对合理期待的认定进行区分既具有正当性也具有一定的可操作性。

其二，被保险人是否了解保单的内容也是影响客观理性人期待的重要因素。如前文所述，与一般的合同有所不同的是，在保险合同中，被保险人通常不会仔细阅读合同条款，因为保险合同冗长而复杂。[4]而且被保险人也并没有充分的动机去充分阅读保险合同，因为他们知道哪怕阅读了这个合同也无法改变其中某一条款，他们只有全盘接受或全盘拒绝的权利，

---

[1] Borman's Inc. V. Michigan Property & Causualty Guar. Ass'n, 925 F. 2d 160, 163 (6th Cir. 1991).

[2] Jeffrey W. Stempel, "Reassessing the 'Sophisticated' Policyholder Defense in Insurance Coverage Litigation", *Drake Law Review*, Vol. 42, No. 4, p. 851.

[3] Services Holding Co. v. Transamerica Occidental Life Ins. Co., 883P. 2d. 435 (1994).

[4] Slawson, "Mass Contracts: Lawful Fraud in California", *Southern California Law Review*, Vol. 48, No. 1, October 1974, p. 13.

而无部分修改的权利。① 基顿认为,合理期待原则不仅适用于复杂疑难的条款,也适用于浅显易懂的条款,除非保险人证明被保险人未阅读该条款是不合理的。基顿法官之所以提出这个观点是因为在不知道合同条款内容的情况下,被保险人容易对保险合同的承保范围、除外条款等产生与实际不一样的期待。此时,哪怕是浅显易懂的条款,如果不合理或者不符合一般被保险人的合理期待,法律基于合同正义的价值考量,也不会赋予其拘束力。如果保险人已经对保险合同作出了明确说明,那么被保险人在此范围之外产生的期待就不应视为"合理"。② 在美国的判例中,法院常常在保险人对重要条款未予提示说明的案件中适用合理期待原则。例如在 Atwood v. Hartford Accident Indemnity Co. 案中,保险人对除外条款未给予充分的提示和说明,一般的理性人在阅读之后并没有办法关注到里面的内容,因此法院适用合理期待原则支持了被保险人的诉讼请求。③ 当然,如基顿所言,若能够证明被保险人有充足的时间和足够的条件去阅读该条款,例如保险人已经提示了被保险人去阅读条款,该条款本身也并不复杂难懂,且被保险人有充足的时间去阅读,那此时客观理性人的期待就不应超过该条款的范围。

其三,保单条款语言也是影响客观理性人期待的因素。保险合同是书面形式的,因此保单的语言和表述会直接影响到一般的客观理性人在阅读了保单条款之后会产生的期待。例如在 Benavides 案中,法院在判决中提到保单的语言是否具有误导性是判断被保险人期待是否合理的重要因素,同时也是判断合理期待原则是否适用的因素。④ 在该案中,保单将醉酒而发生的保险事故列在除外条款之中,法院认为该条款清晰明确,并无法让普通外行人误解该条款的范围,产生条款文义范围之外的期待,因此认为不适用合理期待原则。⑤

其四,保险目的也须纳入考量的范围。有观点认为,假如保单语言本

---

① Slawson, "Mass Contracts: Lawful Fraud in California", *Southern California Law Review*, Vol. 48, No. 1, October 1974, p. 12.

② Dudi Schwartz, "Interpretation and Disclosure in Insurance Contracts", *Loyola Consumer Law Review*, Vol. 21, No. 2, 2008, p. 105.

③ Atwood v. Hartford Accident Indemnity Co. 365 A. 2d 744 (N. H. 1976).

④ Benavides v. J. C. Penney Life Ins. Co. 539 N. W. 2d. 352, 357 (1995).

⑤ Benavides v. J. C. Penney Life Ins. Co. 539 N. W. 2d. 352, 357 (1995).

身并无歧义或晦涩之处,但不合理地限制了承保范围,使得保险的基本目的难以实现,此情形符合合理期待原则的适用条件,此时被保险人基于保险本身的目的而产生的期待就是合理的。① 换言之,被保险人的合理期待受保险本身目的的影响。上一节,笔者已对什么是保险目的有了探讨。保险目的不能以传统合同法中的合同目的——当事人的期待去理解,因为保险有一定的社会属性,其功能和目的受到了公共政策的影响。简言之,保险合同之目的在于填补损失而非获取利润,其功能在于转移"负效益"风险,而非增进个人利益。② 而且,如若认为保险目的仅仅是指当事人的期望,那么就会陷入循环论证的困局。因为保险合同目的的内涵就是被保险人订立合同的期望,若被保险人的合理期待受保险目的的影响中的保险目的与当事人的期望等同,那无异于被保险的合理期待是基于其订立合同时的期待产生的,在逻辑上显然不合理。综上所述,此处的保险目的实质上包含了保险产品的目的。例如在 C & J Fertilizer, Inc v. Allied Mutual Ins. Co. 案中,初审法院根据保单载明的语言"用暴力进入室内,并且在用暴力进入的地方必须留有可见痕迹",判决保险人无须赔付。③ 但是上诉法院推翻了初审法院的判决,其认为保险人关于偷盗的定义不符合被保险人的合理期待。因为如若仅仅根据痕迹来判断偷盗会导致保险人的赔付义务取决于盗贼的技术而不取决于被盗的事实,与盗窃险保障被保险人盗窃风险的目的不相符。在该案中,法院在认定被保险人合理期待之时就将该保险产品的目的纳入了考量的范围。在 Wood v. American Family Insurance Co. 案中,原被告双方就合同中关于"支付的价款应当减去,肇事车辆责任保险已经支付的价款"这一条款的效力进行争论,最后法院根据被保险人的合理期待否定了该条款的效力。④ 因为此类保险的主要目的就是在另一方的保险金额不足以弥补损失之时能够及时填补受害者的损失,目前被保险人的损失巨大,完全按照条款,则有悖于该保险产品填补

---

① 谢冰清:《保险法中合理期待原则适用规则之构建》,《法学杂志》2016 年第 11 期。
② 谢冰清:《公共政策介入保险合同的正当性研究》,《求索》2016 年第 9 期。
③ C & J Fertilizer, Inc v. Allied Mutual Ins. Co. 227 N. W. 2d 169(Iowa 1975).
④ 按照该条款的计算,原本保险的限额为 100000 美元,但肇事车辆的最低保险金为 25000 美元,因此赔偿额应当为 75000 美元。然而,被保险人的所遭受的损失一共是 225000 美元,于是被保险人主张该条款无效,应当赔偿 100000 美元。参见 Wood v. American Family Insurance Co. 436 N. W. 2d 594(Wis. 1989).

损失的目的。① 该案中，法院认为被保险人超越合同条款的期待是源于附和保险产品本身的目的，因此是合理的。值得注意的是，保险目的本身也包含公共政策，因为保险的社会覆盖面较广，它对社会大众的生活有非常重要的影响，公共政策的融入能够更加维护保险的社会职能。在设计保险条款的过程中，保险人通常也会将公共政策的考量融入其中，使得其符合政策制定者的意图。② 在 Harvester Chemical Corp v. Aetna Casualty & Surety Co. 一案中，新泽西最高院就以保护第三人利益为由适用合理期待原则。③ 法院认为保险人的任意解除条款不但有损于被保险人，而且也不利于无辜的第三人的保护，于是判决保险公司的解除条款无效，保险公司应当支付保险金。④ 保护第三人利益，也是出于政策的考量。在 Mangerchin 案中，法院将公共政策也纳入判定被保险人合理期待的因素，这本质上也是保险目的的运用。⑤

综上所述，保险目的是判断被保险人合理期待的重要因素。

其五，被保险人本身的状况也是判断客观理性人期待的一个因素。笔者认为，虽然被保险人的合理期待是采用客观标准，但是这也不能完全排除被保险人个体因素的影响。例如在 Kievet 案中，法院就考虑到了被保险人本身的因素。在该案中，意外险的除外条款中写明保险合同不保障"因疾病或传染病造成的身体伤害"。⑥ 法院认为，该除外条款损害了被保险人的合理期待，因为被保险人购买保险时已经 48 岁，如果是个年轻人，那该条款自无疑问；但对于年长的人来说，其身体伤害的主要来源还是疾

---

① Wood v. American Family Insurance Co. 436 N. W. 2d 594（Wis. 1989）.

② Mark C. Rahdert, "Reasonable Expectation Revisited", *Connecticut Insurance Law Journal*, Vol. 5, No. 1, 1998, p. 147.

③ 该案中，保险合同中有条款约定保险人可以任意解除合同，解除合同的通知到达被保险人 30 天后合同解除。在保险人通知了解释合同之后，被保险人因其产品造成他人人身损害而被起诉，于是被保险人请求保险公司支付，保险公司以合同已解除为由拒绝。Harvester Chemical Corp v. Aetna Casualty & Surety Co., 649 A. 2d 1296（NJ. Super. Ct. App. Div. 1994）.

④ 该案中，保险合同中有条款约定保险人可以任意解除合同，解除合同的通知到达被保险人 30 天后合同解除。在保险人通知了解释合同之后，被保险人因其产品造成他人人身损害而被起诉，于是被保险人请求保险公司支付，保险公司以合同已解除为由拒绝。Harvester Chemical Corp v. Aetna Casualty & Surety Co., 649 A. 2d 1302（NJ. Super. Ct. App. Div. 1994）.

⑤ Mangerchine v. Reaves, 63 So. 3d. 1049（2011）.

⑥ Kievet v. Loyal Protective Life Insurance Co., 34 N. J 475, 170 A. 2d 22（1961）.

病。因此，如若保险合同将其排除到保险范围之外，则这个年龄段的被保险人订立该合同的目的也无法达成。① 在这个案例中，法院就考虑了被保险人本身的年龄因素，从这个年龄段的人的普遍特征出发去探寻在这个年龄阶层的客观理性人的合理期待。值得注意的是，考虑被保险人的主观因素与被保险人的主观期待并无法等同，因为在判断被保险人的合理期待之时，还是以具有与被保险人类似特征的客观理性人的期待为准。综上所述，在必要的时候也需考虑被保险人本身的状况。

其六，缴纳保费的多少也是被保险人合理期待的考量因素。被保险人所缴纳的保险费通常与保单中的保险范围是一致的，这也是合同对价平衡理念的体现。因此，所缴纳保险费数额的大小也会影响到一般的理性被保险人对保险合同承保范围的期待。如果被保险人所缴纳的保费数额较高而保险的范围又较小，那么此时一般的理性被保险人就有理由认为该保险保障的范围大于保单决定的保障范围。② 将保费纳入被保险人合理期待的判断可以防止保险人获取不当的利益，也可以防止被保险人丧失其应得的保险保障。例如在 Pennington 案中，法院就提到，被保险人的合理期待是根据对保险条款的客观分析以及其支付的与保险范围相对应的保险费来进行判断的。③ 在 Allstate 案中，原被告就保险范围产生争议，法院认为，由于被保险人支付了双倍的保费，因此被保险人有理由认为该保险所承保的危险范围相比之前有所扩大。④

其七，整个交易背景以及交易过程中保险人与被保险人之间的行为，以及达成交易之前的行为也值得关注。在 Dibble 案中，法院就提出要根据整个交易的过程来确认被保险人的合理期待。⑤ 在该案中，保险事故发生于被保险人缴纳保费之后，保单签发之前，最后法院依然判决保险人支付保险金的理由在于，保险人并未在收到保费后提醒被保险人保险责任是从

---

① Kievet v. Loyal Protective Life Insurance Co., 34 N. J 475, 170 A. 2d 22 (1961).

② Jeffrey W. Stempel, Unmet Expectations, "Undue Restriction of the Reasonable Expectations Approach and the Misleading Mythology of the Judicial Role", *Connecticut Insurance Law Journal*, Vol. 5, No. 1, 1998, p. 262.

③ Pennington v. State Farm Mut. Auto. Ins. Co. 553 F. 3d. 447 (2009).

④ Allstate Ins. Co. v. Dicke, 862S. W. 2d. 327 (1993).

⑤ Dibble v. Security of America Life. Ins. Co., 590 A. 2d. 352, 353 (1991).

签发之日开始,这使得一般的被保险人都会认为自己已经获得了保险的保障。① 与之类似,在 Hawkin 案中,法院认为保险人的宣传书使得被保险人产生了其只要缴纳保费就能立刻获得保险保障的期待,因此被保险人的期待也应得到保护。② 同样的案情、同样的结果,但是两个案件中判断合理期待的事实却不太一样。因此,在判断被保险人的合理期待之时应当结合交易过程中或者交易之前的行为进行判断。

其八,交易习惯会影响对客观理性被保险人期待的判断。例如在 Trinity Industries 案中,法院认为被保险人的合理期待应当根据交易习惯以及行业惯例进行判断。③ 在该案中,原被告双方就海上保险中一切险的保险范围发生争议,原告认为应当包括因船的技术失误所产生的修理费等损失,被告予以否认。在判决中,法院通过了解在各种保险交易中一切险的范围,根据行业以及商业习惯认为,被保险人对此承保风险的期待是不合理的。④

综上所述,合理期待的判断并不是仅仅依赖于保险合同的文本,而是依据整个保险交易中的各个因素:交易的背景、主体之间的行为、保险本身的目的、保费的多少、被保险人的精明程度及其他主观的特征。在个案分析中,法院应当对以上因素予以考量,结合实际案情判断客观理性人的合理期待。

第四节 合理期待原则作为格式条款规制手段在司法实践中对被保险人保护的意义

前文重点探讨了合理期待原则在格式条款解释和规制中的适用规则,上述规则的确定使得合理期待原则在格式条款的解释和规制中有了可操作性,不再是一个宽泛而抽象的原则。合理期待原则为解决被保险人因格式条款而无法获得保险金赔付的问题提供了更加丰富的法律手段,对司法实践中被保险人的保护有非常大的意义。在司法实践中,法官在处理被保险人请求保险金的纠纷时往往会面临许多困惑,合理期待

---

① Dibble v. Security of America Life. Ins. Co., 590 A. 2d. 352, 353 (1991).
② Hawkins v. Globe Life Ins. Co. 105 F. Supp. 3d. 430 (2015).
③ Trinity Industries Inc. v. Insurance Co. of North America, 916F. 2d. 267, 272 (1990).
④ Trinity Industries Inc. v. Insurance Co. of North America, 916F. 2d. 267, 272 (1990).

原则对格式条款的解释和控制不仅仅限于帮助法院更合理地确定保险风险的范围，也能够为司法实践中其他的疑难问题提供新的解决途径，并且能够促进保险人制定更合理的条款以进一步确保被保险人的保险金请求利益。

一 在构成要件不明时作出有利于被保险人的解释

被保险人请求保险金赔偿不是一件容易的事，其必须满足该保险事故的发生是保险合同所承保风险导致的这一条件。而在实践中，因果关系的确定常常附有争议。按照类型区分有：前后相继型因果关系，即通常为最初危险引发后一危险；同时作用型因果关系，指多个独立因素同时发挥作用导致损害发生；介入型因果关系，即在一个危险引发损害的过程中，有其他外在力量介入引发损害的过程。目前现有的因果关系理论虽然能够解决其中大部分的因果关系确定问题，但在实践中依然会出现因果关系不明的情形。特别是在不只一个原因引起损害的情形中，有些原因可能属于保险合同所保障的风险，有些则不属于甚至可能属于保险合同规定的除外风险，此时法院往往左右两难。

例如，A 为其自有的重型自卸货车投保了一份机动车损失险保险合同。该合同将碰撞列为承保的风险之一[①]，将火灾列为除外风险[②]。之后，该货车于码头中转站卸货时碰撞室外高压电线，触电燃烧而毁坏。[③] A 诉请保险公司 B 承担保险责任，保险公司 B 则以该事故为除外危险——火灾引起为由抗辩不应承担责任。一审法院认定保险人应当承担责任。二审法院认为保险事故的近因是火灾，保险人不应承担保险责任。再审法院认为

[①] 该保险合同第 4 条约定："……因下列原因造成被保险机动车的损失，保险人依照本保险合同的约定负责赔偿：（一）碰撞、倾覆、坠落……"参见广西壮族自治区高级人民法院（2013）桂民提字第 65 号民事判决书。

[②] 保险合同第 7 条约定："被保险人机动车的下列损失和费用，保险人不负责赔偿：……（五）火灾、爆炸、自燃造成的损失……"参见谭永忠诉中国人民财产保险股份有限公司贵港分公司财产保险纠纷案。参见广西壮族自治区高级人民法院（2013）桂民提字第 65 号民事判决书。

[③] 保险合同第 7 条约定："被保险人机动车的下列损失和费用，保险人不负责赔偿：……（五）火灾、爆炸、自燃造成的损失……"参见谭永忠诉中国人民财产保险股份有限公司贵港分公司财产保险纠纷案。参见广西壮族自治区高级人民法院（2013）桂民提字第 65 号民事判决书。

火灾为碰撞高压线的必然结果，因此碰撞是近因，保险人应当承担责任。①

类似的案例还有因碰撞坠河而使得发动机进水案：某日，A 为其所有小型轿车在 B 处投保了车辆损失险、第三者责任险等险种。保险合同将碰撞、倾覆列为保险范围②，将发动机进水列为除外风险③。之后，A 的车坠河后发动机进水，A 请求 B 支付保险金遭受拒绝。

暴风雨致使发动机进水案：A 购买 B 公司的机动车损失险，保险合同约定因暴雨发生的保险事故，保险人承担责任。又约定发动机进水后导致的发动机损坏，不承担赔偿责任。A 在已知晓条款一栏签字。后来 A 的车在暴雨天行驶因进入积水路面，车子熄火，发动机损坏。B 公司以发动机进水属除外责任为由拒赔。④ 许多法院在处理这个问题的时候，常常在寻找近因上遇到困难。因为暴雨与发动机进水属于不同事件，但在此案件中，两者同时出现。而且较为棘手的是，暴雨还会造成一些其他情形，例如道路积水、形成水塘等，如果汽车涉水行驶而造成发动机进水，那么究竟是不是暴雨造成的呢？有些法院就予以否认，例如在无锡永发电镀有限公司因其机动车涉水行驶致发动机进水案中，法院认为："本案中涉保车辆发动机进水受损并非暴雨造成，而是因原告强行涉水行驶的行为造成。……且即使当时暴雨也应主动避险或在查明水深确保人车安全的情况下通过。故本案中，涉保车辆在隧道积水中被淹、发动机进水受损并非由于暴雨所导致，而是由于原告驾驶涉保车辆涉水

---

① 保险合同第七条约定："被保险人机动车的下列损失和费用，保险人不负责赔偿：……（五）火灾、爆炸、自燃造成的损失……"参见谭永忠诉中国人民财产保险股份有限公司贵港分公司财产保险纠纷案。参见广西壮族自治区高级人民法院（2013）桂民提字第 65 号民事判决书。

② 车辆损失险保险合同中第四条保险责任条款约定："……因下列原因造成被保险机动车的损失，保险人依照本保险合同的约定负责赔偿：（一）碰撞、倾覆、坠落；……"参见梁军因车坠河后发动机进水遭拒赔诉天安保险徐州支公司案。江苏省邳州市人民法院（2013）邳商初字第 0008 号民事判决书。

③ 保险合同第七条责任免除条款又约定："被保险机动车的下列损失和费用，保险人不负责赔偿：……（十）发动机进水后导致的发动机损坏；……"参见梁军因车坠河后发动机进水遭拒赔诉天安保险徐州支公司案。江苏省邳州市人民法院（2013）邳商初字第 0008 号民事判决书。

④ 参见江苏省常州市中级人民法院（2018）苏 04 民终 527 号民事判决书；江苏省高级人民法院（2016）苏民申 2344 号民事裁定书；上海闵行区人民法院（2010）闵民初字第 998 号民事判决书。

行驶的行为所导致。"① 而在辽宁融丰典当有限公司诉中国人民财产保险股份有限公司案中,法院作出了相反的认定,其认为,本案并无证据证明损失是发动机进水后二次点火造成的,故依据近因原则,暴风雨是造成损失的主因。②

上述案件中的因果关系均存在一定的争议,且该争议直接影响到被保险人能否获得保险金。合理期待原则虽然与因果关系的认定没有直接的关系,但它可以从另外一个角度解决因果关系存在争议的情形。③ 即依据合理期待原则解释保险合同中风险与除外风险的范围,从而决定在因果关系不明的情形下保险人是否要承担保险责任。换言之,合理期待原则将"原因为何"的问题转为"原因应为何"。为何合理期待原则与因果关系无直接关系却能从另一个角度去解决因果关系不明情形下的纠纷呢?原因在于,因果关系判断的本身也蕴藏着法律的价值判断。例如在大陆法系的国家,无论是责任成立的因果关系还是责任范围的因果关系,都依循"相当性"④进行判断。在英美法系,因果关系采用二分法:事实上的因果关系与法律上的因果关系。事实上的因果关系采用若无则不的规则⑤,法律上的因果关系融入了公共政策的考量,发挥着限制责任范围的作用。例如"近因"原则、"可预见"原则均是限制责任范围的手段。因此,因果关系并非单纯的事实问题,而是法律的判断问题。合理期待原则同样蕴含着法律的判断,虽然角度不同,但它们均是在解决一方是否要承担责任的问题。例如在因果关系的判断中,事实上条件 A 是造成结果 B 的原因之一,但由于 A 造成 B 通常情形下难以预

---

① 参见无锡永发电镀有限公司因其机动车涉水行驶致发动机进水案,江苏省无锡市锡山区(市)人民法院(2012)锡法商初字第 0595 号民事判决书。

② 法院裁判认为:"本案中,融丰典当公司提交的证据证明了车辆在暴雨中行驶时熄火,且无其他证据证明该损失是发动机进水后二次点火造成,故应认定造成保险车辆损失的最主要原因是暴雨……故保险公司应对相关损失予以赔付。"参见辽宁融丰有限公司诉中国人民财产保险股份有限公司案。辽宁省沈阳市中级人民法院(2013)沈中民四终字第 36 号民事判决书。

③ 武亦文:《保险法因果关系判定的规则体系》,《法学研究》2017 年第 6 期。

④ 相当性是指将条件与结果放在一般情形下判断因果关系能否成立,即不仅在特定的具体场合会产生此种结果,在其他的一般场合也具有发生这种结果的高度概然性。参见王泽鉴《侵权行为》,北京大学出版社 2016 年版,第 229 页。

⑤ 若无则不规则是英美法"but-for"规则的直译,具体指:如果没有条件 A 则结果 B 不会发生,那么 A 与 B 具有事实上的因果关系。

见或者并非主要原因，若认定为因果关系则会造成责任的扩张，因此通常不予认定；合理期待原则通过解释条款来确定一方是否要承担责任，即以被保险人的合理期待超越合同条款的限制对保险责任范围进行认定。在著名的 Bird 案中，法官卡多佐在裁判中有阐述合理期待对于因果关系认定的联系。① 法官认为，在决定保险承保范围争议中的近因时，近因原则提供的帮助是有限的，我们应该更多地考虑一个商人在签订合同时的合理期待以及目的。② 可见合理期待原则与因果关系判断之间并非全无联系，在因果关系不明或出现争议之时，可以运用合理期待原则从应然的角度确定保险人的责任承担。

如果用合理期待原则去反观上述案件，在卸货导致火灾的案件中，法院可以不必纠结于保险事故的近因究竟是卸货还是火灾，其可直接运用合理期待原则解释该条款，即从一般理性人的角度，其碰撞造成的损失，自然包括碰撞引发火灾等一系列情形所造成的损失，而且保险人也没有将其排除在外，对这一类特殊情形也没有具体说明，因此保险人应当对该案中的风险支付保险金。在碰撞坠河案中，也应当适用合理期待原则解释条款，将保险合同第七条"发动机进水后导致的发动机损坏，保险人不负责赔偿"解释为不包括第四条规定的车辆因碰撞、倾覆、坠落等原因造成发动机进水后导致的发动机损坏的情形。③ 因为碰撞落水后发动机进水本身就是连贯发生的事情，将碰撞落水后发动机进水的情形排除，显然不符合被保险人的合理期待。

而在暴雨天发动机进水案中，如若发动机的进水确实是在暴雨天发生的，且与暴雨有事实上的因果关系，那么从一般理性人的角度，暴雨造成的损失理应包括发动机进水造成的损失。保单虽然约定了发动机进水的除外条款，但是该条款对暴雨造成的发动机进水并未予以强调。换言之，其对发动机进水后导致的发动机损坏并未明确"不论任何原因"，因此保险

---

① 在该案中被保险人购买了海上保险，某一天因为某个地方发生火灾引起了连续爆炸，停在港口的船因其中一个爆炸而受损。该案的争议焦点是保险事故的原因为火灾还是爆炸。Bird v. St. Paul Fire&Mar. Ins. Co. 224N. Y. 47, 51（1918）.

② Bird v. St. Paul Fire&Mar. Ins. Co. 224N. Y. 47, 51（1918）.

③ 参见梁军因车坠河后发动机进水遭拒赔诉天安保险徐州支公司案。江苏省邳州市人民法院（2013）邳商初字第 0008 号民事判决书。

人应当支付保险金。① 当然，如若发动机进水不是在暴雨天发生的，而是暴雨过后路上积水造成的，则难以认定保险人的责任。综上所述，法官在一些特殊的因果关系不明的案件中可以运用合理期待原则去确认保险人是否需要承担责任，从另一个角度解决因果关系不明的困境。此处值得注意的是，有法院在该案中运用保险人说明义务的条款对其进行解决②，但这会涉及说明义务标准的问题。通常情形下如若合同中有加粗的字体，被保险人在"已经知晓"那一栏签字，即可认定为保险人已尽提示说明义务。但是在类似的案件中，形式上的说明义务显然无法让被保险人知晓在暴雨天发动机进水是否被排除于保险合同之外。若继续赋予其更高的说明义务，则对保险的整体运行效率会产生影响。因此，在这种情况下，合理期待原则的适用依然优于说明义务规则。

除了因果关系之外，保险合同是否成立、保险事故是否发生在保险期间内，也是影响保险责任承担的重要因素。在实践中，保险人往往以缺失上述因素为理由拒绝被保险人的请求。例如，在国元农业保险与任满意案中，被保险人于2016年9月26日16时29分在保险公司交纳保费投保了交强险，保险公司向被保险人出具了交强险保单，而该案交通事故发生在2016年9月26日19时5分。保险公司辩称保险期间应当从次日零时开始起算，该交通事故发生不在保险期间内，因此拒赔。最后二审法院认为："涉案车辆的交强险保单于2016年9月26日16时许生成，此时保险人与被保险人的保险合同已依法成立。保险人主张的'次日零时生效'有违保险的合理期待原则，交强险的保险合同以格式条款的形式签订，保监会作出的保监厅函（2010）第79号复函明确投保人有权提出交强险保单出单时即时生效。"③ 在该案中，法院运用合理期待原则确定了保险责任期间，保护了被保险人的权益。

---

① 近年来，在司法实践中，有些法院实际上已经采用了合理期待原则去处理类似的案件，不过它们并不是直接适用合理期待原则（因为法律没有规定），而是适用不利解释规则的法条，作出对保险人不利的解释，但这背后其实是运用了合理期待原则的思想。类似案件可参见，立拓公司与人保南京分公司保险纠纷案。江苏省南京市中级人民法院（2015）宁商终字第1664号民事判决书。

② 例如，李文与中国人民财产保险股份有限公司佛山市分公司财产保险纠纷上诉案。广西壮族自治区北海市中级人民法院（2016）桂05民终535号民事判决书。

③ 参见河南省商丘市中级人民法院（2017）豫14民终1911号民事判决书。

二 更合理地确认被保险人的范围

被保险人的范围直接关系到事后的保险金给付。在机动车保险中，被保险人的认定是司法实践中的难题。机动车保险通常以扩展的方式确定被保险人。此方式不直接列明被保险人，也不以排序的方式确定被保险人，而是采取扩展的方法，使一定范围的人员都具有被保险人的地位。关于车险中被保险人的确定，不同国家有不同的立法模式。主要分为从车原则和从人原则。从车原则是将被保险人的范围扩展至车的所有使用者。德国和日本均在立法中适用此原则以保护受害者的利益。[1] 从人原则是将与记名被保险人有某种关系的人也归入被保险人的范围即共同被保险人。我国大陆和中国台湾地区均采用从人原则。虽然目前我国法律没有明文规定，但是《机动车交通事故责任强制保险条例》第四十二条第二款规定："被保险人，是指投保人及其允许的合法驾驶人。"在车辆责任险中，车主既是投保人也是记名被保险人，由此可知，该条系采用从人原则。中国保险行业协会2012年最新《机动车辆商业示范条款》第二十二条也将被保险人的范围扩展至其允许的合法驾驶人。我国台湾地区的"强制汽车责任保险法"第九条第二款也规定："本法所称被保险人，指经保险人承保之要保人及经要保人同意使用或管理被保险汽车之人。"但问题在于何为"允许的合法驾驶人"？国内鲜有研究，在美国"被保险人允许"有三种解释，分别为从宽解释法、保守解释法以及轻度背离规则。从宽解释即只要记名被保险人当初允许他人使用机动车，随后任何使用该机动车的行为都在保单的保障范围之内，即便使用者未遵循被保险人当初的使用限制。保守解释即使用人只能在被允许的时限范围且用途范围内使用。轻度背离规则即

---

[1] 德国《汽车保险一般条款》规定："共同被保险人是：（1）保有人；（2）所有人；（3）驾驶人；（4）副驾驶人，即于劳务关系范围内，非偶然性随同为要保人或保有人履行或实施装载及辅助工作之有权驾驶人；（5）公共汽车乘务员，即于劳务关系范围内，为要保人或保有人工作者；（6）被保险汽车是因职务上之目的，经要保人之同意而使用时，该要保人之雇主或国家主管雇用机关。"日本《自动车损害赔偿保障法》第一条前段也规定："责任保险契约，因保险公司约定，对发生第三条规定之保有人损害，以及驾驶人亦应对其被保险人负损害赔偿责任时所致驾驶人之损害，予以填补。"

第四章　合理期待原则在格式条款规制中的展开　153

允许使用人适度偏离被保险人所允许的使用范围，但不得严重违反。①

更为棘手的问题是：当记名被保险人允许使用机动车的人又允许第三人使用机动车时，该第三人是否为共同被保险人？换言之，初始的授权是否含有允许第一受权使用人授权给他人的意思？在美国，此问题也是困扰司法实践的难题。法院通常认为，如果记名的被保险人明确同意或默示同意初始的受权人授权他人驾驶，那么第二受权人也受保单的保障，但是如若第二受权人违反了记名保险人的使用规则的除外。② 如果记名被保险人明确禁止初始的受权人授权其他人驾驶，那么保单也不会覆盖到第二个受权人。但也有例外，若记名的被保险人是初始被授权人的父母，有些法院依然认为第二受权人也受保险单保障，因为父母的禁止在通常情形下被视为对子女的建议，而并非有限制的授权。③ 但有些法院则不然，其认为驾驶人的使用不能只为自己的利益，而须为记名被保险人或初始被授权人的利益，否则不能获得保单的保障。④ 也有法院认为，原则上第二受权人无法获得保单的保障，除非第二受权人的使用是为了初始被授权人或记名被保险人的利益。⑤ 如果记名被保险人并没有明确禁止或明确授权初始的受权人允许他人驾驶，原则上第二个受权人可以获得保单的保障。同时，也有些法院认为第二受权人并未获得记名被保险人的授权，不应当在保单的保障范围之内。如若记名被保险人是初始受权人的父母那么依然受保单保障。如若驾驶人在驾驶时初始受权人也是乘客或该驾驶人并非为自己的目的进行驾驶而是为了初始被授权人的利益，法院通常亦认为这在初始授权的范围之内，该驾驶人也受保单的保障。⑥

其实，这里所说的被保险人的范围已经不是事实问题，而是法律上的

---

① 参见［美］小罗伯特·H.杰瑞、道格拉斯·R.里士满《美国保险法精解》，北京大学出版社2009年版，第148页；樊启荣、刘玉林《机动车第三人责任险被保险人之扩张及其限度——以共同被保险人为中心》，《保险研究》2015年第4期。

② Anderson v. Adams, 148 So. 2d 347 (2005); Odden v. Union Idem Co. 156 Wash 10, 28 P 59. (1986).

③ Schevling v. Johnson, 122F Supp 87 (2001).

④ Gillen v. Globe Indem Co. (1967 CA8 Ark) 377 F2d 328 (2008).

⑤ Farmers ins. Exchange v. Andrew 345 F Supp 689 (2009).

⑥ Jay M. Zitter, "Omnibus Clause as Extending Automobile Liability Coverage to Third Person Using Car With Consent of Permittee of Named Insured", American Law Reports, Vol. 21, No. 4, 1983, p. 17.

判断，"允许"的范围的大小需要衡量各方的利益，也要兼顾法理和情理。从宏观角度，既不能过分扩大"允许"的范围以使得保险人负担过多的责任，也不能过分限缩使得被保险人无法得到其应有的保障。笔者认为，其中的平衡点就在于被保险人的合理期待。合理期待原则本身就是以被保险人获得其应得的保险金为目的，它能解释保险条款以明确保险人的保险责任，防止保险人获得其不应得的利益。在上述情形中，被保险人的确定直接关系到保险人的责任承担，因此能够以合理期待原则去进行解释。美国的一些法院在处理这些问题之时，实际上已经运用了合理期待原则，即受保单保障的驾驶人通常是记名被保险人可预见、可期待范围内的驾驶者，或是驾驶者的行为是为了被保险人或初始受权者的利益即对车的使用目的在记名被保险人的期待之内。例如，父母禁止子女将车借给他人使用，然而父母的话在现代强调独立和平等的社会中对子女而言通常只起建议作用，子女可能听也可能不听。因此，子女不遵守父母的话将车借予他人使用也是情理之中，在理性父母的可预见范围之内。又如，法院认为，当第二受权人的使用是为了初始被授权人或记名被保险人的利益之时，其可以作为保险保障的对象。[①] 因为在机动车保险合同中，风险的大小与保险费率以及保险金相对应，总体的风险与保险金形成对价平衡。被保险人的风险是基于他使用机动车而产生的——被保险人利用机动车去完成自己的目的，获取便利，而风险就伴随其中。虽然另一个人使用车辆可能会造成风险的增加，但如果第二受权人的使用也是基于初始被授权人或记名被保险人的利益，则该使用实质上是在被保险人的控制和预期之内。因此如若加以保护，其并不会破坏风险与保险金之间的对价平衡。若最终发生事故而导致保费上升，这也是被保险人自己行为之结果。综上所述，如若驾驶者使用车辆的行为或其使用的目的在记名被保险人的可预见范围之内，则该驾驶者是被保险人所允许的驾驶者。

反观前文所述的对"允许的合法驾驶人"的三种解释。从宽解释使得保险人承担的风险过大，而且如若发生事故，则会导致保险费的提升，最终还是会增加投保人的负担。保守解释则对使用人过于苛刻，驾驶人在某些情况下适当超出记名被保险人的授权范围进行使用在所难免，这属于记名被保险人在授权时合理预见的范围。因此，笔者认为轻度背离规则较

[①] Farmers ins. Exchange v. Andrew 345 F Supp 689（2009）.

为合理，比较符合被保险人的合理期待。

三 促进保险人制定更合理的条款

合理期待原则的引入能够促进保险人制定更加合理的保险合同条款，对于被保险人的权益保护有着事前预防的作用。在保险实践之中，不少条款的合理性是值得商榷的，原因就在于保险人在制定条款时未秉持着保护被保险人合理期待的理念。我国《保险法》第十九条对无效条款进行了规定，其本意也是防止保险人利用其优势损害被保险人的利益。该条款固然能起到一定的防控作用，但由于其适用范围存在一定的争议，其调控的范围和力度依然存在不确定性。合理期待原则作为一个基本原则，能够加大法律对被保险人的保护力度，引导保险人在合同条款的设计上兼顾被保险人的利益。

在本节，笔者将对不同险种的条款进行分类讨论，试图运用合理期待原则去进行评判。

（一）机动车保险中的条款

在机动车保险中，盗抢险是比较常见的一种。机动车辆全车盗抢险的保险责任为全车被盗窃、被抢劫、被抢夺造成的车辆损失以及在被盗窃、被抢劫、被抢夺期间受到损坏或车上零部件、附属设备丢失需要修复的合理费用。在实践中，有些《机动车保险单》在特别约定一栏载明"盗抢险自领取正式牌照之日起生效，保险止期不变"。[①] 该条款意味着，在领取正式牌照前被保险人不能享受保险权利，这显然违背了社会大众的合理期待。四川省高院在总结2015年的十大典型案例之时，以该条款违背大众的合理期待以及《保险法》第十九条为理由，明确否定了该条款的效力。[②] 这就提醒保险公司在制作保险格式合同时应当遵循权利与义务相对

[①] 参见董小宾与人寿财产青羊公司"盗抢险"保险合同纠纷案，【法宝引证码】CLI. C. 64248403。

[②] 2014年12月31日，董某购买了一辆车，于当日申请了临时车辆号牌，并为该车购买了机动车交通事故责任强制保险及商业险。保险期间自2014年12月31日起至2015年12月31日止。其中，《机动车保险单》在特别约定一栏载明"盗抢险自领取正式牌照之日起生效，保险止期不变"。2015年1月1日，董某购买的车辆被盗，董某及时向人寿财险公司通知了此保险事故并申请保险理赔，但人寿财险公司以盗抢险合同未生效为由拒赔。董某遂向法院起诉要求人寿财险公司赔偿。成都中院二审认为，保险单载明的特别约定"盗抢险自领取正式牌照之日起生效，

等的法律原则,依法诚信合理地制定保险条款、厘定保险费,充分履行说明义务,否则将承担合同条款无效的法律后果。

机动车保险中的免责条款有时也并未充分考虑被保险人(投保人)的合理期待。例如,保险合同在责任免除部分载明:"发生保险事故时,驾驶员无证驾驶或驾驶证有效期已届满的,保险人不负责赔偿。"① 在傅某与中国人民财产保险公司案中,原被告就该条款发生了争议。原告在驾驶证换证申请期间发生了保险事故,结果保险公司以驾驶证有效期届满为由拒赔,原告起诉。法院支持了原告的请求,其在论述判决理由的过程中也运用了合理期待原则的法理。法院认为,首先,虽然被保险人在事故发生时持有的驾驶证已经超过证上注明的有效期限,但在其已换取新的驾驶证的情况下,被保险人要求保险人理赔事故损失,系属合理期待。② 其次,免责条款订立的目的是控制保险风险,本案驾驶人已经成功换证,并没有加大保险风险。因此,保险人不能以驾驶证有效期已届满为由拒绝赔偿。③ 简言之,在合理期待原则的指导下,保险人制定该条款之时应当将被保险人换证的期间也考虑进去,在条款中将例外予以说明,并加以提示,以避免类似的纠纷发生。

又如,申通快递诉中国太平洋保险案。该案中,被保险人购买了机动车的第三人责任险,责任险的除外条款规定对"检验不合格"的机动车不承担责任。该案中原告驾车致人死亡及车损,事后鉴定发现该车质量不合格,保险人拒赔。④ 然而,案涉原告并非检查鉴定的专业人员,不能合

(接上页)保险止期不变",但该条款实际上免除了保险公司在案涉车辆领取正式牌照之前且又在保险合同成立后这段时间内被盗的保险责任,明显违背投保人签订保险合同的目的,属于免除保险人责任的格式条款。根据《保险法》第十九条之规定,应当无效。保险公司应当按照承保金额向被保险人给付保险金。遂依法判令人寿财险公司向董某支付保险金。参见董某与人寿财产公司"盗抢险"保险合同纠纷案,【法宝引证码】CLI.C.64248403。

① 参见傅某与中国人民财产保险公司保险纠纷案。浙江省宁波市中级人民法院(2011)浙江甬民终字第604号民事判决书。安邦财产保险股份有限公司江苏分公司与周家淦保险合同纠纷案。江苏省南通市中级人民法院(2017)苏06民终970号民事判决书。

② 参见傅立业与中国人民财产保险公司保险纠纷案。浙江省宁波市中级人民法院(2011)浙江甬民终字第604号民事判决书。参见穆勒《驾驶证换证期间发生交通事故的保险责任承担》,《人民司法》2014年第3期。

③ 穆勒:《驾驶证换证期间发生交通事故的保险责任承担》,《人民司法》2014年第3期。

④ 申通快递诉中国太平洋保险案。【法宝引证码】CLI.C.63225132。

理期待其在每次上路前均对车辆进行全方位的精细安全检查,并发现所有安全性能不合格的情况,被告亦无证据证明该车辆存在驾驶员在上路前可以合理发现的明显安全性能问题。此外,投保车辆事发时仍在年检有效期内,距离通过年检审核仅短短数月。此间车辆还定期进行保养维护,被保险人业已尽到确保车辆安全上路的谨慎注意义务,如果认为事故发生后车辆凡经检验不合格者,被保险人皆要自行承担责任和意外风险,未免过苛,有悖人之常情,客观上亦不现实。法院最后支持了原告的诉请。保险人应当根据合理期待原则,对"检验不合格"进行限定,将其限定为常规的定期检验而并非任意时间,并在条款中进行说明。

有些时候保险人会设置一些隐性的免责条款在合同之中,该条款不能完全归于免责条款,但却会对被保险人产生不利的影响。例如,在应某与中华联合财产保险股份有限公司案中,保险公司在家庭自用汽车损失保险条款中根据被保险人在交通事故中的责任比例承担责任。[①] 该隐性免责条款则使得被保险人既无法在发生交通事故后及时获得足额补偿,还可能使其卷入耗费精力的诉讼,影响正常生活和生产经营;即使被保险人胜诉,也可能因侵权人欠缺赔偿能力而蒙受经济损失。由此可知,隐性免责条款不仅会直接导致被保险人订立车损险保险合同的目的与合理期待无法实现,从社会整体利益的角度来看,也不利于发挥保险分散风险、防灾减损、促进民事赔偿义务履行等功能,背离了保险制度的初衷。因此,在价值取向上宜对隐性免责条款的效力进行否定性评价。[②] 值得注意的是,在该案中,该条款并未画着重符号,因为该条款并不在免责条款那栏中,但实际上该条款的确限制了保险人的责任。根据合理期待原则的指导,保险

[①] 保单在"赔偿处理"部分载明:"保险人依据被保险机动车驾驶人在事故中所负的事故责任比例承担相应的赔偿责任。……依协商未确定事故责任比例的,按照下列规定确定事故责任比例:被保险机动车方负主要事故责任的,事故责任比例为70%;被保险机动车方负同等事故责任的,事故责任比例为50%;被保险机动车方负次要事故责任的,事故责任比例为30%。"参见应某与中华联合财产保险股份有限公司案。北京市第一中级人民法院(2015)昌民(商)初字第223号民事判决书。

[②] 保单在"赔偿处理"部分载明:"保险人依据被保险机动车驾驶人在事故中所负的事故责任比例承担相应的赔偿责任。……依协商未确定事故责任比例的,按照下列规定确定事故责任比例:被保险机动车方负主要事故责任的,事故责任比例为70%;被保险机动车方负同等事故责任的,事故责任比例为50%;被保险机动车方负次要事故责任的,事故责任比例为30%。"参见应某与中华联合财产保险股份有限公司案。北京市第一中级人民法院(2015)昌民(商)初字第223号民事判决书。

人应当尽量考虑被保险人的利益,减少制定类似减轻自己责任的保险条款,就算有类似赔偿比例的约定也应当和免责条款一样,予以重点提示。

在赔偿的额度上,目前有些条款依然不太合理。例如在林某与中国人民财产保险公司案中,机动车责任险条款约定:"保险事故发生后,保险人按照国家相关法律法规的赔偿范围、项目和标准及本保险合同的规定,并根据国务院卫生主管部门组织制定的交通事故人员创伤临床诊疗指南和基本医疗保险标准,在保险单载明的赔偿限额核定人身伤亡的赔偿金额。"[1] 国家基本医疗保险药品目录是有关部门为建立和完善社会保险制度而制定的,其适用范畴为基本医疗保险和工伤保险,适用对象是已参加社会保险统筹的劳动者,不适用于交通事故损害赔偿纠纷,且保险事故发生后,为救助伤者而采用的药物与治疗方法是由医生根据伤者病情决定的。因此,医疗机构在救助伤者时不应对使用超出医保范围的药品强加限定,否则明显不利于伤者的治疗,也会违背以人为本、救死扶伤的理念,以及被保险人对保险理赔的合理期待。因此,保险公司在制定该条款时应当秉承合理期待原则,对超出医保范围内的药物予以适当的放宽。

(二)人身保险合同中的条款

重大疾病险对被保险人的生活影响甚大,但在实务中,保险公司制定的重大疾病险在疾病的描述中往往会与一般人的理解有所偏差:保险人通过列举式"释义"的方式对重大疾病的内涵进行了限定,认为重大疾病仅指被保险人初次发生符合保险合同文本中明确列举的由中国保险行业协会与中国医师协会制定的规范定义的疾病。但凡被保险人的疾病略微超出了其范围,保险人就以合同的描述为由拒赔。

例如,在李某诉中国人寿股份有限公司案中,保险合同将"重大器官移植手术"列入重大疾病,但又注释规定:"重大器官移植手术是指接受心脏、肺脏、肝脏、胰脏、肾脏及骨髓移植。"[2] 原告因患心脏病做了心脏器官移植手术(二尖瓣置换),手术结束后,原告即开始申请理赔,但被告以原告的心脏不是全部移植,不属条款保险责任为由,作出拒赔处

---

[1] 参见林祖年与中国人民财产保险公司案。福建省宁德市中级人民法院(2017)闽09民终696号民事判决书。

[2] 参见李俊诉中国人寿保险股份有限公司三门峡分公司重大疾病保险案。河南省三门峡市中级人民法院(2004)三民三终字第199号民事判决书。

理。最后法院以保险人的推销行为使得被保险人产生合理期待,且"器官移植"应作出有利于被保险人的解释——将"部分移植"涵盖入内为由支持了原告的诉请,判决保险人支付保险金。[①] 在该案中,法院实际运用的就是合理期待原则的思想。又如,在董某诉中国人寿保险案中,保险合同条款第二十一条释义规定:"本条款有关名词释义如下:重大疾病是指下列疾病或手术:……(6)急性坏死性胰腺炎……";注释6规定:"急性坏死性胰腺炎是指由本公司认可的专科医院确认为急性坏死性胰腺炎,需要进行坏死组织清除、病灶切除或胰腺部分切除的手术治疗。"[②] 原告进行的手术虽然不属于保险合同限定的三类手术,但更科学且效果与合同限定的三类手术是一致的,均能达到清除坏死组织的目的。但保险人却以该手术不属于合同内限定的手术为由拒绝赔偿。显然,保险人如此限缩是违背被保险人合理期待的,最终法院也支持了原告的诉讼请求。类似的案例还有王某诉中国人寿保险案,该案中保险公司对脑中风的定义进行了过分的限缩,违背了一般人的认知。[③]

因此,保险公司在制定重大疾病险的保险合同之时,在满足保险对价平衡的前提下应当遵循合理期待原则的指导,避免过度限缩对疾病的定义,减少文字上的歧义。

意外伤害险旨在分散被保险人在生活中遭受意外而受损的风险。但是保险实践中,一些意外伤害险的条款未必符合该保险的目的。"被保险人因遭受意外伤害事故,并自事故发生之日起180天死亡的,保险人应给付保险金"是普遍存在于国内人身意外险保险合同中的一个时间限制条款。在中国平安保险公司与陈某案中,被保险人夏某在保险期间内因意外摔

[①] 法院认为,从前期保险公司对重大疾病终身保险合同的保险促销宣传和保险合同签订的实际情况看,保险公司还没有让被保险人对重大疾病的认识达到比较明晰的程度,对重大疾病的范围还存在着较大的争议。器官移植至少包含整个器官移植、部分器官移植、组织或细胞移植等多种情形。这就说明器官移植可以作出全部移植或者部分移植等两种以上解释。最后法院适用不利解释规则支持了被保险人。其实法院运用的是合理期待原则的思想。参见李俊诉中国人寿保险股份有限公司三门峡分公司重大疾病保险案。河南省三门峡市中级人民法院民事判决书。(2004)三民三终字第199号。

[②] 朗贵梅:《保险合同解释的合理期待原则》,《人民司法》2017年第8期。

[③] 王庆才诉中国人寿保险公司案。江苏省连云港市中级人民法院(2005)连民二终字第36号民事判决书。

倒，在医院救治246日后身故，平安保险公司认为保险条款关于保险责任部分明确约定，只有"在保险期间内，被保险人遭受意外伤害事故，并自事故发生之日起180日内因该事故身故的"，保险公司才需要承担身故保险责任，由于实际已超过180天，故不属于保险责任范围。[①] 该条款的设计主要是考虑到保险实践中造成被保险人死亡后果的常常并不单一由特定意外伤害事故所造成，往往会有其他非意外伤害事故因素的介入。以各因素对于被保险人死亡结果是否具有直接的因果关系为标准，将所涉的这些非意外伤害事故因素进行必要的区分或抽离，对最终保险人保险责任的承担有很大的影响。因此从保险的公平性考虑，给保险合同约定一个责任期间，以此为基础确定保险人承担相应的保险责任是有其合理性的。但对于被保险人来说，在没有其他因素介入的情况下，如若只是因为超出该期间一段时间就无法获得保险金，那对被保险人来说是相当不利的，也不符合普通被保险人合理期待。在该案中，法院支持了被保险人的请求，判决保险人支付。其理由是，该条款不符合《保险法》第四条规定"从事保险活动必须遵守法律、行政法规，尊重社会公德，不得损害社会公共利益"，极易导致被保险人在遭受意外伤害后无法获得及时救治甚至被二次伤害等道德风险。[②] 其实质上运用的是合理期待原则的思想对被保险人进行保护。笔者认为，保险公司应当以合理期待原则为指导，在制定该条款时，在满足保险对价平衡的前提之下，修改除外的条款为"若超出的期限在合理的范围内，且其死亡不存保险事故以外的因素，依然应予给付保险金"。

在中国人寿与泸县校办企业工程案中，保险单有条款载明"不按施工规章制度操作发生事故的，高空作业人员（或爆破人员）无上岗资格证发生事故的，我司不承担责任"[③]。某日，泸县校办建筑公司的砖工在吊砖时，由于违章操作，在吊物没有到达工校平台时就在吊物的下方等着，这时恰好砖从上面掉下来将其砸中。保险公司以其不属于保险责任范围为

[①] 中国平安财产保险公司与陈亚珍案。江苏省常州市中级人民法院民事判决书（2017）苏04民终2319号。

[②] 中国平安财产保险公司与陈亚珍案。江苏省常州市中级人民法院民事判决书（2017）苏04民终2319号。

[③] 参见中国人寿与泸县校办企业工程案。贵州省遵义市中级人民法院（2017）黔03民终4566号。

由拒绝赔付。① 法院认为，根据保险法的立法原意，如果被保险人对保险合同的保障存在客观上合理的期待时，无论保险合同条款是否明确地将其所期待的保障排除在外，都应当保护该种合理期待。在交通事故中，绝大部分交通事故都是因为违反道路交通安全规章制度而造成的。而与之类似，在建筑意外伤害中，绝大部分意外伤害都是因为违反施工规章制度而造成的。只要严格遵守交通安全制度和施工规章制度，发生交通事故或建筑意外伤害的可能性较小。在交通事故中，将"违章"作为免责条款，则绝大部分交通事故都将被排除在保险责任之外，机动车保险将基本丧失意义；在建筑意外伤害中，将"违反施工制度"作为免责条款，绝大部分建筑意外伤害都将被排除在保险责任之外，建筑意外保险也将基本丧失意义。对违章操作所造成的损失予以赔偿，是被保险人正常合理的期待。根据保险法的合理期待原则，即使保险合同已经清楚地排除了违章操作造成的损失赔付，但只要这种赔付是一个理性人的合理期待，法院对该种合理期待仍应保护。因此，保险公司在制定类似的条款之时，在满足保险对价平衡的前提下，应当遵循合理期待原则，不应过分限缩保险责任的范围。

在意外伤害险中，保险合同通常会约定人身保险伤残评定标准，作为计算和支付残疾保险金的依据。保险公司使用的人身保险伤残评定标准是"人身保险伤残程度与保险金给付比例表"，但该表与《道路交通事故受伤人员伤残评定》《职工工伤与职业病致残程度鉴定标准》在具体的项目上存在差别，有时被保险人依据后者的标准进行理赔，保险人就以二者不一致为由抗辩，并要求重新鉴定，这增加了保险的理赔时间，如果经鉴定不符合还不一定能获得相应的理赔。因此应当根据合理期待原则，更加完善人身保险伤残评定标准，使得"人身保险伤残度保险金给付比例表"、《道路交通事故受伤人员伤残评定》《职工工伤与职业病致残程度鉴定标准》能够相互对应，不再出现无法对应的问题。

此外，随着交易形式的不断丰富，越来越多的保险交易开始加入互联网的元素。在一些意外伤害保险合同中，保险人会要求被保险人购买保险后去指定的互联网网站进行激活。例如在（2016）苏09民终973号案中，原告购买的意外伤害保险卡载明"激活方式及流程：

---

① 参见中国人寿与泸县校办企业工程案。贵州省遵义市中级人民法院（2017）黔03民终4566号。

1. 互联网页面激活：登录紫金保险网站 WWW. ZKING. COM—保险卡在线激活—输入卡号+密码—阅读并确认'保险利益'—登记被保险人信息资料/保险起始日期—确认激活—激活完成/获取保单信息/查询验证保单信息；2. 手机短信激活：'CA#卡号#密码#被保险人名称#身份证件号#性别'或'CA#卡号#密码#被保险人名称#生日（例 19800101）#性别'，移动用户发送至：106575208081，电信用户发送至：1065902552058，联通用户发送至：10655025251019。"并明确"逾期未激活视为自动放弃所有权益"。法院最终在裁判中认定："1. 根据《中华人民共和国保险法》第十九条之规定，采用保险人提供的格式条款订立的保险合同中的免除保险人依法应承担的义务或者加重投保人、被保险人责任和排除投保人、被保险人或者受益人依法享有的权利条款无效。本案中，案涉保险合同系采用保险人提供的格式条款，且案涉保险合同约定的'逾期未激活视为自动放弃所有权益'条款，明显系保险人免除其依法应承担的义务，排除了被保险人或者受益人依法享有的权利，该条款应认定为无效条款。2. 根据《中华人民共和国保险法》第十三条第三款之规定，依法成立的保险合同，自成立时生效。投保人和保险人可以对合同的效力约定附条件或者附期限。本案中，案涉保险合同约定了'在约定期间内激活，保险合同自激活后三日内生效'，该条款系投保人和保险人对合同生效约定所附条件。虽然这种条款内容并没有免除保险人的责任或者限制其责任，仅仅使保险责任的开始时间后延，但该约定使保险合同成立后的一定时间内形成了保险责任空白，这就可能与投保人意思不符，违背了投保人的合理期待。"从该案可知，保险人可以在保险合同中设置条件条款，但需要注意的是，保险人在设置条件条款时应考察该条款所设置的条件是否会对保险责任的承担产生可能的实质影响，以及该条件是否会违背被保险人、投保人的合理期待。若可能产生实质影响，则保险人应在订立保险合同之时予以明确说明。

第五节　本章小结

合理期待原则在通常情况下还应适用于精明老练的被保险人，但在特殊情形下，由于被保险人自身能力很强，其在合同订立中已经能够影响一些条款的约定，这时他已经不是处于一般消费者的地位而是合同的共同制定者，保险合同的附和性在该情境中变得不再明显，此时就不应适用合理期待原则对合同进行解释或规制。合理期待原则的适用情形很多，在歧义条款解释中，合理期待原则应居于辅助地位，用以宣示保护被保险合理期待的价值，并为不利解释规则的适用提供进一步的理论依据。它也能在非歧义条款中适用，对于程序不公平、结构不公平的情形，应将其融入对我国现有规则的解释中作为主要借鉴方式，对于因营销方式、广告方式造成的误导，可以类推适用保险人说明义务，若不存在类推适用、目的性扩张的可能，则可以在穷尽现有的具体规则之后直接适用合理期待原则予以矫正。对于违反保险目的的情形，可以适用我国《保险法》第十九条加以规制，若该情形超出《保险法》第十九条的涵摄范围，则可以运用合理期待原则进行论证后类推适用该条，在特殊情形下亦可直接适用合理期待原则加以规制。而合理期待的标准应采取客观理性人标准，影响合理期待的因素包括：被保险人的老练程度、被保险人是否了解保单内容、保单的语言、保险目的、交易习惯、交易的过程、缴纳保费的多少等。合理期待原则在实践中的功能和意义不仅仅限于解释合同，当因果关系不明之时，合理期待原则能够从另外一个角度对其进行解决；当被保险人不明时，它能帮助法官判断被保险人的范围。合理原则还能够引导保险人制定更加合理的条款。诚如前述，合理期待原则能够全方位地解决被保险人受保险格式条款压迫的现状，对保险法的实践有很大的意义。

第五章

合理期待原则在保险合同效力变动相关制度中的展开
——对被保险人保险维持利益的保护

如第一章所述，被保险人获得保险保障不仅仅是指在发生保险事故之时能够获得保险金的给付，还包括了被保险人所购的保险能够长期存续并维持。大众购买保险在许多情况下是为了获得内心的安宁，获得更多的安全感。因此，获得持续稳定的保险保障亦属于被保险人的合理期待。而在实践中，被保险人往往无法维持其期待的保险保障。造成被保险人无法维持保险保障的原因是多样的。例如，保险人、投保人会解除合同以排除被保险人继续获得保险保障。又如，在中止复效中，保险人会拒绝复效以排除被保险人维持保险保障。再如，团体人身保险合同的被保险成员与团体之间关系终止后，被保险人无法继续获得保险保障。造成这些的原因是由于我国的法律对被保险人保护的缺失。合理期待原则体现了法律保护被保险人合理期待并防止保险人获得不正当利益的理念，它的引入有助于相关制度的完善。立法者在制定修改或废止保险法中的某一条文之时，必须充分考虑该条文是否能够保护被保险人的合理期待，促使我国的保险法更充分地体现保护被保险人的精神。

本章将重点讨论合理期待原则对被保险人保险维持利益的保护问题。笔者将以合理期待原则为指导，对和被保险人维持利益相关的保险合同解除制度、人身保险复效制度、团体人身保险的制度进行详细探讨，运用保护被保险人合理期待的理念来完善相关的法条，以更好地平衡双方的利益。

第一节 合理期待原则对投保人解除制度的指引

我国《保险法》第十五条赋予了投保人对保险合同的任意解除权。

投保人的任意解除权是基于保险合同的机会性和附和性的特征而设立的。投保人对风险的认知能力有限，而保险人无论在经济实力方面还是专业知识方面均占有绝对优势，故立法者认为赋予投保人任意解除权以赋予其摆脱合同约束随时反悔的权利可以更好地保护投保人作为"弱势群体"的利益。此外，因人身保险合同缴费具有长期性，若不允许投保人解除保险合同，则无异于将其捆绑于保险合同之中①，难以实现合同的实质平等。换言之，投保人的任意解除权的主要目的是平衡投保人和保险人的利益。这在投保人和被保险人为同一人时，当然不成问题。但当投保人与被保险人分而为二之时，则会产生争议。因为投保人行使任意解除权，其效果是使得被保险人的保险金请求权归于消灭，被保险人的利益会因此受损。

如前文所述，被保险人是保险合同所保障的主要对象，投保人并非保险合同所保障的对象。最终有保险金请求权的也不是投保人而是被保险人或其指定的受益人。对于被保险人来说，保险合同能够提升其自身的安全感，而在人身保险中，如若中途解除，其再次投保的成本将有所提升。权利的行使不得损害他人的利益是诚信原则的重要内涵，投保人任意行使解除权无疑会使得被保险人的期待利益受损，不但违背了诚信原则，也违背了保护被保险人合理期待的原则。

在学界，关于投保人的任意解除权，一直以来有几种学说："自由解除说"②、"被保险人同意说"③、"赎买说"④。根据前文所述，显然不宜采用自由解除说。而《保险法司法解释三》第十七条对该问题有了一定的回应，即规定当被保险人或受益人向投保人支付相当于保单的现金价值的款项并通知保险人的，被保险人可以主张投保人的解除行为无效。该条规定与赎买

---

① 在人身保险合同持续期间，投保人的经济状况可能发生变化，如若让投保人在经济困难时依然缴纳保费，对其并不公平。

② "自由解除说"认为，作为当事人的投保人应当享有合同的解除权而不用征得被保险人或者受益人的同意。参见董庶、王静《试论利他保险合同的投保人任意解除权》，《法律适用》2013年第2期。

③ "被保险人同意解除说"认为：投保人未取得被保险人同意，不得解除保险合同。参见刘建勋、黄冠猛《保险法有关人身保险等问题的立法疏失》，载《保险法评论》第3卷，法律出版社2010年版，第45页。

④ "赎买说"即在肯定投保人行使解除权需得第三人同意的前提下，如第三人不同意解除的，第三人应以支付合理对价、取回的保险费或者保险单现金价值。方可取得投保人的合同权利和义务。参见董庶、王静《试论利他保险合同的投保人任意解除权》，《法律适用》2013年第2期。

说的观点较为接近，但又有所不同。赎买说在肯定投保人行使解除权需得到被保险人同意的基础上指出：如被保险人不同意解除的，被保险人应以支付合理对价的方式取得投保人的合同权利和义务。但司法解释并未强调投保人解除一定需要被保险人的同意。依据合同法的理论，签订合同并接受合同的束缚或解除合同以摆脱合同的束缚均是合同当事人的自由，而被保险人在保险合同中虽然处于核心地位，但其也无法干预投保人摆脱合同束缚的自由。因此"被保险人同意说"很难在理论上自圆其说，司法解释不采纳"被保险人同意说"是合理的。

然而该条并无法从根本上解决被保险人利益受损的现状，因为该条对保险合同解除的通知义务，被保险人的介入权等均没有规定，这使得投保人依然可以在被保险人不知情的情形下任意解除合同。

从保护被保险人合理期待的角度，应当在法律上确立被保险人的介入权。介入权是一种形成权。形成权是依照一方之意思表示，得使权利发生、变更、消灭或生其他法律上之效果的权利。[1] 即被保险人在接到投保人欲解除合同的通知之后行使该权利可以直接取代投保人并与保险人形成合同关系。该权利类似于租赁合同中的优先购买权。[2]《民法典》第七百二十六条规定，出租人出卖房屋的，应当在出卖之前的合理期限内通知承租人，承租人享有同等条件下优先购买的权利。通说将优先购买权定义为形成权。[3] 依形成权之法理，而承租人一经行使优先购买权就在承租人于出租人之间成立买卖租赁物的合同。在保险合同中，被保险人的介入权也能够使得在被保险人与保险人之间成立保险合同。之所以要规定介入权是因为如若被保险人取代投保人，其根据的是《民法典》第五百五十五条，当事人一方经对方同意，将自己在合同中的权利和义务一并转让给第三人。换言之，合同的概括承受需要一方的同意方可一并移转。在保险合同中，投保人需要经过保险人同意方可移转，这就增加了不必要的程序，因为被保险人并未改变，风险没有大幅增加，保险人通常不会予以拒绝。而且，在投保人解除合同的情境中，投保人和被保险人之间的关系往往已经

---

[1] 史尚宽：《民法总论》，中国政法大学出版社 2000 年版，第 25 页。

[2] 优先购买权的性质有多种解释，目前学界倾向于认定优先购买权为形成权。本书采形成权说。

[3] 崔建远：《合同法》，法律出版社 2016 年版，第 347 页。

破裂甚至反目成仇①，有时投保人未必会愿意被保险人继续享有保险保障，因而拒绝与被保险人达成合同地位让与的合意，这样对被保险人是不利的。因此有必要规定介入权以保护被保险人的合理期待，但该介入权的行使应当有一定的合理期限，否则该法律关系一直处于一种不确定的状态，对三方主体均会产生不利影响。值得注意的是，这里的介入权与优先购买权虽然相似，但在内容上并无法完全等同。虽然二者均是形成权，但优先购买权行使的结果是形成新的合同，而介入权的行使并非订立一个新的合同，而仅仅只是更改合同的主体，合同的其他基本要素均和介入权行使前的合同一致。在理论上，这并非属于合同变更而属于合同更改，因为合同的同一性并未丧失。②被保险人在行使介入权之后，仅仅发生投保人变更的法律后果，合同的其他内容并未发生改变。其可以充分保护被保险人的利益。再者，被保险人介入权的赋予并不会损害投保人与保险人的利益。一方面，被保险人介入权的赋予，使本来应当解除的保险合同关系因被保险人的介入而继续承续，保险人有权要求被保险人按照保险合同的约定继续交纳保费，这对保险人是有利的；另一方面，对投保人而言，单方解除保险合同的利益无非体现在两个方面：一是不需要继续交纳保费；二是可以获得保险单项下的现金价值。对于第一项利益，因被保险人的介入成为保险合同新的投保人，自然应由其履行交纳保费的义务，自不待言；对于第二项利益，法律可以规定，若被保险人行使介入权，则其须承担向保险人支付保单现金价值的义务，该现金价值再由保险人退还给投保人，以实现利益的平衡。③

除此之外，通知义务的设立也是很有必要的。投保人虽然有解除合同的自由，但被保险人同样有维持保险保障的权利，为了防止投保人在被保险人浑然不知的情形下解除合同致使被保险人没有时间和空间介入保险合同并支付对价以取代投保人的地位，法律有必要加设通知义务。这样更加符合被保险人的合理期待。至于通知义务的主体，从理论的角度应当由投

---

① 例如离婚的一方解除对另一方的人身保险合同，在这种情境下，双方关系恶劣，投保人不一定会同意。

② 合同法通说认为，区分合同更改与合同变更的标准，乃为合同要素是否变更或者合同内容是否发生实质性变更。参见韩世远《合同法总论》，法律出版社 2011 年版，第 531 页。

③ 详细论述参见吴涵昱《利益平衡视角下利他保险合同中任意解除制度的反思与完善》，《保险研究》2022 年第 3 期。

保人承担，因为投保人是解除合同的主体，基于诚实信用原则，他应当对被保险人履行通知义务防止其利益受损。但如若从实际的操作上来讲，将通知义务转移给保险人可能更为妥当。一方面，通常投保人希望尽快解除合同，在投保人与被保险人关系破裂的情况下，其缺乏履行通知义务的动机。而保险人是继续为被保险人提供保障的主体，保险人有继续收取保费的动机，因此其履行通知义务的可能性要大于投保人。另一方面，保险人本身的经济实力雄厚，如若未履行通知义务，其也有能力支付因其未履行义务而产生的损害赔偿。但根据合同法理论，投保人解除合同的通知到达保险人后即发生合同解除的效果，并没有保险人通知被保险人让其行使介入权的余地。因此，有必要特别规定一个宽限期，即在保险人收到投保人的解除通知后不立刻发生解除的效果，保险人在宽限期内应当通知被保险人，如若在宽限期内被保险人不行使介入权，则发生合同解除的效果。关于宽限期，国外也有类似的立法例，例如美国在《团体人寿保险定义与标准条款示范法案》第六节关于转换权的补充法案中，就规定保险人应当在宽限期届满前至少 15 日通知被保险人拥有此项权利，否则被保险人享有一段额外期限来行使该项权利；同时，为督促被保险人及时行使该项权利，此法案同时规定，这段额外期限应当在向被保险人个人发出通知后 15 日终止，并且最长不得超过保险合同规定的期满日后 60 日。[①] 美国的团体险契约转换权的情形与投保人解除时被保险人的介入权相似，其目的均是保证被保险人能够顺利替代投保人而继续获得保险保障，因此存在借鉴的空间。上述内容，目前《保险法司法解释三》第十七条并均未有所涉及，这不利于被保险人的保护。

综上所述，应当基于保护被保险人合理期待的理念，赋予被保险人对投保人解除合同的介入权，在保险人收到投保人的解除通知后，在宽限期内应通知被保险人。如果被保险人愿意以支付退保金或继续缴纳保险费为代价，参与到原保险合同中来，则应尊重被保险人的意愿，以保护被保险人对保险合同的合理期待。至于未履行通知义务的后果，可以参照侵害优先购买权的规定，《最高人民法院关于审理城镇房屋租赁合同纠纷案件具体应用法律若干问题的解释》第二十一条规定："出租人出卖租赁房屋未在合理期限内通知承租人或者存在其他损害承租人优先购买权情形，承租

[①] 樊启荣、周志：《论团体保险中被保险人之合同转换权》，《保险研究》2018 年第 3 期。

人请求出租人承担赔偿责任,人民法院应予以支持。"参照该条,在保险合同解除的情境下,保险人在宽限期内未履行通知义务的,应当对被保险人承担相应的赔偿责任。

第二节 合理期待原则对中止复效制度的指引

基于人身保险长期性、储蓄性等特点,我国《保险法》第三十六条和第三十七条规定了人身保险合同的中止和复效制度,但这些规定在保护被保险人利益方面存在明显缺失。例如,我国《保险法》第三十六条第一款规定:"合同约定分期支付保险费,投保人支付首期保险费后,除合同另有约定外,投保人自保险人催告之日起超过三十日未支付当期保险费,或者超过约定的期限六十日未支付当期保险费的,合同效力中止,或者由保险人按照合同约定的条件减少保险金额。"根据这一规定,在投保人未缴纳当期保险费且超过宽展期的情形下,保险人不能以诉讼的方式追讨欠缴的保险费,也不能直接终止合同,而只是使保险合同的效力暂时停止。法律之所以如此规定,是因为人身保险合同的缴费期间较长,投保人难免因主观的疏忽或客观的苦衷使其保险费的交付有所延误。[①] 应该说这一规定对保护被保险人的权益起到了一定积极的作用。

但若从保护被保险人合理期待的角度出发去检验该条款,就会发现该规定并不周延,缺失了有关保险人催缴保险费义务的规定,这极易使被保险人的权益受损。[②] 因为在长达十几年甚至几十年的人身保险合同缴费期限内,投保人迟交或忘交保费当属常见现象,若保险人怠于催缴,再以中止为由拒赔,则被保险人的利益必然受损。再者,在保险合同关系中,投保人或被保险人往往欠缺法律知识,其未必知道欠缴会产生保险合同中止的法律后果。当投保人和被保险人分离之时,若投保人和被保险人不和,投保人接到通知后故意不缴纳保费,被保险人对此毫不知情,其利益也会受损。因此,法律应当贯彻保护被保险人合理期待的理念,规定保险人的催缴义务,并且在催缴之时须明确说明法律后果,如若未催缴或催缴了但

[①] 温世扬:《保险法》,法律出版社2017年版,第193页。
[②] 条文中虽然规定了催告,但这并非保险人的义务,且也没明确催告之时应当告知其不缴纳保费的法律后果。

未明确说明的,不发生中止的法律后果。

我国《保险法》第三十七条规定了保险合同复效制度,设置复效制度的目的是尽可能地保证原有保险合同的延续,以最大限度地保护被保险人利益。但从《保险法》第三十七条规定的关于保险合同的复效须"以投保人与保险人协商并达成协议"这一前置条件看,复效的主动权完全掌握在保险人手中,这同样会使被保险人的合理期待落空。虽然《保险法司法解释三》第八条①对此问题有了回应,否定了协商机制,使得保险人拒绝复效的权利受限缩。然而对于复效时投保人是否要承担如实告知义务,被保险人是否有权申请复效等均未规定,且何为危险"显著增加",这也是一个弹性的标准,容易造成不确定性。因此,保险人仍有可能利用其规定的空白以及不确定的概念而拒绝复效,损害被保险人的合理期待。

那么,投保人在复效时是否应当承担如实告知义务呢?否定说认为,投保人无须再履行告知义务,因为保险合同效力中止后复效之本质上仍属原合同的继续,而投保人如实告知义务是在订立合同之时才履行的②;肯定说认为,投保人或被保险人在复效时应履行告知义务,保险人有权针对复效申请中的不实告知提出异议和抗辩。③ 目前国内学者持肯定说的占多数。④ 原因在于:保险合同中需要考虑双方的利益平衡。保险的费率是建立在危险计算的基础之上的,中止期间内的危险增加会破坏费率与危险之间的平衡,因此保险人在复效之前有必要充分了解保险对象所存在的危险。司法解释规定了保险人在危险显著增加之时可以拒绝复效,这也间接说明了,投保人应当提供危险增加的信息。反驳者认为,基于保护保险消

---

① 《保险法司法解释三》第八条规定:"保险合同效力依照保险法第三十六条规定中止,投保人提出恢复效力申请并同意补交保险费的,除被保险人的危险程度在中止期间显著增加外,保险人拒绝恢复效力的,人民法院不予支持。"

② 德国的保险法学说倾向于否定说。参见王静《如实告知义务法律适用问题研究——以〈最高人民法院关于适用《中华人民共和国保险法》若干问题解释(二)〉为核心》,《法律适用》2014年第4期。

③ 美国各州保险监管法对此予以肯定。参见王静《如实告知义务法律适用问题研究——以〈最高人民法院关于适用《中华人民共和国保险法》若干问题解释(二)〉为核心》,《法律适用》2014年第4期;樊启荣《保险契约告知义务制度论》,中国政法大学出版社2004年版,第171页。

④ 参见黎建飞《保险法新论》,北京大学出版社2014年版,第34页;许崇苗、李利《中国保险法适用与案例精解》,法律出版社2008年版,第84页。

费者的原则，投保人在复效时负有如实告知义务，会增加投保人的负担，而保险人可随时以投保人复效时未履行如实告知义务而解除合同，对被保险人也有所不利。①

笔者认为，是否要在复效时规定如实告知义务需要进行综合考量。首先得考虑的是复效合同的性质。有观点认为，保险复效合同在理论上属于新的合同，因为被保险人的风险已经发生改变，保险人也需重新筛选。②依照这个观点，投保人承担如实告知义务自然是顺理成章的，因为保险法有明确规定，在订立合同之时，投保人需要承担如实告知义务。也有观点认为，保险合同复效在理论上属于原合同的延续，并非订立新的合同。原因在于，复效制度的宗旨在于延续原保险合同的效力，且原合同与复效的合同在合同条款上通常是一致的。③依照此观点，既然复效是原合同的延续，而投保人告知义务的时间点是缔约之时，故复效之时投保人似乎不应负担如实告知义务。我国《保险法》第三十七条、《保险法司法解释三》第八条均使用了"合同效力恢复"的字眼。由此可见，我国法律采纳复效合同是原合同的延续的观点，从解释论的角度似乎不应支持投保人的如实告知义务。然而，笔者认为，如若不支持投保人的如实告知义务，会对保险的对价平衡产生破坏。在保险合同中，我们既要保护保险消费者尤其是被保险人的合理期待，也要满足对价平衡原则使得保险费与危险程度相互对应以防止保险人受到损害。虽然保险合同中止、复效的阶段属于保险合同存续期间，认定投保人的告知义务似乎有违体系，但可以类比于《保险法》第五十二条的危险增加通知义务，其存在于保险合同存续期间，其目的与投保人的告知义务相似，旨在维护保险合同中保费与风险的对价平衡。④虽然，该义务是规定在财产保险合同一章中，但当下学界观点倾向于认为，其亦适用于人身保险合同。因为，无论人身保险还是财产保险，

---

① 李飞：《保险法上如实告知义务之新检视》，《法学研究》2017年第1期。
② 梁鹏：《保险复效合同比较研究》，《环球法律评论》2011年第5期。
③ Robert H. Jerry. *Understanding Insurance Law*, Lexis Nexis Matthew Bender, 2007, p. 286.
④ 当保险标的危险显著增加时，无论是从最大诚信原则还是对价平衡原则出发，投保人及被保险人均应将上述事实通知保险人，以便保险人选择增加保险费或者解除合同。参见孙宏涛《我国〈保险法〉中危险增加通知义务完善之研究——以我国〈保险法〉第52条为中心》，《政治与法律》2016年第6期。

在保险合同订立后，均存在着保险标的危险变动的可能性。①

诚如前述，在申请复效阶段中的投保人告知义务实质上类似于保险合同期间的危险增加通知义务。因此，在申请复效之时规定投保人的告知义务是有必要的。但如何防止投保人负担过重以至于损害被保险人的利益呢？其中的关键就在于告知义务本身的标准和范围。如若告知义务是要求投保人主动告知，那自然会给投保人造成额外负担，但我国目前的投保人告知义务采用询问告知主义，我国《保险法司法解释二》第六条第一款也明确规定："投保人的告知义务限于保险人询问的范围和内容。当事人对询问范围及内容有争议的，保险人负举证责任。"因此，投保人只需回答保险人所询问的内容，保险人没有询问的内容投保人不必主动告知。②这样不会额外增加投保人的负担，也不会违反对价平衡原则而对保险人造成损害。如若在复效之时，保险人未主动询问就以投保人未履行如实告知义务为由解除合同，在法律上不应得到承认。值得注意的是，如第一章所述，在投保人和被保险人分离的情况下，投保人对危险的了解程度不如被保险人，两者之间存在一定的"代理成本"。投保人所告知的可能与被保险人所明知的不一致，投保人也可能因重大过失而未予告知保险人，最终承担不利后果的还是由被保险人承担，这既不符合被保险人在保险合同中的核心地位，也有损被保险人的合理期待。笔者认为，法律应当规定在保险人询问的情况下，被保险人也应当如实告知。当投保人与被保险人告知的内容不一致时以被保险人所告知的内容为准；当被保险人不如实告知之时，被保险人应当承担违反如实告知义务的后果。

除此之外，被保险人也应当具有申请复效的资格，因为在一些情况下，投保人不愿为被保险人申请复效或者因过失而忘记申请复效，这时如若被保险人无法自己申请复效，那么其合理期待将难以得到维护。诚如前述，基于合理期待原则，笔者建议法律对被保险人的申请复效资格予以规定。

"危险程度在中止期间显著增加"也是一个不确定的概念，《保险法司法解释三》的规定也存在一定的问题。首先，关于危险增加，《保险司

---

① 孙宏涛：《我国〈保险法〉中危险增加通知义务——以我国〈保险法〉第 52 条为中心》，《政治与法律》2016 年第 6 期。

② 杜万华：《保险案件审判指导》，法律出版社 2018 年版，第 98 页。

法解释三》并未区分主观危险增加以及客观危险增加，而是将二者一体对待。① 主观危险增加是指该危险的增加是由于被保险人主观意识的作为或不作为引起的，包括了被保险人本身的道德风险增加，即被保险人的不诚实倾向而使得损失危险增加。客观危险增加是指并非由被保险人主观意识的作为或不作为引起的危险增加，主要包括物质危险的增加，例如被保险人身体健康的恶化。② 在主观危险增加的情形下，被保险人的期待自然无法得到保护，但在客观危险增加的情形下，被保险人通常不存在过错，将其与主观危险增加一体对待，一方面难以起到惩戒被保险人道德风险的目的，另一方面也对无任何过错的被保险人不公平。因此，有必要在法律中区分主观危险增加与客观危险增加的不同法律效果，对于保险标的危险增加的事实，投保人或被保险人在主观上存在过错，法律可以对其苛以较为严厉的法律后果。③ 例如在客观危险增加的情况下，法律可以允许其多缴纳保费以维护对价平衡；在主观危险增加的情况下，被保险人需直接承担无法复效的不利后果。

除上述问题外，还有一个问题一直困扰着学术界和实务界：若被保险人的危险并不是从中止期间开始显著增加而是从中止期间之前的合同有效期就已经开始增加至申请复效之前该危险已经达到了显著的程度④，保险人是否还应拒绝复效呢？依照《保险法司法解释三》的规定，似乎保险人拒绝或是不拒绝均有一定的道理。一种解释认为，保险人应当拒绝复效。因为从结果上来看，危险的确是在中止期间达到了显著的程度，超出了保险人的承保风险，如若允许复效将破坏对价平衡的原则并违背符合该条款的目的。另一种解释认为，保险人不应拒绝复效。因为该条文明确规

---

① 法律上区分主观与客观之法律精神在于宣示行为本身不具有可罚性，可归责的是行为背后的主观过错，即因某种过错的行为将承担失权或解除合同的法律后果。参见梁宇贤《保险法新论》，中国人民大学出版社2004年版，第283页。

② 李天生、张盛：《论保险合同复效中危险程度显著增加的认定》，《大连海事大学学报》（社会科学版）2017年第4期。

③ 孙宏涛：《我国〈保险法〉中危险增加通知义务——以我国〈保险法〉第52条为中心》，《政治与法律》2016年第6期。

④ 例如慢性致癌RNA病毒诱发肿瘤的潜伏期就较长（4—12个月），癌症的发生是在细胞内外多种因子作用下的综合结果，并且有一个量变到质变的积累过程。参见戴玉锦《癌症发生机理的研究进展》，《生物学杂志》2014年第12期。

定中止期间危险显著增加,若对其作严格的文义解释,似乎只有在危险增加始于中止期间的情况下保险人才能拒绝复效。笔者认为,从对价平衡的角度,当采前一种解释,但是也必须要考虑被保险人的合理期待。因为,对于一些客观的潜伏的危险被保险人并无力去进行控制,且被保险人订立合同的目的本身就是分散风险,若一概拒绝一方面会和司法解释的文义不符,另一方面也会对被保险人的合理期待造成损害。目前有学者认为,对于危险由合同有效期延续到中止期的情形,保险人可以通过增加保费的方式使得合同双方重新达到平衡以确保保险合同效力的延续。[①] 笔者对此表示赞同,因为这既能够维护对价平衡让保险人不受损,又保护了被保险人的利益,使其能继续获得保险的保障,也符合复效制度本身的目的。

综上所述,应当以合理期待原则作为指引,在保险合同的中止制度中增加关于保险人催缴保费并说明后果的义务规范。在复效制度中,对投保人在复效时是否要承担说明义务作出明确的规定,并明确被保险人申请复效的主体资格,以充分维护被保险人对保险合同的合理期待。

第三节　合理期待原则对团体保险制度的指引

我国现行保险法欠缺团体保险中对被保险人利益保护的规范。团体保险的目的在于推行员工福利,并为员工提供经济保障。因此,团体保险应以被保险人利益作为保护的重点。然而,就目前保险立法来看,这方面的规定依然存在缺失:首先,我国保险法中并没有明文设置受益人的指定或变更应排斥团体享受的条款。这极易使投保团体险企事业单位以被保险人指定或经被保险人同意为借口,将本当属于被保险人及其家属的利益通过所谓的"经被保险同意或指定"而归属于该团体本身,从而侵害被保险人的合理期待。在实践中,时常会出现受益人在保险人的劝诱和强迫下转移受益权的情形[②],例如保险合同生效后,一位农民工孙先生不幸在施工过程中因事故意外死亡。事发后,建筑公司向孙先生的家属赔偿了70万

[①] 李天生、张盛:《论保险合同复效中危险程度显著增加的认定》,《大连海事大学学报》(社会科学版) 2017年第4期。

[②] 例如单位以格式条款的形式强行指定受益人为投保人本人,令劳动者处于同意与不同意的两难境地,即同意则被保险人得不到该保险的保障,不同意则有违单位的意志。

元赔偿金,然后要求家属签署一份保险金权益转让协议,并且要求所有受益人均签字,将受益人根据保险合同项下享有的保险金权益全部转让给该建筑公司。全部受益人都签字后,该建筑公司拿着这份文书,找到保险公司,要求索赔保险金 100 万元。之后,家属寻找保险公司去请求差额遭受拒绝。[①] 目前我国《保险法》第三十九条第二款有规定:"……投保人为与其有劳动关系的劳动者投保人身保险,不得指定被保险人及其近亲属以外的人为受益人。"该条文限制了投保人对受益人的指定,其立法目的也是保护团体中员工的利益,但该条并未明确排除在被保险人同意的情形下单位成为受益人的情形。笔者认为,基于保护被保险人合理期待的理念,为了保障被保险人无形的保险保障利益,法律应当明确禁止将团体单位指定为受益人,哪怕在受益权转让的情形下,团体单位同样无法成为保险合同的受益人,否则将不利于被保险人的保护。

另外,我国保险法未赋予被保险员工的契约转换权。契约转换权是指,当团体人身保险合同的被保险成员与团体之间关系终止后,被保险人有将团体人身保险合同转换为个人人寿保险的权利。[②] 该缺失无疑会使作为团体成员的被保险人的利益受损。

对于许多普通民众而言,团体保险或许是他的唯一商业保险,当他不再具备团体保险成员的资格时,将面临失去保险保障的风险。[③] 团体保险本身的目的就是给员工提供福利。况且,有一些老员工为了企业勤勤恳恳工作了一辈子,其更有合理的理由期待在其退休之后能够享受到一定的福利。[④] 而依据目前的保险法,一旦被保险人离开了这个团体,他就面临无法获得相应保障的危险,这不但不利于其个人的生活,也可能造成严重的社会问题。因此,为这样的被保险人提供一个可以与其即将脱离的团体保险相互衔接的保险或者为这些人提供一项合同转换权以获得保险保障就变得意义非凡。[⑤]

在美国,契约转换权已经有了明文规定,《团体人寿保险定义与标准

[①] 参见 http://blog.sina.com.cn/s/blog_7bb4ea230102xbad.html,最后访问日期,2018 年 12 月 25 日。

[②] 樊启荣、周志:《论团体保险中被保险人之合同转换权》,《保险研究》2018 年第 3 期。

[③] 樊启荣、周志:《论团体保险中被保险人之合同转换权》,《保险研究》2018 年第 3 期。

[④] 樊启荣:《保险法诸问题与新展望》,北京大学出版社 2015 年版,第 433 页。

[⑤] 樊启荣:《保险法诸问题与新展望》,北京大学出版社 2015 年版,第 433 页。

条款示范法案》《团体个人财产保险和意外保险示范法案》均设有被保险人合同转换权条款。许多保险人在制定团体保险条款的时候也乐意将契约转换权的条款写进合同之中。① 在我国台湾地区亦有类似的规定。② 而我国当下确实没有完善的制度去保障被保险人脱离团体后的利益,因此有必要借鉴美国和我国台湾地区的制度,以加强对被保险人的保护。

契约转换权在理论上属于形成权。其与投保人解除合同情境下被保险人的介入权是相似的。有差异的是,团体保险契约转换权行使之后,保险合同的性质会发生改变,团体保险将变为个人保险,而投保人解除保险合同的情形之下,不一定会发生该变化。另外,团体保险行使契约转换权的事由较多,原因在于团体保险合同终止的事由不限于一种。我国台湾地区《团体一年期人寿保险单示范条款》的第十条、第十一条、第十二条以及《团体伤害保险单示范条款》的第十三条、第十四条、第十五条,规定了三项被保险人合同转换权行使的事由,分别为:团体保险合同因为团体人数不足或未达到一定比例而终止③、团体保险合同因为团体危险显著增加而终止、被保险人参加团体保险满六个月后丧失被保险人资格。樊启荣教授等又将契约转换权的事由总结为两大类:因个别被保险人终止团体成员关系而丧失被保险人资格、因主保险合同终止或变更而终止对被保险人的

---

① Berkeley Cox, "Group Insurance Contracts for Employees", *Texas Law Review*, Vol. 38, No. 12, 1959, p. 211.

② 我国台湾地区《团体一年期人寿保险单示范条款》第十二条规定:"本公司因第十条、第十一条的原因终止本契约或被保险人参加本契约满六个月后丧失本契约被保险人资格时,被保险人得于本契约终止或丧失被保险人资格之日起三十日内不具任何健康证明文件,向本公司投保不高于本契约内该被保险人之保险金额的个人人寿保下契约,本公司按该被保险人更约当时之年龄以标准体承保。但被保险人的年龄或职业类别在本公司拒保范围内者,本公司得不予承保。"《团体伤害保险单示范条款》第十五条规定:"本公司因第十三条、第十四条的原因终止本契约或被保险人参加本契约满六个月后丧失本契约被保险人资格时,被保险人得于本七月终止或丧失保险人资格之日起三十日内不具任何健康证明文件,向本公司投保不高于本契约内该被保险人之保险金额的个人伤害保险契约,本公司按该被保险人更约时之职业等级承保,但被保险人的职业类别在本公司拒保范围内,本公司得不予承保。"

③ 因为团体人身保险具有以团体核保替代个人核保的特征,为了使得团体人身保险得以合理、稳健地运作,须要求团体中个别危险能合理均匀地分布,且该团体成员之规模须大得足以包含各种从健康到病弱的程度。为实现上述目的,就有了最低投保人数的限制。参见樊启荣《保险法诸问题与新展望》,北京大学出版社 2015 年版,第 426 页。

承保。① 比较而言，通常被保险人行使介入权，只能在投保人解除合同的情形下，而在团体保险中，只要发生团体保险终止的事由，被保险人就能够行使契约转换权。原因在于，团体保险本身就有给员工提供福利保障的政策考量，被保险人的合理期待的标准自然要高于普通情形下被保险人的合理期待。因此，契约转换权发生事由自然较一般的被保险人介入权要丰富。

在通知义务的规定上，团体保险与投保人解除保险合同的情形类似，应当借鉴美国的经验②：保险人在知晓团体终止的问题之后，应当在宽限期内通知被保险人使其有机会行使契约转换权，否则保险人应当承担相应的赔偿责任。这样的设计有助于被保险人在团体险终止事由发生之时及时采取措施。

而在宽限期内，若保险事故发生且被保险人尚未行使契约转换权，被保险人是否依然受到保险合同的保障？美国法对此给予了肯定的回答。③从保护被保险人合理期待的角度，在此期间保险人承担保险责任也是合理的。因为一般理性的被保险人有理由相信其在宽限期内的利益依然是受保障的，正如同 Gaunt 案中，被保险人提交了保费并收到了收据后，其就有理由认为保险期间已经开始一样。④ 既然被保险人拥有在宽限期内将团体保险转换为个人保险的权利，若在此期间被保险人的风险不受保护，则无法实现契约转换权本身的目的，也不符合被保险人的合理期待。

综上所述，基于保护被保险人合理期待的理念，应借鉴域外法的经验完善团体保险中保护被保险人利益的规则。⑤ 禁止在团体保险中单位作为受益人的资格，并确立团体保险解除情形下的保险人对被保险人的通知义

---

① 樊启荣、周志：《论团体保险中被保险人之合同转换权》，《保险研究》2018 年第 3 期。

② 美国在《团体人寿保险定义与标准条款示范法案》第六节关于转换权的补充法案中，就规定保险人应当在宽限期届满前至少 15 日通知被保险人拥有此项权利，否则被保险人享有一段额外期限来行使该项权利；同时，为督促被保险人及时行使该项权利，此法案同时规定，这段额外期限应当在向被保险人个人发出通知后 15 日后终止，并且最长不得超过保险合同规定的期满日后 60 日。

③ 此时保险人依然需要承担保险责任。参见 Eric H. Miller, "Group Insurance Construction, Application, and Effect of Policy Provision Extending Conversion Privilege to Employee after Termination of Employment", American Law Reports, Vol. 32, No. 2, 1984, p. 1039.

④ Gaunt v. John Hancock Mutual Life Insurance Co., 160 F. 2d 599, 601 (2d Cir.).

⑤ 美国的《团体人寿保险定义与标准条款示范法案》第五节"团体人寿保险标准条款"，第 H 条与第 I 条已经规定了被保险人契约转换权。

务及宽限期内被保险人的契约转换权以维护团体保险下的被保险人的合法权益，维护社会的稳定。

第四节　合理期待原则对保险人解除制度的指引

我国《保险法》规定了保险人行使法定解除权的情形，包括《保险法》第十六条的投保人违反如实告知义务；《保险法》第二十七条的被保险人、受益人谎称、故意制造保险事故发生；《保险法》第三十七条的人身保险合同效力中止两年未达成协议；《保险法》第三十二条的人身保险合同的年龄误告；《保险法》第五十一条的财产保险合同中投保人未尽安全维护义务；《保险法》第四十九条的财产保险合同保险标的（转让导致）危险程度显著增加；《保险法》第五十八条的财产保险合同保险标的发生部分损失等。

总体来说，只有当保险合同双方的对待给付平衡发生改变或受到破坏之时，保险人才能行使法定解除权以脱离保险合同的约束。[①] 法定解除原因是其权利合法之界限。除此之外，保险人再无行使解除权之可能。当下，世界范围内的保险人解除权均趋向于限缩，这也是基于保障被保险人利益的考量。我国虽然也严格限定了法定解除权的类型，但若仔细地以是否保护被保险人合理期待的标准去检验，则依然会发现不足。在此部分，笔者将对保险人解除的事由进行重点探讨，试图对其加以完善，以维护被保险人的保险合同维持利益。

一　如实告知义务的完善

如实告知义务是投保人订立保险合同时必须履行的基本义务，投保人是否对保险标的或者被保险人的有关情况作如实说明，直接影响到保险人测定和评估承保风险并决定是否承保，影响到保险人对保险费率的选择。除了体现最大诚信原则之外，告知义务还是维持保险合同对价平衡的重要保障机制。为了确保保险人支出的保险金总额与收入的总保险费是呈对价平衡之状态，保险人必须掌握充分而精准的信息，否则其可能面临收支不

[①] 姜南、杨霄玉：《保险合同解除语境下被保险人利益之保护》，《河北法学》2014年第12期。

平衡的情况而最终导致其运营瘫痪。因此，当投保人违反如实告知义务之时，法律赋予保险人合同解除权，以避免投保人不如实告知而造成的不良影响。但目前我国对告知义务的规定依然存在不足，并没有充分顾及被保险人的利益。从保护被保险人合理期待的角度，目前存在以下几个方面的问题：法律未明文规定文字询问主义；缺少保险人调查义务；重要事实的判断还不够完善；在违反告知义务的效果上依然坚持"全有全无模式"，没有采取"对应调整模式"。下文将逐一对其进行探讨。

（一）文字询问主义的确立

目前，我国的投保人告知义务采用询问告知主义，我国《保险法司法解释二》第六条第一款也明确规定："投保人的告知义务限于保险人询问的范围和内容。当事人对询问范围及内容有争议的，保险人负举证责任。"因此，投保人只需回答保险人所询问的内容，保险人没有询问的内容投保人不必主动告知。[1] 然而，我国保险法及司法解释并未明文规定告知义务的履行方式，根据文义解释，应该理解为自由询问模式。[2] 而在我国的保险实践中，保险人有时为了揽客需要，仅仅进行口头询问，并要求投保人在保险格式合同上打钩，而投保人通常不会详细阅读保险合同的内容。[3] 在发生争议时，投保人则很难证明其履行了如实告知义务；反之，对于保险人来说，投保人的未履行如实告知义务却比较容易证明。[4] 因此，在存在争议的情况下，法院往往会支持保险人的解除行为，这对被保险人是不利的。从合理期待原则的角度，若保险人依此而滥用解除权，被保险人所期待的稳定的保险保障就会处于一个不稳定的状态，这显然对被保险人不公平。询问方式的不确定，不但无助于明确双方的行为，对投保人、被保险人在后续纠纷中的举证也会造成不便。

诚如前述，鉴于保护被保险人合理期待的考量，笔者认为有必要在立法中正式确立文字询问模式，使得实践中投保人的告知义务范围更加明确，同时也能避免当事人举证的困难，从而减少保险人滥用解除权的情

---

[1] 杜万华：《保险案件审判指导》，法律出版社2018年版，第98页。
[2] 李飞：《保险法上如实告知义务之新检视》，《法学研究》2017年第1期。
[3] 仲伟珩：《投保人如实告知义务研究——以中德法律比较为出发点》，《比较法研究》2010年第6期。
[4] 仲伟珩：《投保人如实告知义务研究——以中德法律比较为出发点》，《比较法研究》2010年第6期。

形。而之所以采用"文字询问"而非"书面询问",是因为在互联网时代越来越多的人开始借助网络、电子媒介来进行询问与告知。① 为适应当前电子交易之新兴缔约形态,采用文字询问模式或许更为贴切。因为文字询问模式不但明确排除了口头询问形式,而且涵盖了依托书面、电子等媒介进行询问的形式。② 需要指出的是,采纳文字询问主义不但符合合理期待原则,且不会破坏保险合同中的对价平衡,亦不违背保险法的其他基本原则,从效率的角度,亦不会给保险人增加过高的成本。综上所述,我国应当进一步在保险法司法解释中规定:保险人应以文字的形式对投保人进行询问,在出现争议时,保险人应提出证据证明其对于重要事项已经明确询问投保人,并应证明投保人未如实告知的事实。

(二)保险人调查义务的确立

在保险合同的订立过程中,有些重要信息只要保险人加以适当询问或调查就可以准确获知;投保人却可能由于自身的误解或善意的错误而进行不符合客观事实的告知。③ 例如,人身保险中投保人和被保险人有时并不是同一人,投保人有可能因为对被保险人具体情况不了解而使自己陷入不如实告知的处境。④ 而与此同时,保险人又怠于审慎核保,这就导致了保险人会以投保人未履行告知义务为由解除合同。保险人调查义务的缺位使得原本已经处于信息优势地位的保险人获得法律更多的偏袒和保护,使保险合同双方的权利义务分配更加失衡。⑤ 这无疑会对被保险人极为不利。

鉴于此,笔者建议在法律上确立保险人的调查义务。⑥ 在美国判例法中,保险人的调查义务已经得到了承认,例如在 Overstreet 案中,被保险人被受益人杀害,法院认为保险人有义务去调查受益人对被保险人没有保

---

① 参见邢嘉栋《电子保单中的询问与告知》,载谢宪、李友《保险判例百选》,法律出版社 2012 年版,第 85 页。

② 参见邢嘉栋《电子保单中的询问与告知》,载谢宪、李友《保险判例百选》,法律出版社 2012 年版,第 85 页。

③ 潘红艳、刘文宇:《论保险人调查义务》,《当代法学》2007 年第 4 期。

④ 林倩倩:《论保险人的调查义务》,《齐齐哈尔大学学报》(哲学社会科学版)2012 年第 2 期。

⑤ 潘红艳、刘文宇:《论保险人调查义务》,《当代法学》2007 年第 4 期。

⑥ 保险人的调查义务最先由美国的基顿提出。他认为:"若从要保人所提供之资讯或从部分调查中获得之资讯,显示要保人之陈述存有善意误解之可能性,保险人也许应有调查义务。"参见施文森先生 2005 年 9 月于吉林大学所做保险法讲座讲义,未刊稿。

第五章　合理期待原则在保险合同效力变动相关制度中的展开

险利益的事实。① 在 Barrera 案中，被被保险人撞伤的行人主张责任险的赔偿，保险人以被保险人未将其驾驶证已被扣留的事实如实告知为由拒绝并解除合同，法院认为，保险人对被保险人的告知应尽谨慎调查的义务，否则这对被保险人和第三人均不利。② 该义务的设立对于被保险人来说无疑是符合其合理期待的。具体而言，首先，对于投保人、被保险人来说，他们并不清楚保险人是如何评估危险计算费率的。虽然保险人会将其认为重要的信息向投保人进行询问，但投保人未必明白这些信息的重要意义，也不一定清楚这些信息中的哪些部分是至关重要的，出现一些错误在所难免。其次，在保险人核保过后，被保险人也有理由认为其在诚信缔约之后获得的保险保障是稳定可靠的，如若保险人因自己未尽谨慎调查义务却以投保人未尽如实告知义务而将保险合同解除，那显然不符合被保险人的合理期待。最后，赋予保险人谨慎调查义务有助于增进保险消费者与保险人之间的信任，促进更多的人投保以使得保险业繁荣发展，这对于双方而言可谓双赢。

值得注意的是，保险人的调查义务是有限度的。原因在于，首先，调查的目的在于平衡保险人与投保人、被保险人之间的利益，其并非要求保险人查清保险标的的一切情况。其次，让保险人负担过重的调查义务并不具有可操作性，效率极低。此外，依据合理期待原则的内涵，对被保险人的保护应当控制在合理的范围内。如为了被保险人的利益过分加重保险人的义务，势必造成法律对经济活动的不当干涉，侵害保险人的利益，最终危及保险业的发展。③ 保险人调查义务的限制因素主要包括两方面：一是保险人的能力。尽管保险人在信息方面较被保险人存在较大优势但其活动能力、调查能力会受到技术、人员、经营范围等因素的约束，对于明显超过自己能力范围的信息，如商业秘密、国家秘密，就不应该苛

---

① 英美的保险立法为防止道德风险，不仅要求合同当事人对保险标的具有保险利益，还要求受益人对保险标的具有保险利益。在该案中，被保险人的父亲并不是保险合同的当事人或者关系人，由于保险人的不谨慎核保，加上投保人的谋杀行为，使被保险人利益受到了极大的损害。该案判决参见 Overstreet v. Kentucky Central Life Insurance Company, 950 F. 2d. 931 (1991)。

② Barrera v. State Farm Mutual Automobile Insurance Company, 456 P. 2d 674, 677 - 79 (Cal. 1969)。

③ 潘红艳、刘文宇：《论保险人调查义务》，《当代法学》2007 年第 4 期。

刻地要求保险人调查。① 二是商业成本。保险人是商事主体，参加到保险行业中正是以营利为目的的，如果调查成本过高，将调查义务无限制地强加于保险人不仅会削弱保险人的积极性，而且也会影响保险业的健康发展。② 因此，在确立保险人调查义务的同时也应当对其进行合理的限制，使其既能保证被保险人的维持利益又能不让保险人承受过重的负担使其利益受损。

（三）重要事实判断的完善

在理论上，当投保人未如实告知的事项属于重要事项之时，保险人可以解除保险合同。③ 我国《保险法》第十六条第二款中用"足以影响保险人决定是否同意承保或者提高保险费率"作为重要事实界定标准。④ 但如何理解"足以影响保险人是否同意承保或者提高保险费率"呢？目前无论在法律上还是理论上均有待进一步地阐明，否则被保险人依然存在随时丧失保险保障的危险。

理论界通常采用客观标准对其进行理解，即并非个案中的保险人认为该事实足以影响费率法院就将其认定为重要事实，而是要符合一般理性保险人的认知标准，以及保险行业中测算风险的标准。因为主观标准不利于督促保险人提升风险评估能力，且主观标准既难证明，也易于诱发保险人的恶意拒赔。⑤ 例如在保险实务中，保险公司常常借用自己拟定保险合同格式条款的优势地位，尽可能多地在保险合同中添加各种询问条款的情形。⑥ 因为，其设置的询问条款越多，投保人或被保险人答错的概率就越大，保险公司就可以投保人或被保险人不如实告知为由拒绝赔偿。⑦ 这些

---

① 林倩倩：《论保险人的调查义务》，《齐齐哈尔大学学报》（哲学社会科学版）2012年第2期。

② 林倩倩：《论保险人的调查义务》，《齐齐哈尔大学学报》（哲学社会科学版）2012年第2期。

③ [美] Kenneth S. Abraham：《美国保险法原理与实务》，韩长印译，中国政法大学出版社2010年版。

④ 孙宏涛：《我国〈保险法〉如实告知义务的规则完善》，《江西社会科学》2016年第3期。

⑤ Andrew Amer, Linda H. Martin, "The Standard of Materiality for Misrepresentation under New York Insurance Law- A State of Unwarranted Confusion", *Coneecticut Insurance Law Journal*, Vol. 17, No. 1, pp. 415-418.

⑥ 孙宏涛：《我国〈保险法〉如实告知义务的规则完善》，《江西社会科学》2016年第3期。

⑦ 孙宏涛：《我国〈保险法〉如实告知义务的规则完善》，《江西社会科学》2016年第3期。

询问条款有些时候也不一定和保险责任有实质性关联，若采用主观标准，那么保险人就可以将其认为是与保险费率有关联的重要信息而滥用保险人解除权。这样一来，原本由最大诚信原则引申出来并协助保险公司进行危险评估的告知义务就成了保险公司恶意抗辩的工具，以图推卸保险金给付之责。[①] 因此，大多数人不支持主观标准而支持客观标准。客观标准强调了判断该信息是否产生决定性影响的主体并非特定的保险人而是客观理性的保险人。[②] 换言之，特定保险人的主观判断只能成为判断该信息是否重要的参考因素而非决定性因素。

值得注意的是，"理性保险人"是一个较为宽泛的概念，若没有其他因素辅助判断，其依然不具有可操作性。德国《保险合同法》第二十一条第二款规定，当违反告知义务与发生保险事故及保险人的责任范围无关时，保险公司仍应承担保险责任。因此，可以将投保人未告知的事实与保险事故及责任范围是否直接相关作为客观标准的另一个重要判断因素。[③]

在理论上对投保人告知义务中的重要事实进行定义和限缩对被保险人保险维持利益的保护有很大的意义。我国司法解释也应当进一步确立客观标准以强化对被保险人的保护。

（四）对应调整模式的确立

我国保险法设置了赋予保险人解除合同权利和拒绝赔偿两种法律后果。从表面上看，该条使用了"故意或重大过失"的表述，在投保人有故意或重大过失未履行如实告知义务时，保险人均可免除赔偿责任。从条文的规定看，投保人违反如实告知义务的两种情形——故意与重大过失，在法律后果上，除了保险费退还这一差别规定之外，在其他方面基本没有差别。可以说，我国在违反告知义务的效果上依然采取的是全有或全无的模式。

[①] 樊启荣：《保险契约告知义务制度论》，中国政法大学出版社2003年版，第4页。

[②] 该标准最早产生于1937年的美国判例Geer案中，在该案中，法院强调会影响保险人决定是否承保的信息为重要信息，而且判断该信息是否重要的主体为理性保险人并非本案的特定保险人。参见Geer v. Union Mut. Life Ins. Co. 7 N. E. 2d125, 130（1937）。

[③] 例如，当投保人未告知的事实与保险事故及保险人的责任范围无关时，可以认定上述事实并非"足以影响保险人决定是否同意承保或者提高保险费率"的事实，因而也并非投保人购买之保险所应当告知之重要事实，因此保险公司不能拒赔，仍然应当按照合同的约定承担保险责任。孙宏涛：《我国〈保险法〉如实告知义务的规则完善》，《江西社会科学》2016年第3期。

全有或全无的模式是指投保方违反了某种契约上的义务，保险人或全部免责或给付全部保险金。① 但是"全有或全无"模式的法律后果对被保险人来说似乎过于严苛。从合理期待原则的角度，法律应该设置一定的缓冲区，让投保人、被保人有一定补救的余地。

笔者认为，为了保护被保险人，平衡双方利益，在违反告知义务的后果上采用"对应调整模式"或许是一种较为可行的方案。"对应调整模式"是指在义务人违反规定之行为义务时，保险人不得一概主张全部免除责任，然得依照"一定方式"调整给付之内容。②"对应调整模式"具体可分为两种方法：一是"比例变额法"，即将原定的保险金额按照未告知的场合所定的保险费率，与若有据实告知的场合所应收保险费之比例加以缩减保险给付或增加保险费收取。③ 二是"依照核保标准调整契约内容法"，即根据保险人之承保标准，若投保人据实告知时，保险人将会以何种条件进行承保，则依照该条件调整契约之内容。④ 具体调整之方式包括减少保险金额、增加保险费、确定自负额或除外危险、增列等待期或缩短承保期间等方式。

我国《保险法》第三十二条第二款对于人身保险中年龄误报的情形就作出了按比例赔偿的规定，这也是对应调整模式在法条中的具体体现。但年龄误报只是违反如实告知义务的一种特殊情形，对于一般的告知情形，也应当运用"对应调整模式"体现出差别规定以限缩保险人的解除权。

这样的模式从保护被保险人合理期待的角度也是合理的。因为被保险人依据自己对保险合同存续并提供风险保障的信赖行事，诚实地支付保险

---

① 郑子薇、叶启州：《告知义务违反之法律效果与对应调整原则——以德国法与日本法之修正为中心》，载林勋发教授六秩华诞祝寿论文集编辑委员会编：《保险法学之前瞻：林勋发教授六秩华诞祝寿论文集》，台湾元照出版公司 2011 年版，第 117 页。

② 郑子薇、叶启州：《告知义务违反之法律效果与对应调整原则——以德国法与日本法之修正为中心》，载林勋发教授六秩华诞祝寿论文集编辑委员会编：《保险法学之前瞻：林勋发教授六秩华诞祝寿论文集》，台湾元照出版公司 2011 年版，第 117 页。

③ 王家骏：《保险法告知义务"全有全无模式"之批判与制度改革选择》，《法律科学》2018 年第 1 期。

④ 王家骏：《保险法告知义务"全有全无模式"之批判与制度改革选择》，《法律科学》2018 年第 1 期。

费,然而直至保险事故造成其人身或财产损害时,他才发现所谓的保障根本就不存在,这对被保险人的打击是巨大的。[①] 因此,在违反告知义务的效果上应当尽量限制保险人的解除权,以尽量确保保险合同的有效存续。[②] 2008 年德国《保险合同法》第二十八条就采用了这个理念,该条规定,在重大过失和一般过失下,若保险人知晓投保人未告知事项后仍会与之订立合同,那么保险人解除或终止保险合同的权利将不得行使。我国法律也应当借鉴这样的立法模式,对后果进行区分。[③] 具体而言,法律应规定投保人在因重大过失未能履行如实告知义务时,保险人有权选择同投保人协商变更保险合同,如若协商不成,则根据以下四种情形分别承担法律后果:(1)保险人证明,若自己知道不实告知的情形将不会同投保人缔结保险合同时,保险人有权拒绝承担保险责任,但应当退还其已收取的保险费;(2)保险人证明,若自己知道不实告知的情形将会同投保人缔结与现有条款相异的条款,则保险人的保险责任将依据该不同条款自始存在一般来确定其责任;(3)如果保险人证明,若自己知道不实告知的情形将会向投保人收取更高的保险费,则保险人的保险责任将依据其实收保险费与应收保险费的比例来加以确定;(4)如果保险人不能证明前述任何一项,则应承担全部保险责任。[④]

综上所述,在维护对价平衡原则的目标下,为了保障被保险人的保险维持利益,《保险法》第十六条规定的投保人违反告知义务的法律效果宜作分级处理,以减免保险人的给付义务。[⑤]

(五)第四款的改进

《保险法》第十六条第四款规定:"投保人故意不履行如实告知义务的,保险人对于合同解除前发生的保险事故,不承担赔偿或者给付保险金的责任,并不退还保险费。"第五款规定:"投保人因重大过失未履行如实告知义务,对保险事故的发生有严重影响的,保险人对于合同解除前发生的保险事故,不承担赔偿或者给付保险金的责任,但应当退还保

---

① 马宁:《保险法如实告知义务的制度重构》,《政治与法律》2014 年第 1 期。
② 李飞:《保险法上如实告知义务之新检视》,《法学研究》2017 年第 1 期。
③ 马宁:《保险法如实告知义务的制度重构》,《政治与法律》2014 年第 1 期。
④ 马宁:《保险法如实告知义务的制度重构》,《政治与法律》2014 年第 1 期。
⑤ 参见王静、王剑锋、战秋君《当代保险法的发展与变迁——第二届江苏省保险法研讨会综述》,《人民法院报》2012 年 11 月 14 日第 7 版。

费。"换言之,投保人因重大过失未履行如实告知义务,保险人不承担赔偿保险金责任的,要求未告知的事项与保险事故的发生具有关联关系,而投保人故意不履行如实告知义务,保险人不承担赔偿保险金责任的,不要求未告知的事实与保险事故发生的结果具有关联关系。上述关于告知事项与保险事故的区别对待往往令投保人、被保险人难以接受。[①] 从保险原理来看,无论投保人故意还是重大过失,其不履行如实告知义务的行为均超出了保险公司预测的风险发生率的范围,对保险合同订立的精算和等价有偿基础均构成撼动。[②] 但法律却将二者进行区别对待,似与保险之原理有所矛盾。而从保护被保险人合理期待的角度,投保人故意未如实告知虽存在过错,然而若在该保险事故与未告知事项本身不存在任何联系保险之对价平衡并未遭受破坏的情形下保险人依然拒绝赔付,则有违背被保险人的合理期待,这对于保险人与保险消费者之间关系的和谐稳定是非常不利的。

因此,应当对第四款进行改进以明确投保人故意未告知的事项对保险事故的发生应存在"严重影响"。

二 危险增加后果的完善

我国《保险法》第四十九条和第五十二条分别规定了被保险人转让保险标的的通知义务以及危险增加的通知义务,赋予保险人通过增加保费或者解除合同来保护自己的合法权益,但从保护被保险人合理期待的角度,该条文依然存在缺陷。

首先,《保险法》第四十九条和第五十二条虽然规定了保险人在得知危险增加时有选择增加保费或解除合同的权利,但未规定两种选择的先后顺序。这使得保险人在实践中为了避免承担保险责任可能会选择解除合同而不优先考虑增加保费使保险合同继续存续,这对被保险人的合理期待也是一种损害。因为,被保险人有合理的理由期待其一直拥有稳定的保险保障,在双方实力不对等的保险合同之中,法律更应当增加对被保险人保险

[①] 参见潘红艳《〈保险法〉中投保人如实告知义务条文的结构性解读及完善》,《法学杂志》2020 年第 2 期。

[②] 参见潘红艳《〈保险法〉中投保人如实告知义务条文的结构性解读及完善》,《法学杂志》2020 年第 2 期。

维持利益的保护。对此,《澳门商法典》的规定值得借鉴。《澳门商法典》第九百七十九条①规定保险人必须先选择增加保险费,在投保人不同意增加保费的情况下,保险人才能解除合同。② 这样的规定充分考虑被保险人继续维持保险保障的合理期待,其既使得保险合同的效力能够尽量延续,也不违背对价平衡原则,值得我国《保险法》对其加以借鉴。

其次,该条并未规定保险人选择添加除外条款的权利。添加除外条款的权利,是指在保险标的危险程度显著增加时,保险人可以选择通过在保险合同中添加除外条款的方法将增加的危险排除在外,以此规避因保险标的危险程度显著增加带来的额外风险。③ 增加除外条款一方面可以给保险人多一种选择;另一方面可以尽量维持保险合同的效力,使得被保险人依然能够获得保险保障。有些时候引起保险事故的危险有许多种,一种危险的显著增加不一定就意味着保险事故就一定由此种危险引发,如若仅仅因一种危险的增加就使得被保险人丧失保险保障,则对被保险人明显不公。在该权利与增加保费与解除权的顺序上,笔者认为,基于保护被保险人合理期待的理念,保险人应当优先考虑增加保费,因为增加保费对于被保险人来说成本最小,其依然能够获得对危险的保障。另外,保险人应考虑增加除外条款,因为此种方式对被保险人的保障弱于增加保费又强于解除合同。如若被保险人拒绝接受前两种方式,保险人再考虑解除合同。若依此顺序,则被保险人的利益能够得到充分的保护。

最后,我国《保险法》未像德国《保险合同法》那样区分主观危险增加与客观危险增加并加以区别对待。如前文所述,主观和客观危险增加是以投保人或被保险人对于保险标的危险增加的事实在主观上是否存在过错区分的。客观危险增加与投保人或被保险人的主观过错无关,完全是由

---

① 根据《澳门商法典》第九百七十九条的规定:"保险人有权于知悉风险增大之日起一个月内按知悉风险增大时之价目表提议增加保险费。如约定新保险费,应自风险增大时起计算新保险费。投保人如拒绝增加保险费,或于收到增加保险费建议之日起一个月内不回复,保险人有权于十五日内提出解除合同,但合同之解除于通知后第十五日生效。"中国政法大学澳门研究中心、澳门政府法律翻译办公室:《澳门商法典》,中国政法大学出版社1999年版,第271页。

② 孙宏涛:《我国〈保险法〉中危险增加通知义务——以我国〈保险法〉第52条为中心》,《政治与法律》2016年第6期。

③ 孙宏涛:《我国〈保险法〉中危险增加通知义务——以我国〈保险法〉第52条为中心》,《政治与法律》2016年第6期。

于客观原因所致，法律后果自然应相对较轻缓。① 我国在修改《保险法》第五十二条时，也应当体现主观危险增加与客观危险增加之区别。笔者认为，在主观危险增加的情况下，法律应该特别赋予保险人更多的选择权，其可以选择提高保费、添加除外条款、解除合同，这几种选择不存在先后顺序之分。而在客观危险增加的情况下，则依照前文所述的顺序，只有当被保险人拒绝接受提高保费或添加除外条款，保险人方可解除合同。

第五节　本章小结

被保险人的保险维持利益在现实中屡受侵害，与之相关的投保人解除、团体保险解除、中止复效、保险人解除制度等均有进一步完善的空间。合理期待原则可以用以检验这些制度的合理性，并为它们的完善给予指引。在投保人解除制度中，投保人任意解除保险合同会严重损害被保险人的利益，因此基于保护被保险人合理期待的考量，应当赋予被保险人在保险合同解除时的介入权并允许其支付一定的对价以取代投保人的地位，维持其保险保障。在中止复效制度中，缺失了保险人催缴保费的义务，这对被保险人极为不利。在复效制度中，现行法律并未明确规定投保人的告知义务，被保险人也并没有申请复效的资格，这使得被保险人在实践中往往处于被动地位，其合理的期待往往无法得到满足。笔者认为，应当以合理期待原则作为指引，在保险合同的中止制度中增加关于保险人催缴保费并说明后果的义务规范。在复效制度中，对投保人在复效时是否要承担说明义务作出明确的规定，并明确被保险人申请复效的主体资格，以充分维护被保险人对保险合同的合理期待。在团体保险制度中，基于保护被保险人合理期待的理念，应借鉴域外法的经验完善团体保险中保护被保险人利益的规则。禁止在团体保险中单位作为受益人的资格，并确立团体保险解除情形下的保险人对被保险人的通知义务及被保险人的契约转换权以维护团体保险下的被保险人的合法权益，维护社会的稳定。在保险人解除制度中，现行法律没有充分顾及被保险人的利益。在告知义务的履行方式上，没有明确文字询问主义，这使得被保险人在履行告知义务的举证上往往处

---

① 参见孙宏涛《我国〈保险法〉中危险增加通知义务完善之研究——以我国〈保险法〉第52条为中心》，《政治与法律》2016年第6期。

第五章 合理期待原则在保险合同效力变动相关制度中的展开

于不利地位,也不符合合理期待原则的内涵,因此应当确立文字询问主义,一方面限缩保险人的询问范围,另一方面有助于被保险人的举证。在投保人告知之后,保险人也应当履行调查义务,以避免不必要的错误。在告知义务中重要事实的认定上,我国司法解释也应当着重于投保人未告知的事实与保险事故及保险人的责任范围的关联以进一步确立客观标准以强化对被保险人的保护,防止保险人任意界定"足以影响保险人决定是否同意承保或者提高保险费率"的标准而造成被保险人失去保险保障。另外,为了保障被保险人的合理期待,在违反告知义务的效果上应当采用对应调整模式,对违反告知义务的后果进行分级处理,限制保险人的解除权,以尽量确保保险合同的有效存续。在危险增加的后果上,我国法律应当区分主观危险和客观危险,并规定不同的法律效果。除此之外,为了确保被保险人维持保险保障的合理期待,应当规定保险人在知道危险增加时优先考虑增加保费或添加除外条款最后再解除合同。

第六章

结 语

在保险行业蓬勃发展的时代，对被保险人的权益保护的关注也在不断增加。被保险人是保险合同的核心主体，而当下的制度对被保险人的保护并不全面。无论是上位的原则还是下位的具体规则均没有充分地将被保险人的利益考虑进去。

合理期待原则的引入或许能够改变我国当下被保险人保护不足的现状。合理期待原则是美国保险判例中保护被保险人的重要原则，有着较长的历史。在具体的案件中，法官会运用该原则突破合同文本依照被保险人的合理期待对合同进行解释和调整。这样的运用与传统的合同解释不同，已经可以归于司法对合同内容的规制和控制。鉴于保险合同的超级附和性以及合同正义的理念，合理期待原则突破合同文本对合同进行调整的正当性值得肯定。合理期待原则在实践中主要用于保险合同解释的领域。但本书认为合理期待原则在我国保险法的背景下也不应只是解释合同的规则，而应当成为保护被保险人的核心原则而贯穿于我国保险法之中。这一方面是由于合理期待原则本身的内涵就包含了保护被保险人利益的理念，而该理念并不是仅仅限于保险合同解释这一个领域。另一方面是由于我国诸多条文对被保险人的保护不周，需要确立一个核心原则一以贯之，如果单单在保险合同解释领域，则该原则的功能将大大减损。

基于上述理念，本书一方面对合理期待原则在保险合同解释中的运用进行了进一步的展开。另一方面，将合理期待原则的内涵进一步地进行明确，将总结为抽象层面的价值理念与具体规范层面的司法矫正工具，并将这两个层次的内涵及相对应的功能借鉴入我国的法律体系之中。合理期待原则在我国法中的定位与其多层次的内涵和功能是相符合的，它既可以是保险合同法中保护被保险人的核心原则承担着价值指引功能，又可以是保险合同的解释工具以及保险合同的规制方式并承担着司法矫正功能。其与我国现有的原则既相互独立又相互关联。在具体的规范上，它与我国现有的被保险人保护的相关制度存在相互重合之处也能相互互补，有其独立性，无法被完全替代。具体而言，合理期待原则与最大诚信原则虽然均有保护被保险人的内涵和功能，但是合理期待原则相比于最大诚信原则，其更有针对性。在被保险人的保护方面，合理期待原则能发挥不同于最大诚信原则的功能以协助最大诚信原则。例如，在合理期待原则的指引下，法院可以突破明确无歧义的合同文本依照被保险人的合理期待理解合同，而最大诚信原则就很难提供如此直观的理论依据。合理期待原则与我国的说明义务制度并非相互的排斥关系，而是相互协助的关系。合理期待原则本身也包含了对保险人明确说明的要求，在具体说明的标准和范围上两者有一定的区别。除此之外，它还包含了对格式条款内容的事后调整，能够在一定程度上弥补说明义务的不足。合理期待原则与格式条款无效规则相比，其调整的条款范围较广，不但包括了明显带有压迫性质的条款还包括了不合理但并没有到明显压迫程度的保险责任范围条款。在与不利解释规则的关系上，合理期待原则作为不利解释规则的重要补充，能够克服法院创造疑义而适用不利解释的缺点，对被保险人给予更加全面的保护。在本土化路径上，我国保险法应当从理论、立法、司法三个方面全面地借鉴合理期待原则：在理论上，应将其列为保险法的一项原则与保险法的其他原则相互补充、相互协助。在立法上，应当将其理念渗透于各个条文之中，并在总则中规定合理期待原则作为保险法的基本原则，在分则中具体规定合理期待原则作为合同解释的补充性原则。在司法适用上，用该原则填补法律漏洞、解释现有条文。例如，依据合理期待原则解释保险人说明义务制度的适用范围，将其适用于除免责条款之外的其他影响保险金给付的重要条款；拒绝人为地创造歧义，防止滥用不利解释规则；在具体案件中的保险条款虽然未排除法定权利，但实质上排除了被保险人的合理期待，且若不适用《保险法》第十九条会造成实质的不公平，产生不良的社会效果时，依据合理期待原则进行补充说理并则通过类推适用、目的性扩张的方式补充该法律漏洞。

在确认了本土化路径之后，最关键的是通过合理期待原则与我国法律的结合去保护被保险人的两大利益：保险金请求利益、保险保障维持利益。合理期待原则在解决被保险人受格式条款压迫保护被保险人保金请求利益方面有其独特的适用规则。在我国，应如本土化路径所规划的那样，在分则中具体规定合理期待原则作为合同解释的补充性原则，使其成为法院适用的规范依据。在适用对象上，合理期待原则在通常情况下还应适用于精明老练的被保险人，但在特殊情形下，由于被保险人自身能力很强，其在合同订立中已经能够影响一些条款的约定，这时他已经不是处于一般消费者的地位而是合同的共同制定者，保险合同的附和性在该情境中变得不明显了，此时就不应适用合理期待原则对合同进行解释或规制。在适用情形方面，它可以在保险合同条款有歧义之时中适用，也能在非歧义条款中适用。非歧义条款的适用情形可以概括为两大类：避免不公平结果、维护保险目的。第一类适用条件具体包括了保险人的行为直接或间接地引起被保险人的误解或期待，也包括了保险合同的结构布局使得被保险人未关注到与保险金给付相关的重要条款等情形。第二类适用条件具体包括了保险条款无法体现保险本身的目的，或者违反了法政策等情形。上述适用情形虽然与我国现有的规则有部分重合之处，但其也有独立存在的价值，可以作为补充性的原则对不公平的结果进行调整。例如，维护保险目的的情形与《保险法》第十九条规定无效情形有重合之处，因为《保险法》第十九条包括了合同条款免除保险人"依法应承担的义务"，排除被保险人"依法享有的权利"。显然，如果某条款免除自己依法应承担的义务、排除对方依法享有的权利必然会损害保险的功能和目的，该情形也一定归属于合理期待原则的调整范围。但这并不意味着《保险法》第十九条能够完全取代合理期待原则。损害保险目的并不都是以合同条款免除依法承担的义务排除依法享有的权利的方式呈现。许多条款从严格意义上来说并没有明显地排除对方权利免除自己的义务，但在特定情形下其就是对被保险人造成了不合理的压迫，不符合保险本身的目的。若上述情形超出《保险法》第十九条的涵摄范围，则可以运用合理期待原则论证后类推适用该条，在特殊情形系亦可直接适用合理期待原则加以规制。

被保险人合理期待的判断标准应采取客观理性人标准，影响合理期待的因素包括：被保险人的老练程度、被保险人是否了解保单内容、保单的语言、被保险人本身的状况、保险目的、交易习惯、交易的过程、缴纳保费的多少等。

合理期待原则作为格式条款规制的手段在实践中的功能和意义不仅仅

限于解释、控制合同内容本身，当因果关系不明之时，合理期待原则能够从另外一个角度对其进行解决；当被保险人不明时，它能帮助法官判断被保险人的范围；合理期待原则还能够引导保险人制定更加合理的条款。实际上，我国已经有一定数量的判例在裁判中运用了保护被保险人合理期待的理念，只不过它们所依据的法律基础是不利解释规则、说明义务等规定。这也为我国法律上正式规定合理期待原则提供了依据。

合理期待原则在解决被保险人无法维持保险保障的问题上，其虽然没有具体的规则，但它本身的理念以及独特的视角能够指引保险合同效力变动的相关制度不断完善。在投保人解除制度中，基于合理期待原则赋予被保险人在保险合同解除时的介入权并支付一定的对价以取代投保人的地位，维持其保险保障。在保险合同的中止制度中增加关于保险人催缴保费并说明后果的义务规范。在复效制度中，明确被保险人申请复效的主体资格以充分维护被保险人对保险合同的合理期待。在团体保险制度中，基于合理期待原则，禁止在团体保险中单位作为受益人的资格，并确立团体保险解除情形下的保险人对被保险人的通知义务及被保险人的契约转换权以维护团体保险下的被保险人的合法权益，维护社会的稳定。在保险人解除制度中，基于合理期待原则对其权利进行限缩。例如，在如实告知义务中，确立文字询问主义以限缩保险人的询问范围并方便被保险人举证。在告知义务中重要事实的认定上，我国司法解释也应当着重于投保人未告知的事实与保险事故及保险人的责任范围的关联以进一步确立客观标准以强化对被保险人的保护，防止保险人任意界定"足以影响保险人决定是否同意承保或者提高保险费率"的标准而造成被保险人失去保险保障。在违反告知义务的后果上，基于对被保险人合理期待的保护，应当采用对应调整模式，对违反告知义务的后果进行分级处理，限制保险人的解除权，以尽量确保保险合同的有效存续。

当下，我国并未确立被保险人保护的核心原则，合理期待原则的确立无论从理论、规则建构还是判例分析等方面均能够为我国被保险人保护的领域注入新的活力。我国的法律体系和美国的不同，无法直接照搬美国判例法上的经验。在理解合理期待原则这么一个域外经验时，亦不宜固守其原本的功能和内涵，应当将其与我国的法律制度、司法实践相结合进一步发展出其新的内涵、新的功能。本书大胆地将其扩张为我国保险法上被保险人保护的核心原则，试图使其作为保护被保险人的有力武器，以进一步促进保险行业的发展。目前,正如各国的文化正在不断地融合一样,大陆法系和英美法系也正在不断地碰撞和融合。随着相关研究的不断增多,合理期待原则的本土化必会有进一步的突破,我国的被保险人权益的保护必将得到进一步的完善。

参考文献

一 中文参考文献

(一) 中文专著

白彦、张怡超:《保险消费者权利保护研究》,中国法制出版社2016年版。

陈自强:《代理权与经理权之间:民商合一与民商分立》,北京大学出版社2006年版。

崔建远:《合同法》,法律出版社2016年版。

董安生:《民事法律行为》,中国人民大学出版社2002年版。

董世芳:《民法概要》,三民书局1978年版。

杜万华:《保险案件审判指导》,法律出版社2018年版。

樊启荣:《保险法》,北京大学出版社2011年版。

樊启荣:《保险法诸问题与新展望》,北京大学出版社2015年版。

樊启荣:《保险契约告知义务制度论》,中国政法大学出版社2003年版。

高宇:《保险法学》,法律出版社2021年版。

韩世远:《合同法总论》,法律出版社2008年版。

江朝国:《保险法理论基础》,中国政法大学出版社2002年版。

江平:《中华人民共和国合同法精解》,中国政法大学出版社1999年版。

黎建飞:《保险法新论》,北京大学出版社2014年版。

梁慧星:《民法总论》,法律出版社2007年版。

梁鹏:《保险人抗辩限制研究》,中国人民公安大学出版社2008年版。

梁宇贤:《保险法新论》,中国人民大学出版社2004年版。

刘宗荣：《新保险法：保险契约法的理论与实务》，中国人民大学出版社 2009 年版。

卢明威、李图仁：《保险法合理期待原则研究》，中国人民大学出版社 2014 年版。

马天柱：《被保险人利益保障法律机制研究》，法律出版社 2017 年版。

尚会鹏：《心理文化学》，北京大学出版社 2013 年版。

史尚宽：《民法总论》，中国政法大学出版社 2000 年版。

覃有土、樊启荣：《保险法概论》，北京大学出版社 2002 年版。

王冠华：《保险格式条款合理期待解释原则研究》，武汉大学出版社 2014 年版。

王利明：《合同法研究》第 1 卷，中国人民大学出版社 2002 年版。

王利明：《民商法研究》第 4 卷，法律出版社 1999 年版。

王泽鉴：《侵权行为》，北京大学出版社 2016 年版。

王泽鉴：《损害赔偿》，北京大学出版社 2017 年版。

温世扬：《保险法》，法律出版社 2017 年版。

杨桦柏：《保险纠纷典型案例评析》，人民法院出版社 2004 年版。

中国审判理论研究会民商事专业委员会：《〈民法总则〉条文理解与司法适用》，法律出版社 2017 年版。

（二）中文译著

[美] Kenneth S. Abraham：《美国保险法原理与实务》，韩长印译，中国政法大学出版社 2010 年版。

[意] 罗道尔夫·萨科：《比较法导论》，费安玲、刘家安、贾婉婷译，商务印书馆 2014 年版。

[英] M. A. 克拉克：《保险合同法》，何美欢、吴志攀译，北京大学出版社 2002 年版。

[日] 我妻荣：《新法律学辞典》，董璠舆译，中国政法大学出版社 1991 年版。

（三）中文期刊论文

曹兴权、胡永龙：《民法典编纂背景下商事留置权牵连关系的重构》，《西南政法大学学报》2018 年第 3 期。

曹兴权、罗璨：《保险不利解释原则适用的二维视域》，《现代法学》

2013年第4期。

陈百灵：《论保险合同解释中的合理期待原则》，《法律适用》2004年第7期。

陈群峰：《保险人说明义务之形式化危机与重构》，《现代法学》2013年第6期。

陈华彬：《论意定代理权的授予行为》，《比较法研究》2017年第2期。

初北平：《我国保险法因果关系判断路径与规则》，《中国法学》2020年第5期。

代琴：《利他保险合同解除权中的第三人保护——〈保险法〉第15条的修改建议》，《保险研究》2015年第12期。

窦玉前：《被保险人法律地位研究》，博士学位论文，黑龙江大学，2015年。

樊启荣：《美国保险法上"合理期待原则"评析》，《法商研究》2004年第3期。

樊启荣：《保险合同"疑义利益解释"之解释——对〈保险法〉第30条的目的解释和限缩解释》，《法商研究》2002年第4期。

樊启荣、周志：《论团体保险中被保险人之合同转换权》，《保险研究》2018年第3期。

范雪飞：《论不公平条款制度——兼论我国显失公平之于格式条款》，《法律科学》2014年第6期。

郭文东、费元汉：《保险人应对无证驾驶者电动三轮车承担保险责任》，《人民司法·案例》2017年第5期。

[奥]海尔穆特库齐奥：《动态系统导论》，张玉东译，《甘肃政法学院学报》2013年第4期。

韩永强：《保险合同法"最大诚信原则"古今考》，《华东政法大学学报》2013年第1期。

何骧：《保险法合理期待原则研究》，博士学位论文，西南政法大学，2015年。

何丽新、王鹏鹏：《论合理期待原则对保险合同解释的司法适用》，《厦门大学学报》（哲学社会科学版）2017年第6期。

何丽新、陈诺：《利他保险合同下任意解除权的利益失衡与解决路径》，《政法论坛》2021 年第 1 期。

贺剑：《〈合同法〉第 54 条第 1 款第 2 项（显失公平制度）评注》，《法学家》2017 年第 1 期。

贾林清：《论保险赔付请求权的法律性质和行使条件》，《法律适用》2002 年第 12 期。

姜南、杨霄玉：《保险合同解除语境下被保险人利益之保护》，《河北法学》2014 年第 12 期。

姜南：《论保险法上的损失补偿原则》，《保险研究》2008 年第 3 期。

康雷闪：《保险法损失补偿原则：法理基础与规则体系——兼论中国〈保险法〉相关条款之完善》，《中国石油大学学报》（社会科学版）2016 年第 2 期。

朗贵梅：《保险合同解释的合理期待原则》，《人民司法》2017 年第 8 期。

李理：《保险人说明义务若干疑难问题研究》，《河北法学》2007 年第 12 期。

李利、许崇苗：《论在我国保险法上确立合理期待解释原则》，《保险研究》2011 年第 4 期。

李呈蕴：《合理期待原则在保险合同解释中的适用》，《人民司法·应用》2015 年第 17 期。

李伟平：《格式条款立法的反思与重构——以〈合同法〉第 39、40 条为中心》，《西部法学评论》2016 年第 3 期。

李飞：《保险法上如实告知义务之新检视》，《法学研究》2017 年第 1 期。

梁鹏：《保险法合理期待解释原则研究》，《国家检察官学院学报》2007 年第 10 期。

李天生、张盛：《论保险合同复效中危险程度显著增加的认定》，《大连海事大学学报》（社会科学版）2017 年第 4 期。

李晓楠：《论"合理期待原则"在保险法中的适用——以司法裁判为视角》，《时代法学》2021 年第 1 期。

李玉泉：《民法典与保险人的说明义务》，《保险研究》2020 年第 10 期。

梁鹏：《保险法合理期待解释原则研究》，《国家检察官学院学报》

2007 年第 10 期。

梁慧星：《合同法的成功与不足》（下），《中外法学》2000 年第 1 期。

梁慧星：《民法总则立法的若干理论问题》，《暨南学报》（哲学社会科学版）2016 年第 1 期。

梁鹏：《保险合同复效制度比较研究》，《环球法律评论》2011 年第 5 期。

廖超：《保险法合理期待原则本土化的现实基础及路径》，《中国保险》2021 年第 1 期。

廖慧芳：《保险合同承保范围之解释》，硕士学位论文，台湾政治大学，2008 年。

刘影、黄云飞：《格式合同与消费者权益保护》，《北京商学院学报》2000 年第 2 期。

刘凯湘：《剪不断，理还乱：民法典制定中民法与商法关系的再思考》，《环球法律评论》2016 年第 6 期。

林倩倩：《论保险人的调查义务》，《齐齐哈尔大学学报》（哲学社会科学版）2012 年第 2 期。

卢明威、罗华，《论美国合理期待原则的产生与新发展》，《江西科技师范学院学报》2012 年第 2 期。

鲁忠江：《中国保险人缔约说明义务研究》，博士学位论文，南京大学，2011 年。

罗培新：《公司道德的法律化：以代理成本为视角》，《中国法学》2014 年第 5 期。

马宁：《保险合同法的体系化表达》，《南大法学》2021 年第 3 期。

马宁：《保险合同解释的逻辑演进》，《法学》2014 年第 9 期。

马宁：《保险人明确说明义务批判》，《法学研究》2015 年第 3 期。

马宁：《保险格式条款内容控制的规范体系》，《中外法学》2015 年第 5 期。

马宁：《保险法如实告知义务的制度重构》，《政治与法律》2014 年第 1 期。

马辉：《格式条款规制标准研究》，《华东政法大学学报》2016 年第 2 期。

马天柱：《保险合同关系中被保险人利益的结构分析》，《西安电子科技大学学报》（社会科学版）2017 年第 2 期。

马力：《论保险合同的有利解释原则》，《北华大学学报》（社会科学版）2002 年第 3 期。

穆勒：《驾驶证换证期间发生交通事故的保险责任承担》，《人民司法》2014 年第 3 期。

潘红艳：《〈民法典〉与我国〈保险法〉中投保人如实告知义务的解释和适用》，《中国保险》2020 年第 12 期。

潘红艳：《〈保险法〉中投保人如实告知义务条文的结构性解读及完善》，《法学杂志》2020 年第 2 期。

潘红艳：《被保险人法律地位研究》，《当代法学》2011 年第 5 期。

潘红艳、刘文宇：《论保险人调查义务》，《当代法学》2007 年第 4 期。

钱思雯：《保险人说明义务之解构与体系化回归》，《保险研究》2017 年第 9 期。

秦韬：《英美合同法领域的合理预期原则研究》，硕士学位论文，华东政法大学，2005 年。

冉克平：《民法典总则意思表示瑕疵的体系构造——兼评〈民法总则〉相关规定》，《当代法学》2017 年第 5 期。

任自力：《保险法最大诚信原则之审思》，《法学家》2010 年第 3 期。

尚连杰：《缔约过失与欺诈的关系再造——以错误理论的功能介入为辅线》，《法学家》2017 年第 4 期。

孙宏涛：《我国〈保险法〉中危险增加通知义务完善之研究——以我国〈保险法〉第 52 条为中心》，《政治与法律》2016 年第 6 期。

孙宏涛：《我国〈保险法〉如实告知义务的规则完善》，《江西社会科学》2016 年第 3 期。

孙积绿：《保险代位权研究》，《法律科学》2003 年第 3 期。

田玲、徐竞：《基于权益视角的保险人契约责任探析》，《保险研究》2012 年第 5 期。

武亦文：《保险法因果关系判定的规则体系》，《法学研究》2017 年第 6 期。

王鹏鹏：《论信息利益均衡下互联网保险合同说明义务》，《金融法苑》2020 年第 4 期。

王家骏：《保险法告知义务"全有全无模式"之批判与制度改革选择》，《法律科学》2018年第1期。

吴涵昱：《被保险人法律地位的反思与重构》，《浙江大学学报》（人文社会科学版）2019年第4期。

吴涵昱：《利益平衡视角下利他保险合同中任意解除制度的反思与完善》，《保险研究》2022年第3期。

吴涵昱：《合理期待原则的二维功能及本土化路径》，《浙江大学学报》（人文社会科学版）2021年第6期。

文婧、杨涛：《"合理期待原则"在我国保险法中的功能定位及应用》，《保险研究》2016年第9期。

吴勇敏、胡斌：《对我国保险人说明义务制度的反思和重构——兼评新保险法第17条》，《浙江大学学报》（人文社会科学版）2010年第3期。

谢冰清：《保险法中合理期待原则适用规则之构建》，《法学杂志》2016年第11期。

谢冰清：《公共政策介入保险合同的正当性研究》，《求索》2016年第9期。

项延永：《保险人说明义务规则的司法认知》，《人民司法·应用》2015年第5期。

尹中安：《人身保险投保人任意解除权质疑——兼论人身保险被保险人法律地位》，《法商研究》2020年第1期。

叶宝荣：《民法典下保险人和投保人利益的衡平》，《中国保险》2021年第9期。

姚飞：《中国保险消费者保护法律制度研究》，博士学位论文，中国政法大学，2006年。

杨德齐：《论保险合同解除权制度的体系构建——兼评〈保险法司法解释三〉（征求意见稿）的解除权条款》，《保险研究》2015年第2期。

杨秋宇：《从合同法到保险法：合理期待原则的勃兴与超越》，《中北大学学报》2017年第2期。

游源芬：《关于保险合同当事人与关系人之异议——与〈保险学原理〉一书商榷》，《中国保险管理干部学院学报》1996年第1期。

于永宁：《保险人说明义务的司法审查——以〈保险法司法解释二〉

为中心》,《法学论坛》2015 年第 6 期。

于海纯:《保险人缔约说明义务制度研究》,博士学位论文,中国政法大学,2007 年。

于海纯:《保险人说明义务程度标准研究》,《保险研究》2008 年第 1 期。

章杰超:《合同目的含义之解析》,《政法论坛》2018 年第 3 期。

邹海林:《投保人法律地位的若干问题探讨》,《法律适用》2016 年第 9 期。

朱作贤、李东:《论修海商法应否补充规定英国模式的"最大诚信原则"——兼对海上保险最大诚信原则的反思》,《中国海商法年刊》2003 年第 14 期。

仲伟珩:《投保人如实告知义务研究——以中德法律比较为出发点》,《比较法研究》2010 年第 6 期。

周玉华:《〈民法典〉实施背景下〈保险法〉修订的若干疑难问题研究》,《法学评论》2021 年第 9 期。

二 外文参考文献

(一) 外文著作

Jeffery W. Stempel, *Interpretation of Insurance Contracts*, Boston: Little, Brownand Company, 1994.

Robert H. Jerry, *Understanding Insurance Law*, Lexis Nexis Matthew Bender, 2007.

Rorbert E. Keeton, *Insurance Law*, St. Paul. MN: West Academic Publishing, 2017.

(二) 外文论文

Alan Schwartz&Robert E. Scott, "Contract Theory and the Limits of Contract Law", *Yale Law Journal*, Vol. 113, No. 3, December 2003.

Anderson, "Life Insurance Conditional Receipts and Judicial Intervention", *Marquette Law Review*, Vol. 63, No. 4, 1980.

Andrew Amer, Linda H. Martin, "The Standard of Materiality for Misrepresentation under New York Insurance Law- A State of Unwarranted Confusion", *Coneecticut Insurance Law Journal*, Vol. 17, No. 1, 2011.

Berkeley Cox, "Group Insurance Contracts For Employees", *Texas Law Review*, Vol. 38, No. 12, 1959.

Christopher C. French, "Understanding Insurance Policies as Noncontracts: an Alternative Approach to Drafting an Construing the Unique Financial Instruments", *Temp Law Review*, Vol. 89, No. 3, Spring 2017.

David L. Goodhue, "The Doctrine of Reasonable Expectations in Massachusetts and New Hampshire: A Comparative Analysis", *New England Law Review*, Vol. 17, No. 3, 1981.

David J. Seno, "The Doctrine of Reasonable Expectations in Insurance Law: What to Expect in Wisconsin", *Marquette Law Review*, Vol. 85, No. 3, Spring 2002.

Douglas R. Richmond, "Bad Insurance Bad Faith Law", *Tort Trial& Insurance Practice Law Journal*, Vol. 39, No. 1, Fall 2003.

Douglas R. Richmond, "The Two-Way Street of Insurance Good Faith: Under Construction But Not Yet Open", *Loyola University Chicago Law Journal*, Vol. 28, 1996.

Dudi Schwartz, "Interpretation and Disclosure in Insurance Contracts", Loyola Consumer Law Review, Vol. 21, No. 2, 1998.

Eugene R. Anderson, James J., Fournier, "Why Courts Enforce Insurance Policyholders' Objectively Reasonable Expectations of Insurance Coverage", *Connecticut Insurance Law Journal*, Vol. 5, No. 1, 1998.

Eric M. Larrsson, J. D. Insured's, "'Reasonable Expectations' as to Coverage of Insurance Pollicy", *American Jurisprudence Proof of Facts 3d*, Vol. 108, No. 4, 2009.

Edward T, "Collins, Insurance Law - Insurance Contract Interpretation: the Doctrine of Reasonable Expectations Has no place in Illinois", *Southern Illinois University Law Journal*, Vol. 10, No. 4, 1985.

H. Walter Croskey, "The Doctrine of Reasonable Expectations in California: A Judge's View", *Connecticut Insurance Law Journal*, Vol. 5, No. 1, 1998.

Jay M. Zitter, "Omnibus Clause as Extending Automobile Liability Coverage to Third Person Using Car with Consent of Permittee of Named Insured", *American Law Reports*, Vol. 21, No. 4, 1983.

Jeffrey W. Stempel, "Reassessing the Sophisticated Policyholder Defense in Insurance Coverage Litigation", *Drake Law. Review*, Vol. 42, No. 4, 1993.

Jean Braucher, "Contract Versus Contractarianism: The Regulatory Role of Contract Law", *Washington& Lee Law Review*, Vol. 47, No. 4, Summer 1990.

Jeffrey W. Stempel, "Unmet Expectations: Undue Restriction of the Reasonable Expectations Approach and the Misleading Mythology of the Judicial Role", *Connecticut Insurance Law Journal*, Vol. 5, No. 1, 1998.

John Dwight Ingram, "The Insured's Expectations Should Be Honored Only if They Are Reasonable", *William Mitchell Law Review*, Vol. 23, No. 4, 1997.

Joseph E. Minnock, "Protecting the Insured from an Adhesion Insurance Policy: The Doctrine of Reasonable Expectations in Utah", *Utah Law Review*, Vol. No. 4, 1991.

Kenneth S. Abraham, "Judge-Made Law and Judge-Made Insurance: Honoring the Reasonable Expectation of the Insured", *Virginia Law Review*, Vol. 67, No. 6, September 1981.

Mark C. Rahdert, "Reasonable Expectation Reconsidered", *Connecticut Law Review*, Vol. 18, No. 2, Winter 1986.

Mark C. Rahdert, "Reasonable Expectations Revisited", *Connecticut Insurance Law Journal*, Vol. 5, No. 1, 1998.

Michael B. Rappaport, "The Ambiguity Rule and Insurance Law: Why Insurance Contracts Should Not Be Construed against the Drafter", *Georgia Law Review*, Vol. 30, No. 1, Fall, 1995.

Peter Nash Swisher, "Symposium on the Insurance Law Doctrine of Reasonable Expectations after Three Decades", *Connecticut Insurance Law Journal*, Vol. 5, No. 2, 1998.

Peter Nash Swisher, "A Realistic Consensus Approach to the Insurance Law Doctrine of Reasonable Expectations", *Tort & Inssurance. Law. Journal*, Vol. 35, No. 3, Spring 2000.

Robert Keeton, "Insurance Law Rights at Variance with Policy Provisions", *Harvard Law Review*, Vol. 83, No. 5, March 1970.

Roger C. Henderson, "The Doctrine of Reasonable Expectations in Insurance Law after Two Decades", *Ohio State Law Journal*, Vol. 51, No. 4, 1990.

Robert H. Jerry, "Insurance, Contract, and the Doctrine of Reasonable Expectations", *Connecticut Insurance Law Journal*, Vol. 5, No. 1, 1998.

Scott B. Krider, "The Reconstruction of Insurance Contracts under the Doctrine of Reasonable Expectations", *John Marshall Law Review*, Vol. 18, No. 1, Fall 1984.

Slawson, "Mass contracts: Lawful Fraud in California", *Southern California Law Review*, Vol. 48, No. 1, October 1974.

Slawson, "Standard Form Contracts and Democratic Control of Lawmaking Power", *Harvard Law Review*, Vol. 84, No. 3, January 1971.

Stephen J. Ware, "A Critique of the Reasonable Expectations Doctrine", *University of Chicago Law Review*, Vol. 56, No. 4, Fall 1989.

Susan M. Popik, Carol D. Quackenbos, "Reasonable Expectations after Thirty Years: A Failed Doctrine", *Connecticut Insurance Law Journal*, Vol. 5, No. 1, 1998.

Tom Baker, "Construing the Insurance Relationship: Sales Stories, Claims Stories, and Insurance Contract Damages", *Texas Law Review*, Vol. 72, No. 6, May 1994.

William M. Lashner, "A Common Law Alternative to the Doctrine of Reasonable Expectations in the Construction of Insurance Contracts", *New York University Law Review*, Vol. 57, No. 6, December 1982.

William A. Mayhew, "Reasonable Expectations: Seeking a Principled Application", *Pepperdine Law Review*, Vol. 13, No. 2, 1986.

Wylie Spicer, "Ch-Ch-Changes: Stumbling Toward the Reasonable Expectations of the Assured in Marine Insurance", *Tulane Law Review*, Vol. 66, No. 2, 1991.

后　　记

　　这是我第一本学术专著，也是我第一次写后记。这对于我来说有着非凡的意义。遥想过去，不由得百感交集。踏入法学研究之门对我来说实属偶然。记得我最早高考填志愿的时候，对于自己喜欢什么专业其实是非常迷茫的，当时选择法学专业更多是出于家人的建议。在大学本科阶段的初期，我非常迷恋音乐，并以音乐人"涵昱"的名义在各大音乐平台发表自己的原创作品。在那个时候，法学对于我来说是枯燥无味的甚至是世俗而冷漠的，那时的我可能也不会想到我日后还会选择从事法学的研究工作。然而命运就是这么神奇，随着年龄阅历的增长，我逐渐改变了最初的看法：法学并非枯燥无味的世俗之学，它和音乐一样是善良的艺术，其本身亦蕴藏着思辨与逻辑之美，并且有着改变社会的力量。这种认知的转变也促使我走上了法学教学和科研的道路。

　　《合理期待原则下的被保险人权益保护》是我以博士学位论文为基础而修改完成的著作。被保险人权益保护问题是保险实践中的顽疾，如何通过学理上的创新去推进被保险人权益保护相关制度的进一步完善是我一直思考的问题。但被保险人权益保护的问题所涉及的规则、问题非常之多且非常之复杂，究竟应当从什么角度去切入呢？在我读博期间浏览英美法资料的过程中，合理期待原则引起了我的注意，也让我找到了问题的切入点，并将"合理期待原则下的被保险人权益保护"作为博士学位论文的选题。在写作的过程中，我有幸得到了我的导师梁上上教授以及浙江大学民商法点各位资深教授的多方指点，最终顺利完成了博士学位论文以及专著书稿。在此，我要特别向我的导师梁上上教授，浙江大学民商法点的陈信勇教授、周江洪教授、张谷教授、王冠玺教授表达真挚的感谢。

　　当然，由于我的学术修为尚浅，书中难免有些不成熟的观点，还望各位专家和读者们在过目后多加指点。

书稿虽已写完，但对这一问题的思考却并未停止。未来我将继续努力，在保险法学领域继续研究，争取带来更多更好的作品。

最后感谢我的父母、妻子，感谢你们的一路陪伴和支持！